清宮林則徐檔案匯編

5

中國第一歷史檔案館
福建省林則徐研究會
編

海峽出版發行集團
海峽文藝出版社

第五册 目録

江蘇巡撫林則徐奏摺

奏報江蘇道光十二年十月份雨雪糧價

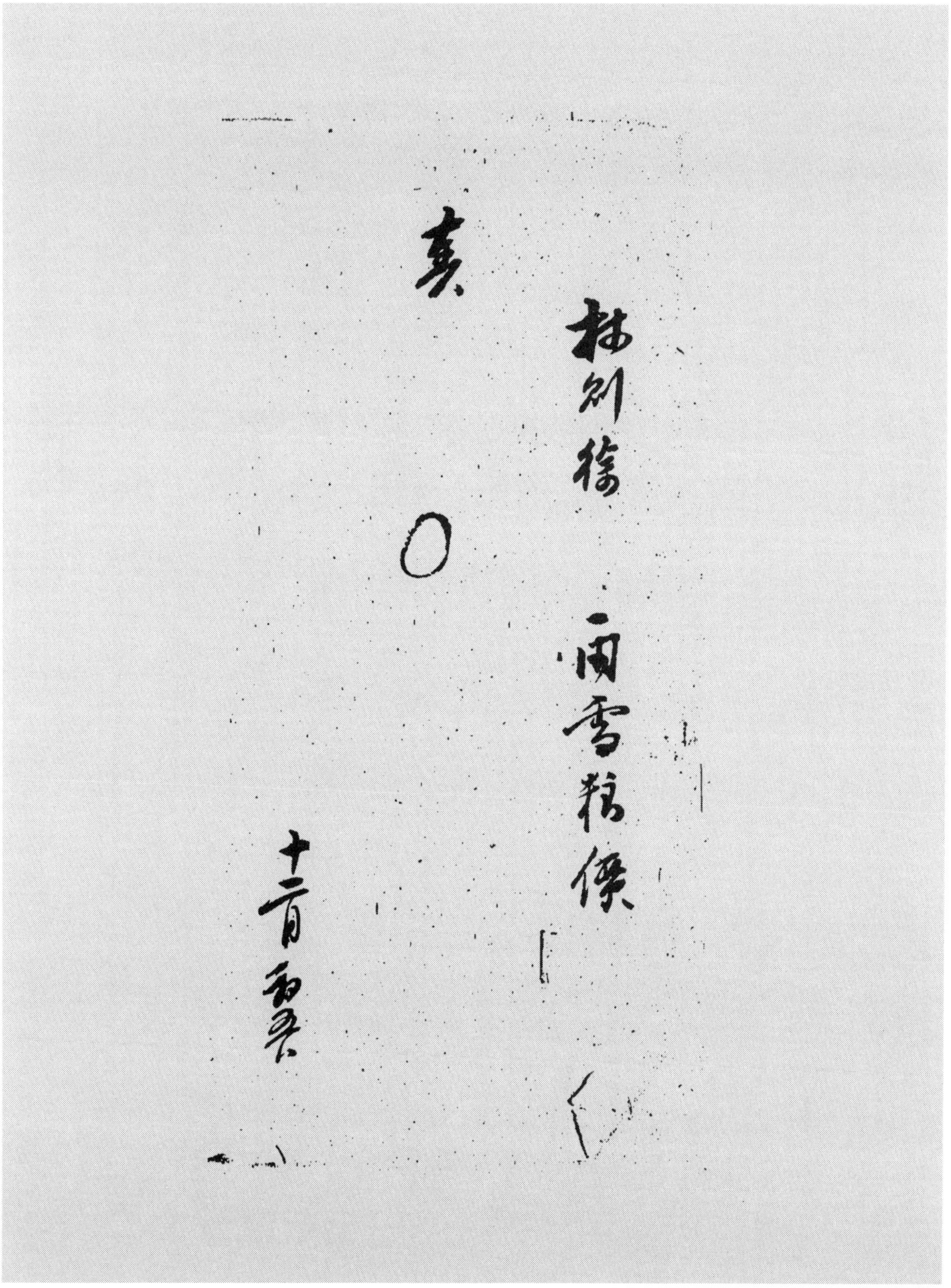
林則徐
雨雪糧價
奏
十一月

江蘇巡撫臣林則徐跪
奏為恭報十月分雨雪糧價情形仰祈
聖鑒事竊照江蘇省本年閏九月分雨水糧價及
種麥情形經臣恭摺
奏報並將江寧等屬暨蘇州省城于十月
十四日恭得雨雪緣由附片陳明在案茲
據各府州先後具報十月上旬自二至初十
中旬十一至二十下旬二十一二三四五八九三十
等日或報陸續得雨一二三四寸或連霑雪澤
積厚一二寸至五六寸不等正值麥苗出
土之時雨雪滋培根荄更為透潤惟江
北各屬前被堤水下注之區經陸續涸導
旬積水間有未退現飭令趕緊疏消

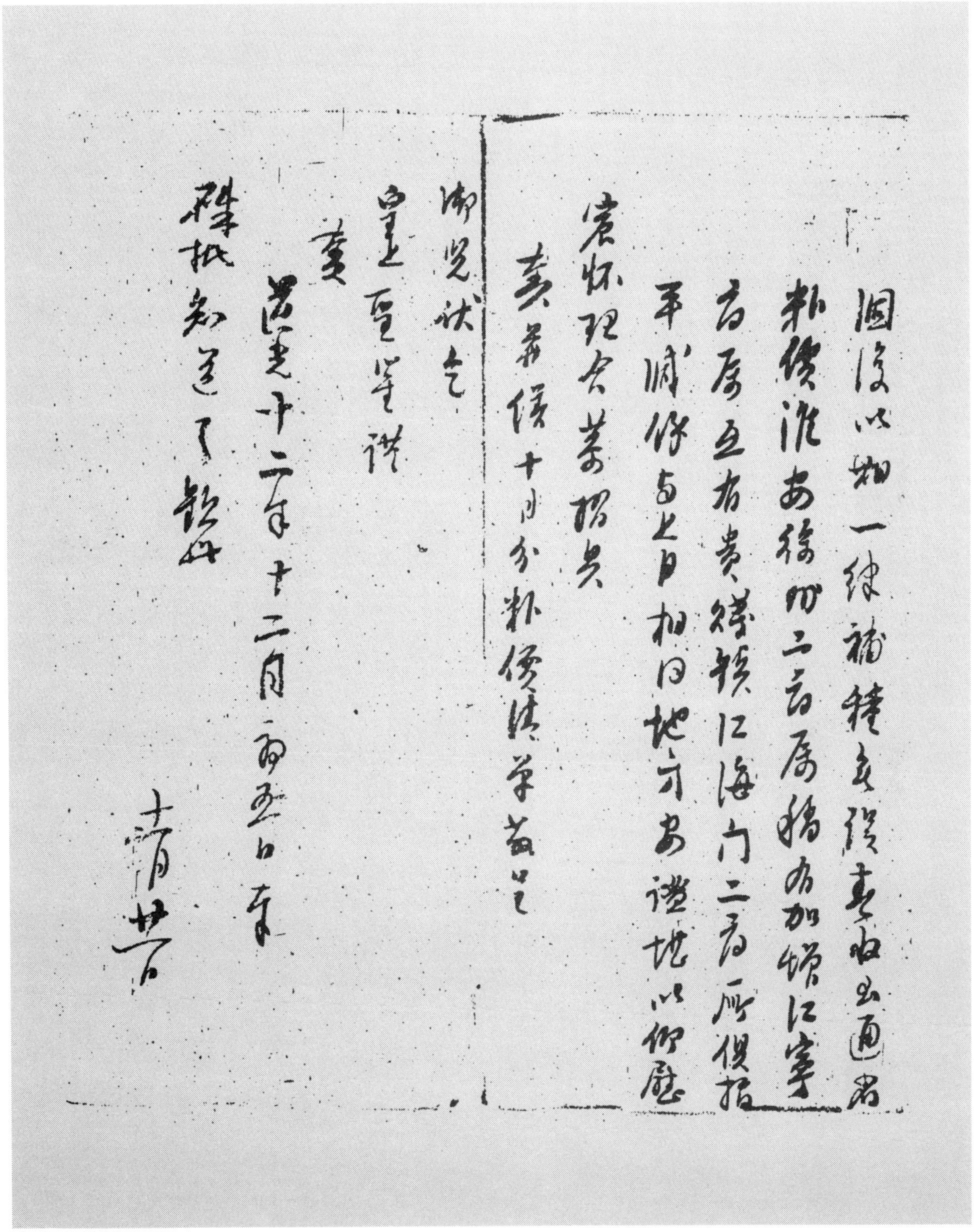

涸復以期一律補種春麥總由此通省
米價洵安蘇州二府稍為加增江寧
言府亦有貴賤鎮江海門二廳所俱招
平減係與上月相同地方安謐堪以仰慰
宸懷理合恭摺具
奏並將十月分糧價清單敬呈
御覽伏乞
皇上聖鑒謹
奏
道光十二年十二月初五日奉
硃批知道了欽此

江蘇巡撫林則徐奏摺　奏報江蘇道光十二年十月份雨雪糧價
道光十二年十一月二十一日

江蘇巡撫林則徐清單　**江蘇省道光十二年十月份糧價清單**

清單

謹將江蘇省道光十二年十月分米糧時價開
繕清單恭呈
御覽
計開
江寧府屬　價貴中
上米每倉石價銀二兩四錢三分至三兩二
錢　與上月同
中米每倉石價銀二兩三錢三分至三兩五
分　較上月貴五分
糙米每倉石價銀二兩八分至二兩七錢五
分　較上月貴五分
小麥每倉石價銀一兩五錢八分至二兩三

分　與上月同
大麥每倉石價銀九錢至一兩二錢　較上
月賤五分
黃豆每倉石價銀一兩九錢至二兩五錢
較上月貴二錢
蘇州府屬　價貴中
上米每倉石價銀二兩四錢至三兩　與上
月同
中米每倉石價銀二兩三錢至二兩五錢
與上月同
糙米每倉石價銀二兩一錢至二兩四錢
與上月同

小麥每倉石價銀一兩五錢至二兩一錢
與上月同
大麥每倉石價銀七錢五分至九錢五分
與上月同
黄豆每倉石價銀一兩六錢三分至二兩四
錢　與上月同
松江府屬　價貴中
上米每倉石價銀二兩三錢至三兩　與上
月同
中米每倉石價銀二兩二錢至二兩七錢
與上月同
糙米每倉石價銀二兩一錢至二兩六錢

與上月同
小麥每倉石價銀一兩二錢五分至一兩八
錢五分　與上月同
大麥每倉石價銀八錢五分至一兩　與上
月同
黄豆每倉石價銀一兩二錢五分至二兩
與上月同
常州府屬　價貴中
上米每倉石價銀二兩五錢至二兩六錢
與上月同
中米每倉石價銀二兩三錢五分至二兩五
錢五分　與上月同

糙米每倉石價銀二兩三錢至二兩五錢　與上月同
小麥每倉石價銀一兩九錢至二兩二錢　與上月同
大麥每倉石價銀一兩至一兩三錢　與上月同
黄豆每倉石價銀一兩九錢至二兩二錢　與上月同

鎮江府屬　價貴中

上米每倉石價銀二兩三錢至三兩二錢　較上月賤二錢
中米每倉石價銀二兩一錢至三兩　較上

月賤二錢
糙米每倉石價銀一兩九錢至二兩八錢
較上月賤二錢
小麥每倉石價銀一兩五錢至二兩二錢
較上月賤二錢
大麥每倉石價銀一兩一錢至一兩四錢
較上月賤二錢
黃豆每倉石價銀二兩至二兩二錢　與上
月同
淮安府屬　價貴中
上米每倉石價銀三兩三錢至四兩一錢五
分　較上月貴一錢

中米每倉石價銀三兩一錢五分至三兩九
錢　較上月貴二錢
糙米每倉石價銀二兩七錢二分至三兩八
錢　較上月貴三錢
小米每倉石價銀一兩九錢五分至二兩一
二錢五分　較上月貴一錢
小麥每倉石價銀一兩四錢九分至二兩
與上月同
大麥每倉石價銀一兩一錢五分至一兩四
錢　與上月同
黄豆每倉石價銀二兩至二兩五錢　與上
月同

秫秫每倉石價銀一兩五錢至一兩八錢
與上月同
揚州府屬　價貴中
上米每倉石價銀二兩六錢五分至二兩九
錢　與上月同
中米每倉石價銀二兩五錢至二兩八錢
與上月同
糙米每倉石價銀二兩三錢至二兩七錢
與上月同
小麥每倉石價銀一兩四錢五分至一兩九
錢　與上月同
大麥每倉石價銀六錢至一兩四錢　與上

月同
黄豆每倉石價銀一兩八錢至二兩四錢
與上月同
秫秫每倉石價銀一兩二錢　與上月同
徐州府屬　價貴中
大米每倉石價銀三兩九錢五分至四兩六
錢　較上月貴二錢
小米每倉石價銀二兩五錢至四兩九分
較上月貴二分
小麥每倉石價銀一兩九錢至三兩三錢
較上月貴三錢
大麥每倉石價銀一兩一錢六分至二兩一

錢　較上月貴三錢

黄豆每倉石價銀一兩七錢至三兩二錢

較上月貴二錢五分

秫秫每倉石價銀一兩五錢三分至二兩六

錢　較上月貴三錢

太倉州併屬　價貴中

上米每倉石價銀二兩五錢至三兩一錢五

分　與上月同

中米每倉石價銀二兩四錢至三兩二錢五

分　與上月同

糙米每倉石價銀二兩三錢至二兩九錢五

分　與上月同

小麥每倉石價銀一兩五分至一兩八錢五
　分　與上月同
大麥每倉石價銀九錢二分至一兩四錢
　與上月同
黄豆每倉石價銀一兩六錢至二兩三錢
　與上月同
海州併屬　價貴中
上米每倉石價銀三兩八錢六分至四兩八
　錢　與上月同
中米每倉石價銀三兩二錢七分至四兩六
　錢　與上月同
糙米每倉石價銀三兩一錢七分至四兩一

錢　與上月同
小米每倉石價銀二兩二錢五分至三兩三
錢　與上月同
小麥每倉石價銀二兩二錢五分至三兩三
錢　與上月同
大麥每倉石價銀一兩五分至一兩八錢
與上月同
黃豆每倉石價銀一兩九錢至三兩八錢
與上月同
秫秫每倉石價銀一兩至二兩五分　與上
月同
通州併屬　價貴中

上米每倉石價銀三兩一錢至三兩三錢
與上月同
中米每倉石價銀二兩八錢至三兩一錢五分
與上月同
糙米每倉石價銀二兩七錢至三兩五分
與上月同
小麥每倉石價銀一兩九錢五分至二兩二錢
與上月同
大麥每倉石價銀九錢五分至一兩三錢
與上月同
黄豆每倉石價銀一兩九錢至二兩
與上月同

海門廳　價貴中
上米每倉石價銀五兩　較上月賤二錢
中米每倉石價銀四兩八錢　較上月賤二錢
糙米每倉石價銀四兩一錢　較上月賤二錢
小麥每倉石價銀二兩一錢　較上月賤一錢
大麥每倉石價銀一兩四錢　與上月同
黄豆每倉石價銀二兩三錢　與上月同

覽

兩江總督陶澍江蘇巡撫林則徐奏摺　**請以蕭翀調補長洲縣知縣**

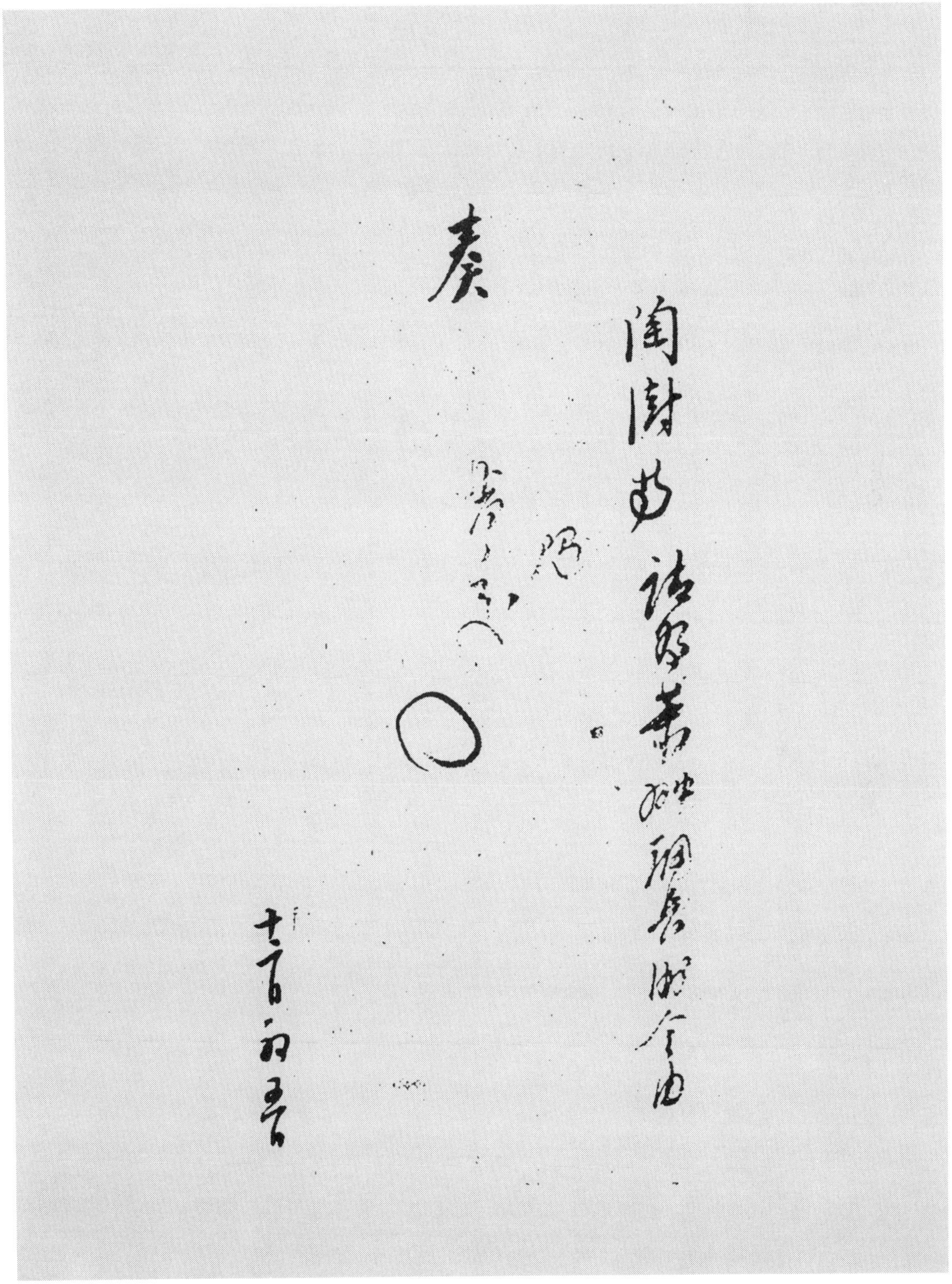
陶澍等
請以蕭翀調長洲令由
奏

兩江總督陶澍江蘇巡撫林則徐奏摺　請以蕭翀調補長洲縣知縣
道光十二年十一月二十一日

兩江總督陶澍江蘇巡撫林則徐奏摺　請以蕭翀調補長洲縣知縣
道光十二年十一月二十一日

兩江總督臣陶澍
江蘇巡撫臣林則徐跪
奏為本省首邑需員恭懇
聖恩俯准調補以裨地方事。竊照長洲縣知縣
陳玉華緣事
奏請升補泰州知州，欽奉
恩允，所遺長洲縣知縣係衝繁疲難四項
相兼要缺，例應在外揀調。且地居首
會，政務殷繁，時有督審事件，必須
精明幹練之員方足以資治理。臣等於
通省知縣內逐加遴選，現居要缺
即人地未宜，實無合例堪調之員。
惟查有碭山縣知縣蕭翀，年四十八

歲，順天舉人，祖籍浙江，大挑一等，簽
南河，借署阜寧、沭陽、桃源，調署
碭山縣，知縣題補蕭縣，九年十月二十日到
任，防汛有保，
奏奉
旨賞加知州銜，試署期滿，業經實授，歷
俸滿臣內三年。該員才具明幹，辦事細心，
以之調補長洲縣知縣，洵堪勝任。
惟本任亦係繁缺，與例稍有未符。
但長洲縣為省會要缺，較之碭山更
屬繁劇，且人地實在相需，例得專
摺

兩江總督陶澍江蘇巡撫林則徐奏摺　請以蕭翀調補長洲縣知縣

道光十二年十一月二十一日

奏請據藩臬兩司會詳前來臣等覆查
意見相同合無仰懇
皇上天恩俯准以碭山縣知縣蕭翀調補
長洲縣知縣實於要缺有裨臣等亦得
收指臂之助如蒙
俞允該員係現任知縣請調知縣銜缺相當
尚毋庸送部引
見其[illegible]無庸核計
班補將[illegible]罰俸[illegible]完繳清楚另行
遴選毋容[illegible]題選碭山縣知縣
缺係[illegible]河要缺容另揀員調補合並
陳明謹合詞恭摺具

奏伏乞
皇上聖鑒訓示謹
奏
道光十二年十一月初五日奉
硃批　該部知道
十一月二十一日

兩江總督陶澍江蘇巡撫林則徐奏片　蘇州布政使甫到任本年大計請循例展限三月

道光十二年十一月二十一日

兩江總督陶澍江蘇巡撫林則徐奏片

蘇州布政使甫到任本年大計請循例展限三月

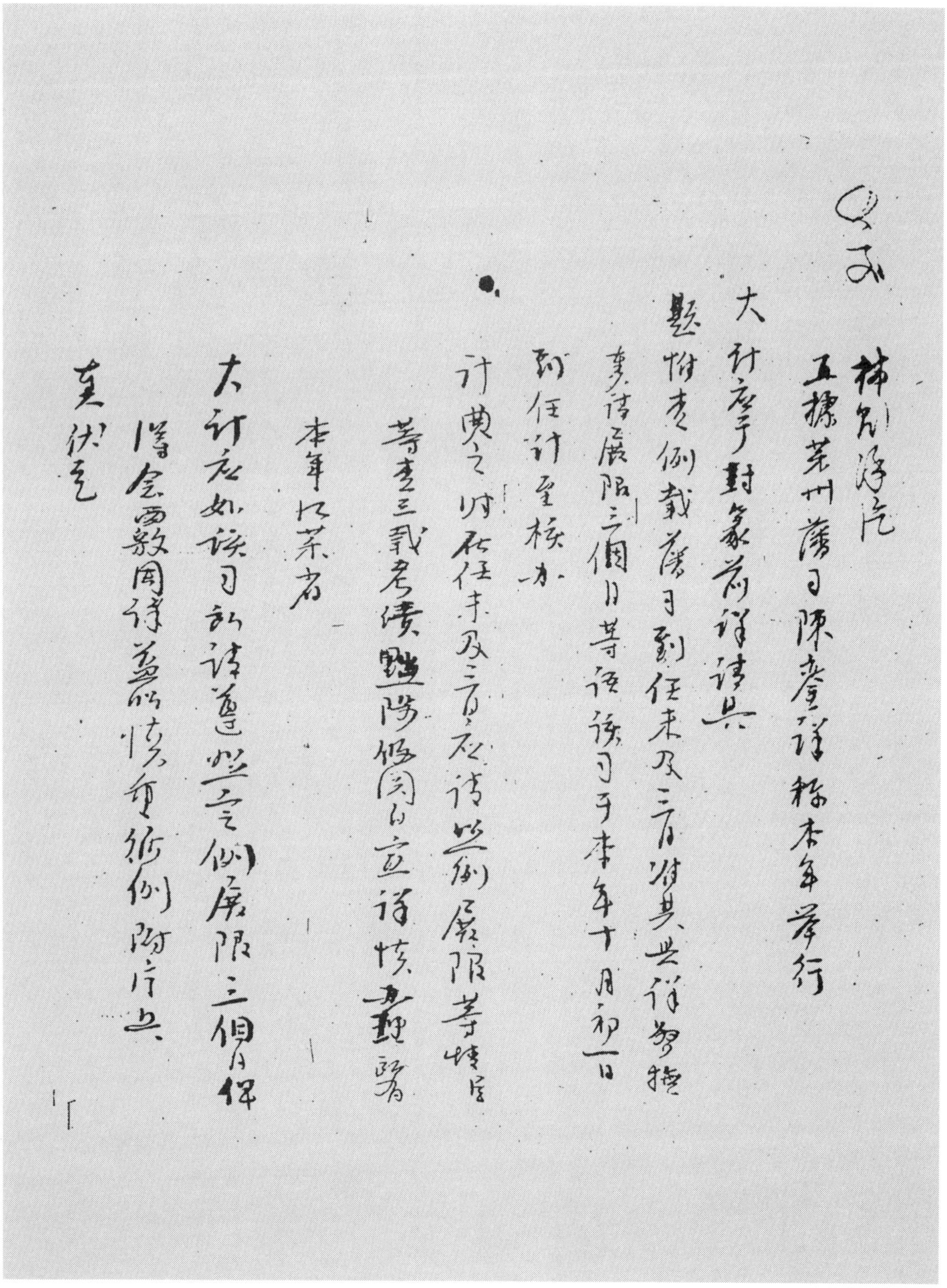

聖鑒謹
奏
道光十二年十二月初五日奉
硃批依議該部知道　欽此

兩江總督陶澍江蘇巡撫林則徐奏片　蘇州布政使甫到任本年大計請循例展限三月
道光十二年十一月二十一日

兩江總督陶澍江蘇巡撫林則徐奏摺　**奏報江寧藩庫動撥賑濟秋災口糧銀款**

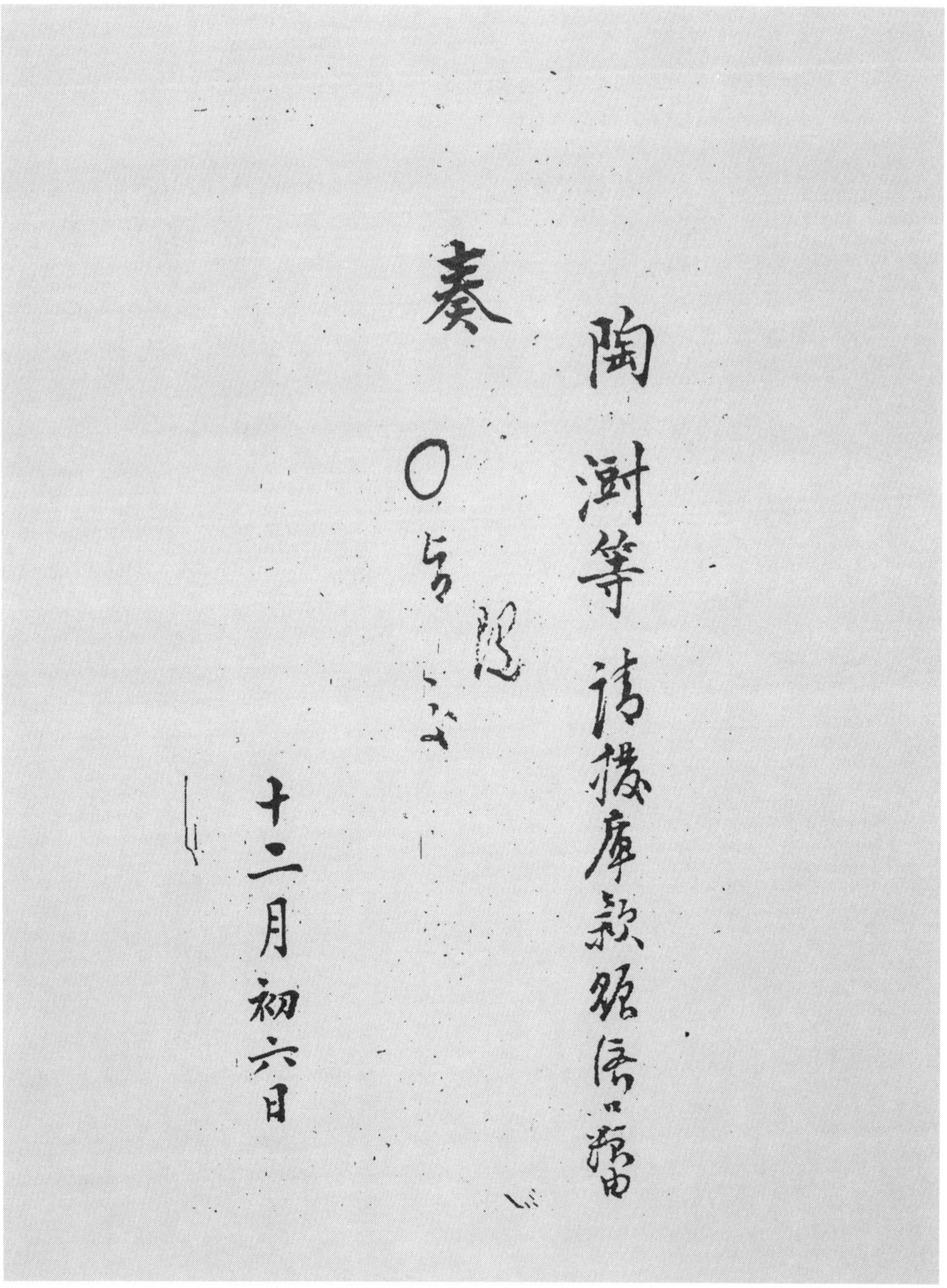
陶澍等請撥庫款賑恤口糧由
奏
十二月初六日

兩江總督陶澍江蘇巡撫林則徐奏摺　奏報江寧藩庫動撥賑濟秋災口糧銀款　道光十二年十一月二十一日

兩江總督臣陶澍
江蘇巡撫臣林則徐　跪
奏為江寧藩庫動撥賑濟口糧銀款恭摺
奏祈
聖鑒事竊照江北桃源海州沭陽大河等四州縣衛本
年秋災情形經臣等勘明
奏請照例賑濟并酌給口糧欽奉
上諭著照所請加恩將成災六分以上之桃源海
州及大河衛按照災分查明極次貧戶口分別給
賑貧生兵房飢軍一律查辦概以折色散放大
口給銀一錢五分小口七分五厘不准扣除平餘
災之次貧與五分災及勘不成災之貧民概不給
賑惟桃源海州沭陽三州縣及大河衛坐落被

淮揚二屬之軍民均因頻年災歉戶鮮蓋
藏被淹之際益形困苦著賞給一月口糧等因欽
此仰見
皇上軫念災區不使一夫失所之至意臣當即恭
錄諭旨轉行藩司刊刻謄黃曉諭一面分委妥
員馳赴各災區先行確查户口核實辦理並將
所需銀款籌撥去後茲據江寧布政使趙
盛奎詳稱核查各州縣衛被災村莊賑濟口糧
約共需銀十二萬兩自庫現有各屬解還災
借糶話肆剩一款存銀十萬七千餘兩本係撥
放之款堪以動撥銀十萬兩又司庫封貯一款
現存銀六萬七千餘兩當經

兩江總督陶澍江蘇巡撫林則徐奏摺　奏報江寧藩庫動撥賑濟秋災口糧銀款　道光十二年十一月二十一日

奏撥賑濟口糧有案並請於該款內奏撥銀二萬
兩共符一十二萬兩之數如有餘剩留為來年撫
賑之需設有不敷另於司庫正項地丁款內籌
足備用統俟事竣核實報銷其搭放一款俟價
收捐監銀兩即行歸補詳請具
奏前來臣等覆加查核該司請撥賑濟口糧銀一
十二萬兩係計口授食之需自宜豫為籌備相
應籲懇
天恩俯准按數撥用以資散放事竣核實報銷如
有餘剩報部撥用除嚴飭該府道暨督令印
委各員提查戶口按實散給俾使實惠均沾毋
遺漏倘有胥役剋扣侵冒情弊立即從嚴

奏辦不敷請撥，茲將所有江寧藩庫動撥
賑濟口糧銀款緣由，除咨明戶部外，謹會同
恭摺具
奏，伏乞
皇上聖鑒，謹
奏。
道光十二年十一月初四日具

硃批
欽此
十一月廿一日

兩江總督陶澍江蘇巡撫林則徐奏摺　**遵旨驅逐洋船押赴浙洋仍飭屬防範**

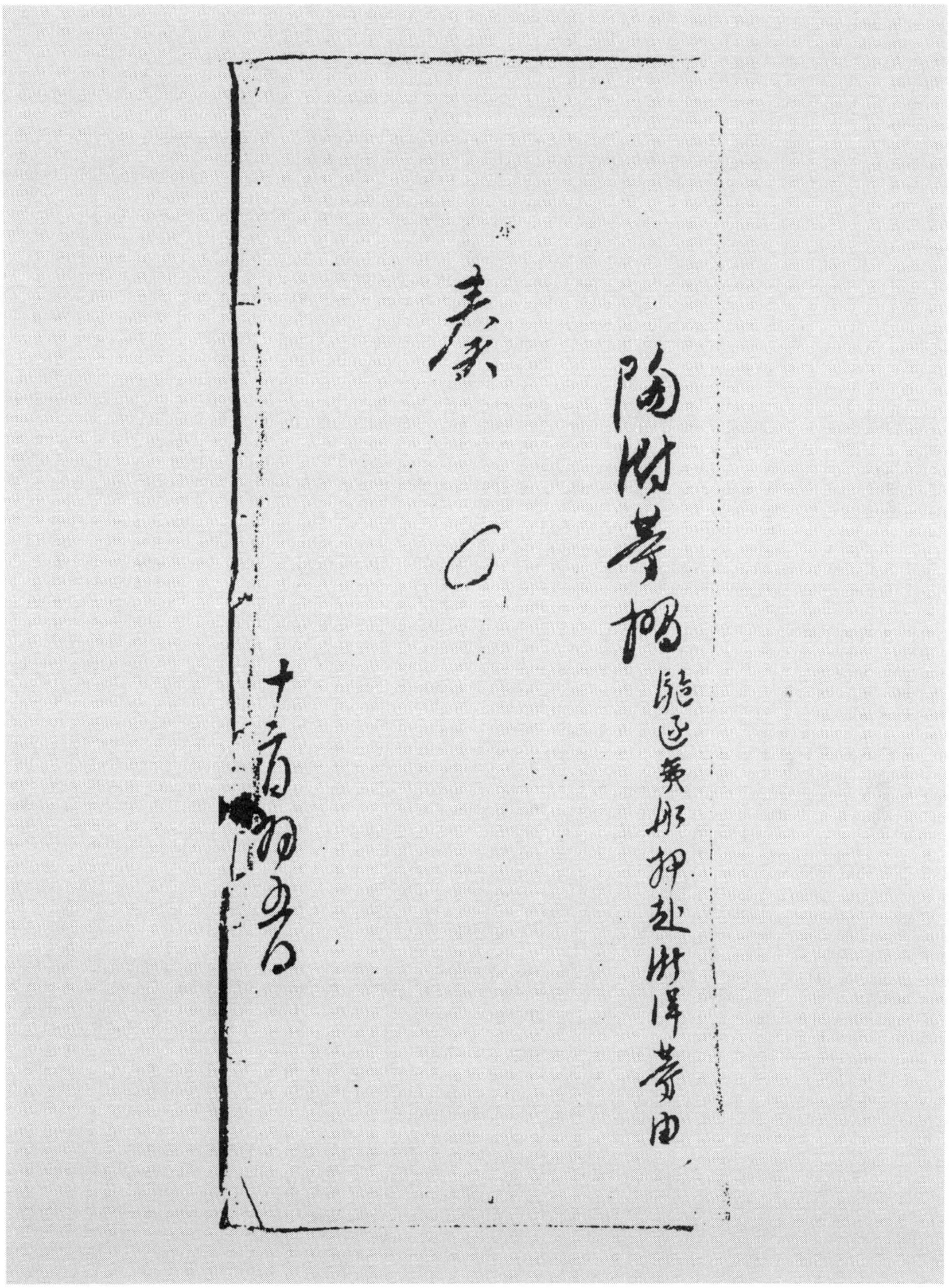
奏
陶澍等摺　驅逐夷船押赴浙洋事由

兩江總督陶澍江蘇巡撫林則徐奏摺　遵旨驅逐洋船押赴浙洋仍飭屬防範
道光十二年十一月二十一日

臣陶澍
臣林則徐跪
奏為夷船驅逐南行現飭舟師押赴浙洋並
分別飭查防範緣由恭摺奏祈
聖鑒事竊臣等前因暎咭唎國夷船復至江省洋
面當將諸飭曉諭緣由附片具
奏在案臣林則徐先于接准提鎮咨會時即委
補知府吾慶太湖協副將鮑起豹赴洋
隨同鎮道並會同上海寶山兩縣酌貴該夷人
豬羊酒食以濟其飢渴復諭飭民例剴切曉諭不准逗
例錯貨並將難民徐勝等十二名收回訊取確
供交該分領回籍正在催令開行間欽奉
上諭據陶澍等奏十月初二日云云等因欽此等

恭錄欽遵隨飭文武各員一體妥速驅
逐並嚴禁沿海居民不許以米糧私賣接濟
旋據稟復海口行商鋪戶因奉嚴諭並立
議單同結
天朝部禁甚嚴設其違背皆懍遵法度概不
與夷人交易該夷人見貨物不能銷售且官
兵稽察森嚴即糧食亦無從私購買心
生畏懼旋向營船聲稱前在洋中搭救商船致將
桅篷打損求賞木板鐵釘趕緊修艌一俟雨雪稍
止即當開行等語當經蘇松鎮關天培蘇松太
道吳其泰酌賞木板鐵釘俾令趕修旋據稟報
該夷船於十一月十五日起碇掛帆乘風開行臣等查

兩江總督陶澍江蘇巡撫林則徐奏摺　遵旨驅逐洋船押赴浙洋仍飭屬防範
道光十二年十一月二十一日

咸經鎮閩天培督率將弁兵船押逐南行，遵照前奉
諭旨務令多用舟師明白曉諭，嚴行會哨並
飛咨浙省接護，一體押逐回粵。第夷情狡猾，或於
押赴浙南海洋外洋之際，料知舟師不能窮追，乃
又敢沿海窺伺，嚴行攔截以防竄越。至此次夷船
內能講通華語之人夷甲利一名，即係前次胡夏
米船內夷夥，臣等以胡夏米前船業經驅逐
後尚未得實在下落，今既親有前次夷夥且係
自此而來，則該船自係胡夏米之船，當經
移行提鎮並飭府縣確切查覆。旋據會稟稱此
次夷船比胡夏米之船小至二丈有餘，桅杆亦少
一道，細加察視並非原船。當因即詰詢甲利，從

兩江總督陶澍江蘇巡撫林則徐奏摺　遵旨驅逐洋船押赴浙洋仍飭屬防範　道光十二年十一月二十一日

何又來之胡夷米原船究往何處據甲利即稱此次
別省之船於七月十八日自天竺國開行原擬徑赴廣
東因南風甚大吹到越南口岸適遇胡夷米之船到
彼相遇胡夷米乘坐原船回去伊即搬過別省船
上從直東停泊大洋乘風向北十月初間到閩東蓋
外洋面天寒冰凍不能停泊隨又乘風南行復
至江南等語查該夷人一面之詞原難憑信即據
所言原實只為包攬轉運之原貨並無此次因者故
護難民本國務通貿易今貨物仍不准銷該
可杜其杜妄念據稱十月初間至閩東蓋明洋面
卻即係陳職島所見之船被逐於閩但既知胡夷
米原船則胡夷米究竟曾否回國尚未可憑其等

兩江總督陶澍江蘇巡撫林則徐奏摺　遵旨驅逐洋船押赴浙洋仍飭屬防範

道光十二年十一月二十一日

既飭水師將弁押送至浙省所有交替之後仍須
在洋時加瞭探儻後有夷船竄至立即堵截回
南並飭沿海營汛隨時防範不得以此次夷船業
已開行即為了事一面咨會廣東省查明胡夏
米等船並此次到蘇之船果否回粵統飭該
國大班嚴束外夷所有夷船業已押逐回國開行並飭
查防範緣由謹合詞恭摺具
奏伏乞
皇上聖鑒謹
奏
道光十二年十二月初五日奉
硃批另有旨欽此
十一月二十一日

江蘇巡撫林則徐題本

題參前署吴江縣知縣平翰等疏防盜案限滿贓犯無獲

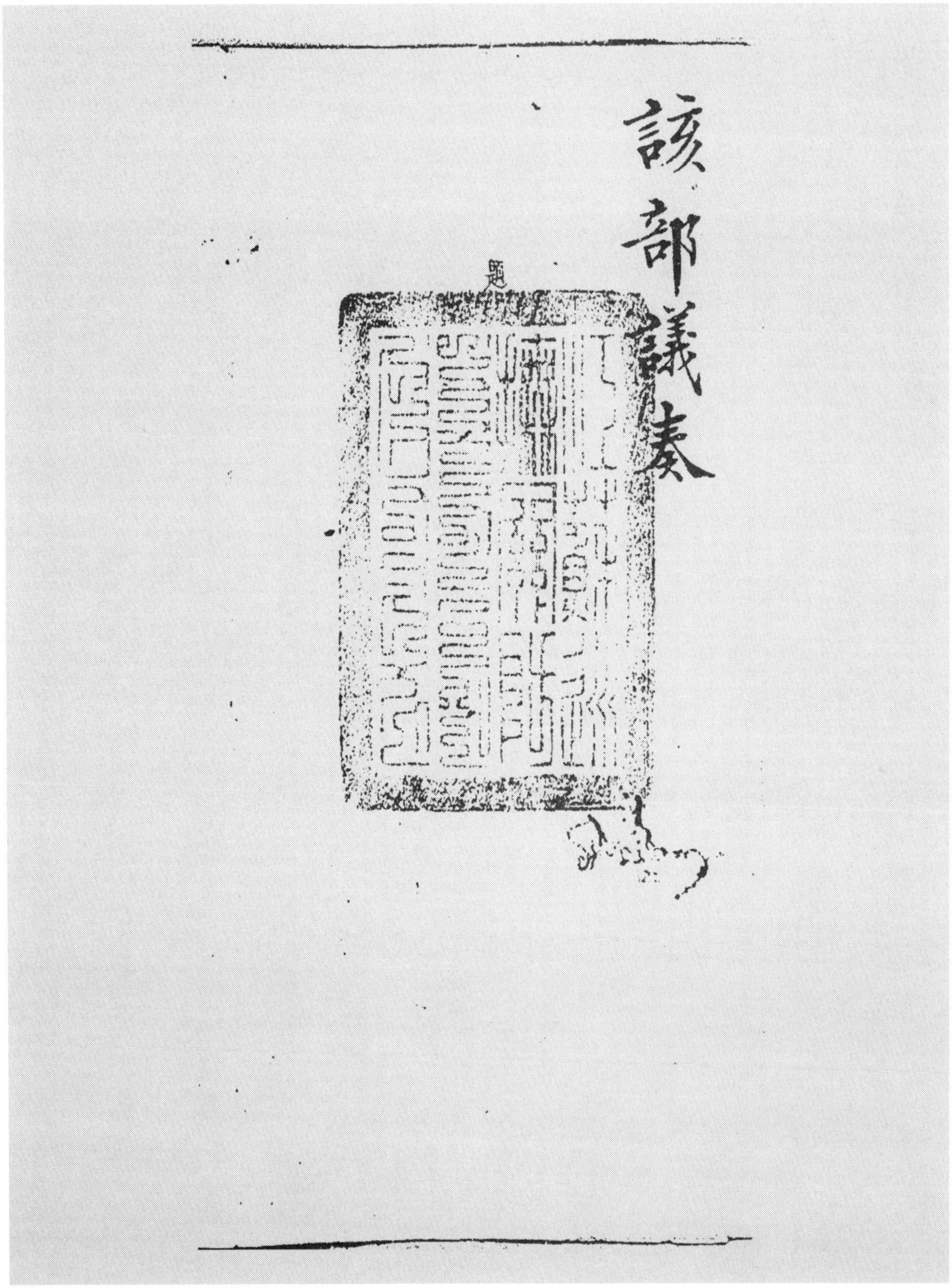
題

該部議奏

江蘇巡撫林則徐題本　題參前署吳江縣知縣平翰等疏防盗案限滿贓犯無獲

道光十二年十一月二十五日

兵部侍郎兼都察院右副都御史巡撫江蘇等處地方提督軍務總理糧儲臣林則徐謹

題爲詳參疏防文職事據江蘇按察使額騰伊詳稱據署蘇州府知府陳經詳據署吳江縣知縣張之杲詳稱道光拾貳年陸月拾壹日據地保沈德隴報據浙江桐鄉縣生員劉世採投稱道夥汪兩林赴平望鎮買米陸月初拾日黎明船抵琪字圩地方被匪駕船攔住藉查私鹽爲名撬開船頭門板進艙搶去洋錢等物水手沈志清拉奪被推跌落致傷報候勘緝等情並據事主劉世採開單同報到縣據經前署縣平翰會營勘訊飭仵驗得沈志清額顱左肩甲各有跌落傷壹處塡單附卷飭醫調治估贓壹百捌拾

兩參造冊通詳奉批緝參在案茲查此案疎防
限屆贓盜無獲合將印捕疎防職名開報請參
等情由府開列督捕督緝職名請參到司據此
除移取巡道兼銜職名另詳請參並批飭查明
水手沈志清傷痕曾否平復徑詳核辦勒緝贓
匪務獲究報外該江蘇按察使額騰伊查得吳
江縣事主劉世梯行舟被搶洋錢逾貫壹案疎
防例限肆箇月應以道光拾貳年陸月初拾被
搶之日起扣至閏玖月初拾日滿所有文職疎
防職名印官係前署吳江縣知縣平翰捕官係
吳江縣汾湖司巡檢查履泰督捕係不同城前
署蘇州府總捕同知何士祁督緝係不同城前

任蘇州府知府李國瑞查印官平翰已於道光
拾貳年柒月拾陸日未經限滿之先調署元和
縣卸事署督捕同知何士祁已於拾貳年柒月
貳拾肆日未經限滿之先卸事督緝知府李國
瑞亦於陸月貳拾肆日未經限滿之先陞任徐
州道卸事均不復回任應請議結現署縣張之
果應俟接緝限滿有無獲犯另行詳參現任同
知喬如齡前任蘇州府程銓現署府陳經均係
接督緝之員例無處分再失事處所離城捌拾
里離盛澤汛玖里並無墩鋪防兵相應聲明伏
候核參等情到臣據此該臣查得吳江縣事主
劉世琛行舟被搶洋錢逾貫壹案疎防例限肆

箇月應以道光拾貳年陸月初拾破捻之日起
扣至閏玖月初拾日滿迄今贓匪無獲開列疎
防職名請參前來除飭取巡道兼轄職名查明
水手沈志清傷痕曾否平復另咨並勒緝贓匪
務獲究報外所有文職疎防職名印官係前署
吳江縣知縣平翰捕官係吳江縣汾湖司巡檢
查履泰督捕係不同城前署蘇州府總捕同知
何士郁督緝係不同城前任蘇州府知府李國
瑞相應列參聽候部議查印官平翰已於道光
拾貳年柒月拾陸日未經限滿之先調署元和
縣卸事署督捕同知何士郁已於拾貳年柒月
貳拾肆日未經限滿之先卸事督緝知府李國

瑞亦於陸月貳拾肆日未經限滿之先陞任徐州道卸事均不復回任應行議結現署縣張之杲應俟接緝限滿有無獲犯另行咨參現任同知喬如嵩前任蘇州府程鉞現署府陳經均係接督緝之員例無處分再失事處所離城捌拾里離盛澤汛玖里並無墩鋪防兵合並陳明臣

謹具

題伏乞

皇上聖鑒勅部議覆施行謹題請

旨

江蘇巡撫林則徐題本 題參前署吳江縣知縣平翰等疏防盜案限滿贓犯無獲

道光十二年十一月二十五日

兵部侍郎兼都察院右副都御史巡撫江蘇等處地方提督軍務總理糧儲臣林則徐謹
題為詳參疏防文職事該臣查得吳江縣事主劉
世樣行舟被搶洋錢銀貫壹案疏防例限肆箇
月應以道光拾貳年陸月初拾被搶之日起扣
至閏玖月初拾日滿迄今贓匪無獲開列疏防
職名請參前來除飭取巡道兼轄職名查明水
手沈志清傷痕曾否平復另咨並飭勒緝贓匪
務獲究報外所有文職疏防職名印官係前署
吳江縣知縣平翰捕官係吳江縣汾湖司巡檢
查履泰督捕係不同城前署蘇州府總捕同知
何士祁督緝係不同城前任蘇州府知府李國
瑞相應列參聽候部議謹題請
旨

道光拾貳年拾壹月貳拾伍日兵部侍郎兼都察院右副都御史巡撫江蘇等處地方提督軍務總理糧儲臣林則徐

江蘇巡撫林則徐題本　原參前吳縣知縣熊傳栗等續完漕糧請開復

道光十二年十一月二十五日

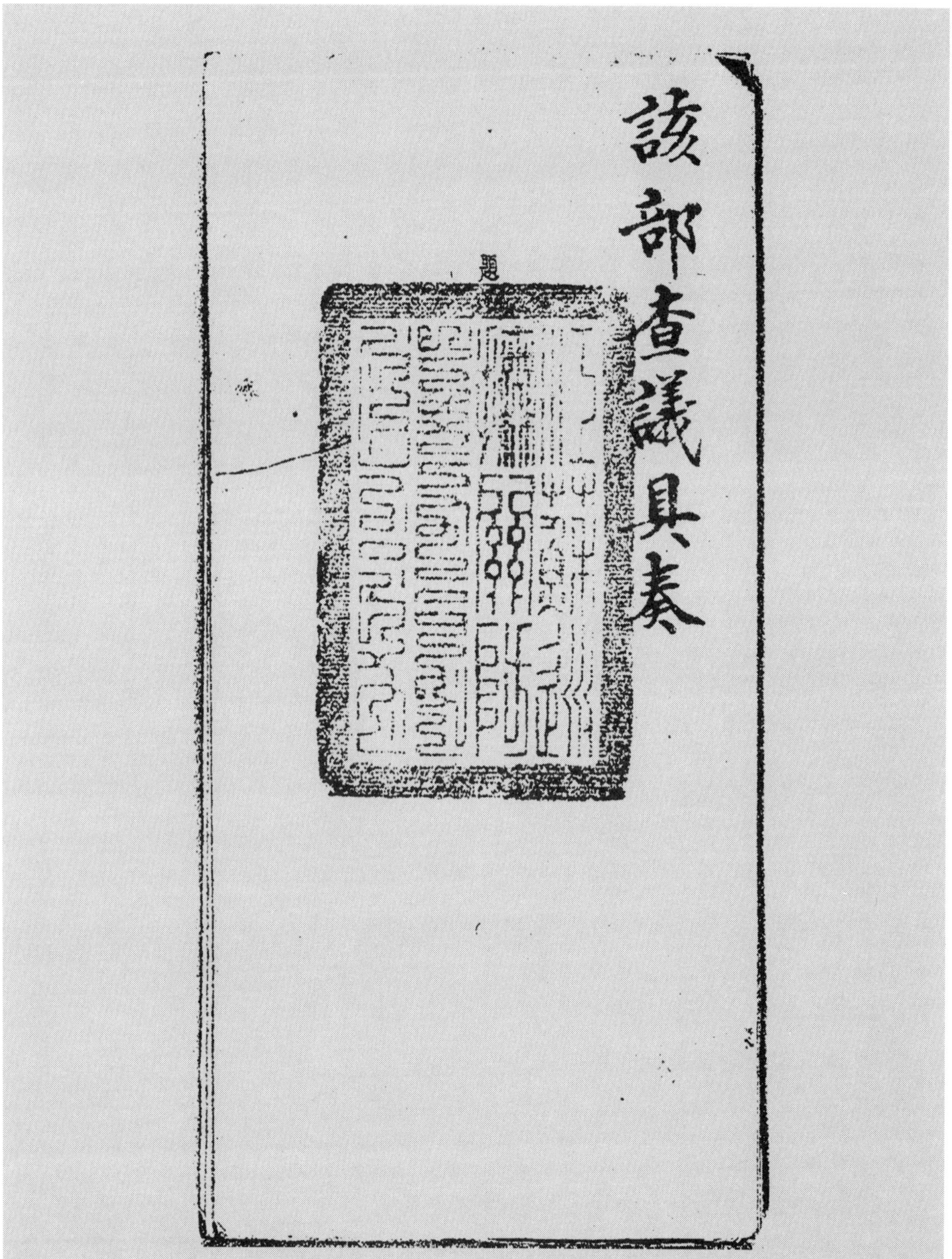
題

該部查議具奏

江蘇巡撫林則徐題本　**原參前吳縣知縣熊傳栗等續完漕糧請開復**

江蘇巡撫林則徐題本　原參前吳縣知縣熊傳栗等續完漕糧請開復
道光十二年十一月二十五日

兵部侍郎兼都察院右副都御史巡撫江蘇等處地方提督軍務總理糧儲臣林則徐謹

題為經徵緩漕照數全完

題請開復事據蘇松督糧道陶廷杰詳稱竊照蘇
州鎮江太倉叁府州屬道光拾年冬應徵道光
叁年分災緩漕糧米次年限案內未完正耗米
叁百肆拾肆石貳斗柒合先經開列催徵各官
職名報參奉准部議經徵未完不及壹分之前
任吳縣知縣熊傳栗前任丹徒縣知縣劉大烈
均照例停其陞轉罰俸壹年戴罪徵收督催未
完不及壹分之署蘇松糧道事蘇松太道蘇廷
玉前任蘇州府知府李國瑞署鎮江府事蘇州
府海防同知劉錞均照例停其陞轉罰俸陸箇

月戴罪督催劉大烈已陞太湖同知熊傳栗已
調南匯縣知縣李國瑞已陞徐州通判鈐係署
事官蘇廷玉亦係署事官已陞山東按察使其
應照例議結之處均俟後參案內聲明卸事日
期再行核議等因奉經移行遵照在案茲查蘇
州鎮江太倉叁府州屬未完前項米石除續於
道光拾壹年被歉遞緩正耗米叁百壹拾壹石
捌斗壹升陸合肆勺應於道光拾貳年秋成後
啟徵另報外實該應徵米叁拾貳石叁斗玖升
陸勺續據照數提徵全完已於道光叁年緩漕
捌次年限案內造冊詳咨在案所有原參部議
前任吳縣知縣熊傳栗前任丹徒縣知縣劉大

烈停其陞轉罰俸壹年戴罪徵收前署蘇松糧
道蘇廷玉前任蘇州府知府李國瑞前署鎮江
府事蘇州府海防同知劉鈴停其陞轉罰俸陸
箇月戴罪督催之案相應詳候具
題開復至各官應完罰俸銀兩應聽藩司查知造
報合並聲明等情據此該臣查得蘇州鎮江太
倉叁府州屬道光拾年冬應徵道光叁年災緩
漕糧米次年限案内未完正耗米叁百肆拾肆
石零先經開列催徵各官職名報參接准部議
未完不及壹分之前任吳縣知縣熊傳栗前任
丹徒縣知縣劉大烈均照例停其陞轉罰俸壹
年戴罪徵收督催未完不及壹分之署蘇松糧

道事蘇松太道蘇廷玉前任蘇州府知府李國
瑞署鎮江府事蘇州府海防同知劉鈐均照例
停其陞轉罰俸陸箇月戴罪督催劉大烈已陞
太湖同知熊傳栗已調南匯縣知縣李國瑞已
陞徐州道劉鈐係署事官蘇廷玉亦係署事官
已陞山東按察使其應照例議結之處均俟複
參案內聲明卸事日期再行核議等因轉行遵
照去後今據蘇松督糧道陶廷杰詳稱蘇州鎮
江太倉叁府州屬未完前項米石除續於道光
拾壹年被歉遞緩正耗米叁百壹拾壹石零應
於道光拾貳年秋成後啓徵另報外實該應徵
米叁拾貳石零續據照數趕徵全完已於道光

壹年緩漕初次年限案内造冊詳咨在案所有
原參部議前任吳縣知縣熊傳栗前任丹徒縣
知縣劉大烈停其陞轉罰俸壹年戴罪徵收前
署蘇松糧道蘇廷玉前任蘇州府知府李國瑞
前署鎮江府事蘇州府海防同知劉餘停其陞
轉罰俸陸箇月戴罪督催之案詳候具
題開復并聲明各官應完罰俸銀兩應聽藩司查
扣造報等情前來臣覆核無異相應具
題伏乞
皇上聖鑒勅部議覆施行謹題請
旨

江蘇巡撫林則徐題本　原參前吳縣知縣熊傳栗等續完漕糧請開復

道光十二年十一月二十五日

道光[illegible]地方提督軍務總理糧儲臣林則徐

兵部侍郎兼都察院右副都御史巡撫江蘇等處地方提督軍務總理糧儲臣林則徐謹
題爲經徵經漕照數全完
題請開復事該臣查得蘇州鎮江太倉叁府州屬
道光拾年冬應徵道光叁年災緩漕糧案次年
限案內未完正耗米叁百肆拾肆石零先經開
列催徵各官職名報參接准部議轉行遵照去
後今據蘇松督糧道陶廷杰詳稱蘇州鎮江太
倉叁府州屬未完前項米石除續於道光拾壹
年被歉遞緩正耗米叁百壹拾壹石零應於道

江蘇巡撫林則徐題本　原參前吴縣知縣熊傳栗等續完漕糧請開復
道光十二年十一月二十五日

光拾貳年秋成後啓徵另報外實該應徵未完
拾貳石零續據照數趕徵全完已於道光叁年
緩漕捌次年限案内造册詳咨在案所有原參
部議前任吴縣知縣熊傳栗前任丹徒縣知縣
劉大烈停其陞轉罰俸壹年戴罪徵收前署蘇
松糧道蘇廷玉前任蘇州府知府李國端前署
鎮江府事蘇州府海防同知劉錞停其陞轉罰
俸陸箇月戴罪督催之案詳
題開復等情前來臣覆核無異謹題請
旨

江蘇巡撫林則徐題本　**核銷道光十一年春沛縣因災給過口糧數目**

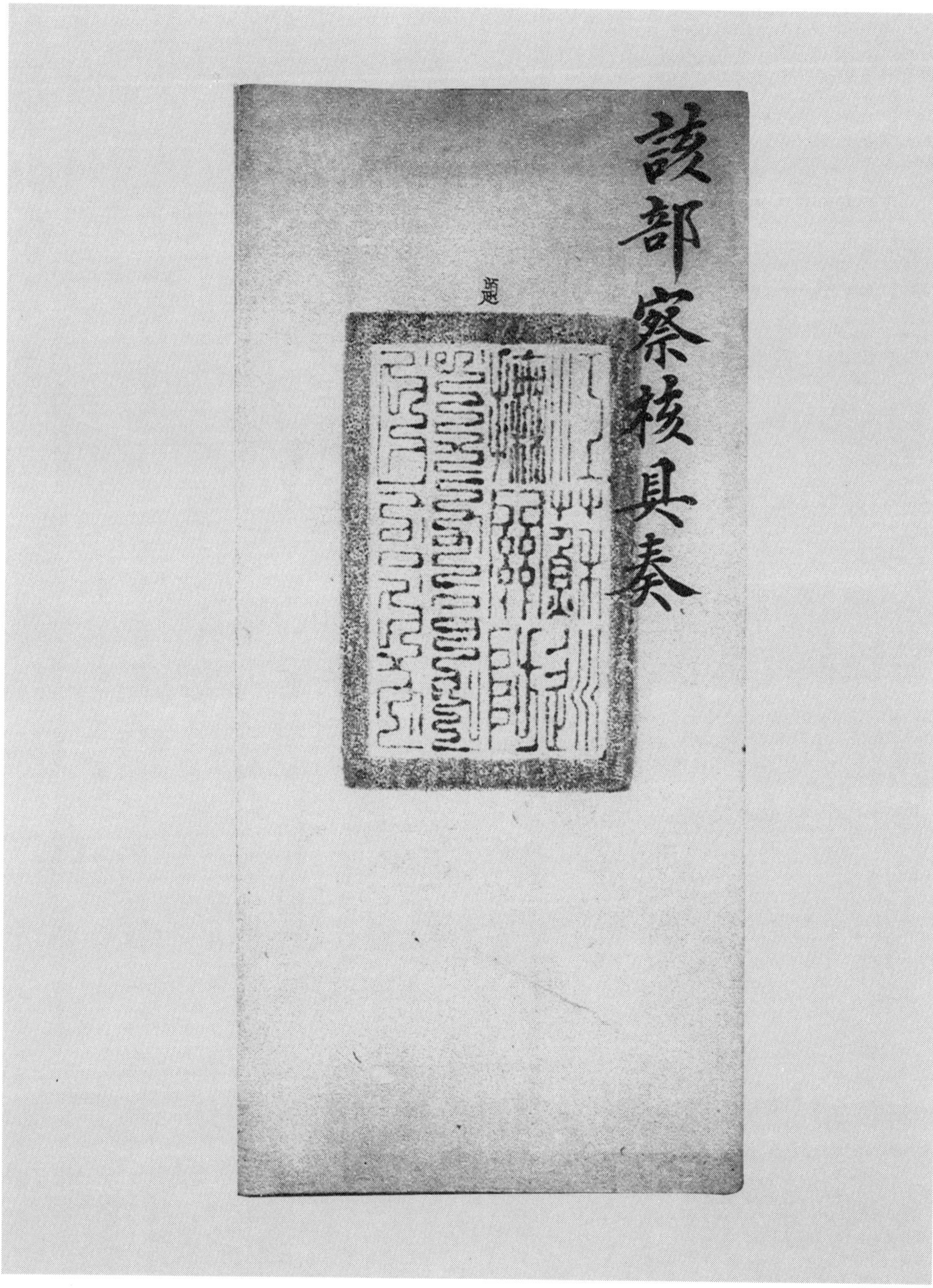
該部察核具奏
題

江蘇巡撫林則徐題本　核銷道光十一年春沛縣因災給過口糧數目

道光十二年十一月二十五日

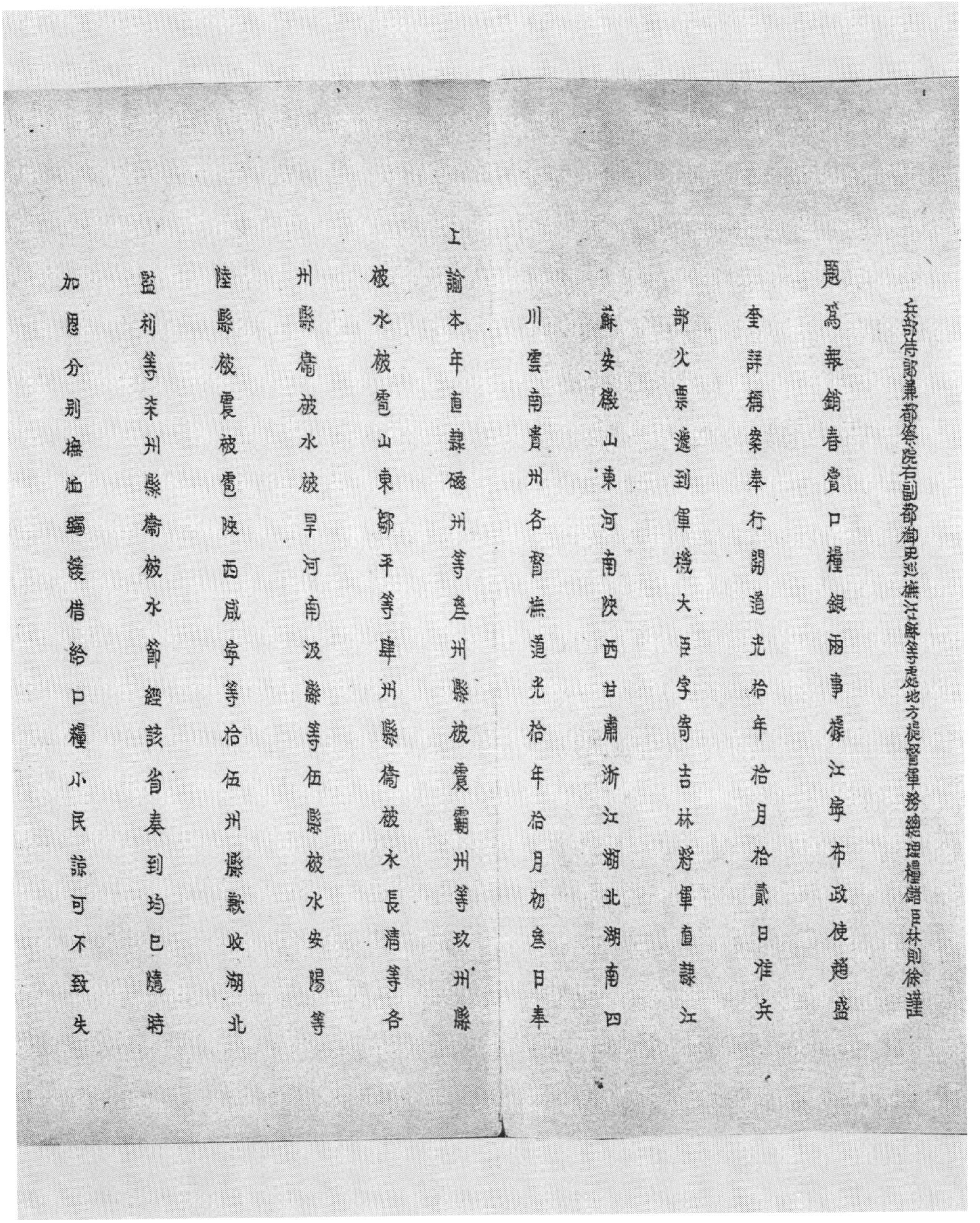
兵部侍郎兼都察院右副都御史巡撫江蘇等處地方提督軍務總理糧儲臣林則徐謹
題爲報銷春賞口糧銀兩事據江寧布政使趙盛
奎詳稱案奉行開道光拾年拾月拾貳日准兵
部火票遞到軍機大臣字寄吉林將軍直隸江
蘇安徽山東河南陜西甘肅浙江湖北湖南四
川雲南貴州各督撫道光拾年拾月初叁日奉
上諭本年直隸磁州等叁州縣被震霸州等玖州縣
被水被雹山東鄒平等肆州縣衛被水長清等各
州縣衛被水被旱河南汲縣等伍縣被水安陽等
陸縣被震被雹陜西咸寧等拾伍州縣歉收湖北
監利等柒州縣衛被水節經該省奏到均已隨時
加恩分別撫卹緩徵借給口糧小民諒可不致失

所惟念來春青黃不接之時民力不免拮据若傳
諭該督撫等體察情形如有應需接濟之處即查
明據實覆奏務於封印前奏到候朕於新正降旨
加恩再吉林三姓地方被水直隸薊州等拾玖州
縣被淹景州等玖州縣被旱磁州延慶州被雹江
蘇江寧等拾柒州縣衛積水受旱安徽宣城等拾
肆州縣衛被水巢縣等伍州縣缺雨甘肅皋蘭等
拾貳廳州縣被水被雹浙江富陽等柒縣受旱湖
北蒲圻孝感等各州縣被水缺雨公安漢陽貳縣
續淹鍾祥縣歉收湖南華容等伍州縣被水鳳凰
等叁廳州缺雨四川涪州等捌廳州縣被水雲南
嶍峩恩安貳縣被水安寧州鹽井被淹貴州鎮遠

江蘇巡撫林則徐題本 核銷道光十一年春沛縣因災給過口糧數目
道光十二年十一月二十五日

思州等府廳州縣衛被水已據該將軍督撫等奏
明隨時撫恤及委員查勘亦著迅速辦理並將來
春應否接濟之處一并查明於封印前奏到將此
諭知各該將軍督撫知之欽此遵
旨寄信前來承准此恭錄行司查明詳辦等因又奉
行開沛縣勘不成災坊壹等拾貳里來春應需
接濟並其餘各屬無庸接濟緣由於道光拾年
拾貳月初伍日會摺具
奏並奉抄奏內開
奏爲遵
旨查明恭摺覆
奏仰祈

聖鑒事竊照道光拾年拾月拾貳日承准軍機大臣
字寄道光拾年拾月初叁日奉
上諭江蘇江寧等拾柒州縣衛積水受旱來春應否
接濟之處查明於封印前奏到等因欽此當經前
護撫臣梁章鉅恭錄轉行欽遵查明去後臣盧
坤莅任跪讀
恩綸仰見我
皇上軫念災黎有加無已之至意接據署江寧布政
使孫讓署蘇州布政使衍慶查明各州廳縣衛
情形請
奏前來臣等伏查江蘇省本年各州廳縣衛被水
被旱收成歉薄情形業經奏奉

江蘇巡撫林則徐題本　核銷道光十一年春沛縣因災給過口糧數目

道光十二年十一月二十五日

恩旨緩徵錢糧亟應仰蒙
特諭垂詢臣等細加體察惟徐州府屬之沛縣坊壹
等拾貳里連年災歉今秋又被水旱歉收雖係
勘不成災惟積歉之區來春青黃不接民力不
免拮据應需接濟相應恭懇
天恩俯准將沛縣勘不成災之坊壹等拾貳里之食
貧民
賞給壹月口糧俾資接濟感沐
鴻慈益無既極其蘇藩司所屬太倉等州廳縣本年
雖有歉收情形尚輕無庸查辦江藩司所屬上
元等州縣衛收成雖屬歉薄現在情形似可無
須接濟統俟來春察看情形如有無力佃農應

需酌借籽種口糧及出易平糶之處臨時再行
查辦所有查明沛縣勘不成災之坊壹等拾貳
里來春應需接濟緣由謹合詞恭摺具
奏伏乞
皇上聖鑒謹
奏等因又奉行開道光拾壹年正月拾捌日准兵
部火票遞到戶部咨江南司案呈道光拾壹年
正月初肆日內閣奉
上諭上年江蘇省江寧等州縣被積水受旱業經降
旨分別緩徵小民自可無虞缺乏惟念今春青黃
不接之時口食未能饒裕著加恩將沛縣勘不成
災之坊壹等拾貳里乏食貧民賞給壹月口糧以

資接濟用示朕惠鮮懷保洋洽歟區至意該部即
遵諭行欽此欽遵於初柒日抄出到部查係賞給
貧民口糧之件應由馬上飛遞行文江蘇巡撫
欽遵辦理可也等因又奉行開沛縣本年春賞
口糧動撥銀款係由於道光拾壹年叁月貳拾
日會摺具
奏並奉抄黏內開
奏爲動撥
恩賞貧民口糧銀款仰祈
聖鑒事竊照前護撫臣梁章鉅任內接准部咨道光
拾壹年正月初肆日內閣奉
上諭上年江蘇省江寧等州縣衛積水受旱業經降

旨分別緩徵小民自可無虞缺乏惟念今春青黃
不接之時口食未能饒裕着加恩將沛縣勘不成
災之坊壹等拾貳里乏食貧民賞給壹月口糧以
資接濟用示朕惠鮮懷保澤洽歉區至意該部即
遵諭行等因欽此欽遵轉行並刊刷謄黃曉諭一
面飭查應需銀數請撥去後茲據江寧布政使
陸言詳稱據徐州府知府劉鴻翱稟稱沛縣道
光拾年秋被水旱勘不成災之坊壹等拾貳里
乏食貧民欽奉
諭旨今春賞給壹月口糧約需銀壹萬陸千捌百兩
稟請撥發等情查司庫正項內道光柒年分地
丁壹款現有存銀應請即於此內撥用設有不

數即於司庫正項銀內酌量找撥其貧生口糧
銀兩照例於存公款內支用事竣造報請銷詳
請
奏明撥用前來臣等覆加查核據請口糧銀壹萬
陸千捌百兩係計口授食之需自應預爲籌備
恭懇
聖恩俯准按數撥用以資散放事竣核實報銷如有
餘剩報部撥用除飭該管道府督令印委各員
趕緊查明戶口核實散給務使貧民均沾實惠
仍隨時嚴密訪察如有胥役剋扣冒濫情弊立
即據實參辦所有動撥沛縣口糧銀款緣由謹
合詞恭摺具

江蘇巡撫林則徐題本　核銷道光十一年春沛縣因災給過口糧數目
道光十二年十一月二十五日

奏伏乞
皇上聖鑒謹
奏等因又奉行開道光拾壹年肆月拾玖日奉到
硃批另有旨欽此同日奉到道光拾壹年肆月初伍
日內閣奉
上諭陶澍等奏請動撥恩賞貧民口糧銀款一摺上
年江蘇省沛縣被水被旱勘不成災之坊壹等拾
貳里乏食貧民曾經降旨今春賞給壹月口糧茲
據該督等查明約需銀壹萬陸千捌百兩著照所
請加恩准其於道光柒年分地丁款內撥用設有
不敷即於司庫正項銀內找撥其貧生口糧銀兩
照例於存公款內支給事竣造冊報銷即飭該管

道府督令印委各員趕緊查明戶口核實散給務
使貧民均沾實惠仍隨時認真嚴密訪查如有胥
役剋扣冒濫情弊立即據實參辦毋稍姑容欽此
等因到司奉經移行遵照辦理各在案該江寧
布政使趙盛奎查得徐州府屬之沛縣坊壹等
拾貳里田地道光拾年被水被旱隆冬尚可支
待來春青黃不接之時窮黎口食維艱仰蒙
聖慈垂詢於道光拾壹年春奏奉
恩旨將沛縣乏食貧民賞給口糧壹月所需口糧集
以折色散放大建大口給銀壹錢伍分小口給
銀柒分伍釐貧生兵屬飢軍各隨坐落州縣一
律查辦查賬委員人役飯食公費等項於司庫

抄案開款銀內支給其應需銀兩係於
奏撥江寧司庫屬解地丁款內動放所有動支數
目另於動款冊內分別登報外茲催據該縣將
用過銀數分別造具報銷冊結由該管道府覆
核加結移司覆加查核統計沛縣道光拾壹年
春賞口糧給過災民兵屬大口捌萬捌千肆百
貳拾柒口小口肆萬壹千玖拾玖口用過銀壹
萬陸千叁百肆拾陸兩肆錢柒分伍釐又文武
貧生大口陸百玖拾貳口小口柒百伍拾貳口
用過銀壹百陸拾兩貳錢通共用銀壹萬陸千
伍百陸兩陸錢柒分伍釐理合分晰彙造報銷
司冊出具保結同屬造簡明報銷冊結具文詳

送伏候
題銷再撫賑案內應給貧生銀兩係於司庫存公
銀內動支前次給過沛縣貧生銀壹百陸拾兩
貳錢係彙同災民口糧銀兩一并在於道光柒
年地丁款內動撥應請俟奉准部覆後另於存
公銀內放歸報撥至應造撫賑口糧花名報銷
細冊前奉行准部文彙單
奏請刪免是以現就簡明屬冊彙核造轉又此案
報銷應於道光拾壹年肆月內放竣之日起照
通行部件扣限陸箇月造報該扣至拾壹年拾
月內限滿該縣於拾壹年陸月內造送並無遲
逾合并聲明等情據此該臣查得徐州府屬沛

縣坊壹等拾鄙里田地道光拾年秋被水旱隆
冬尚可支持拾壹年春青黃不接之時窮黎口
食維艱仰懇
聖慈垂諭奏奉
恩旨將沛縣之食貧民賞給口糧壹月所需口糧粟
以折色散放大建大口給銀壹錢伍分小口給
銀柒分伍釐貧生兵屬飢軍各隨坐落州縣一
律查辦查賑委員人役飯食公費等項於司庫
抄案閒款銀内支給其應需銀兩係於
奏撥江寧司庫屬解地丁款内動放所有動支數
目另於動款冊内分別登報今據江寧布政使
趙盛奎詳稱准據沛縣將用過銀數分別造具

江蘇巡撫林則徐題本　核銷道光十一年春沛縣因災給過口糧數目

道光十二年十一月二十五日

報銷冊結由該管道府覆核加結移司覆加查
核統計沛縣道光拾壹年春賞口糧給過災民
兵屬大口捌萬捌千肆百貳拾柒口小口肆萬
壹千玖拾玖口用過銀壹萬陸千叁百肆拾陸
兩零又文武貧生大口陸百玖拾貳口小口柒
百伍拾貳口用過銀壹百陸拾兩零通共用銀
壹萬陸千伍百陸兩零理合分晰彙造報銷司
用出具保結同屬造簡明報銷冊結詳送伏候
題
銷再撫賑案內應給貧生銀兩例於司庫存公
銀內動支前次給過沛縣貧生銀壹百陸拾兩
零係彙同災民口糧銀兩一并在於道光柒年
地丁款內動撥應俟奉准部覆後另於存公銀

内放歸報撥至應造撫賑口糧花名報銷細冊
前奉行准部文彙單
奏請删免是以現就簡明屬冊彙核造轉并據聲
明此案報銷應於道光拾壹年肆月内放竣之
日起照通行部件扣限陸箇月造報該扣至拾
壹年拾月内限滿該縣於拾壹年陸月内造送
並無遲逾等情前來臣覆核無異除冊結送部
查核外謹會同兩江總督臣陶澍合詞具
題伏乞
皇上聖鑒勅部核銷施行謹題請
旨

江蘇巡撫林則徐題本 核銷道光十一年春沛縣因災給過口糧數目
道光十二年十一月二十五日

道光拾貳年拾壹月拾伍日兵部侍郎兼都察院右副都御史巡撫江蘇等處地方提督軍務總理糧儲臣林則徐

兵部侍郎兼都察院右副都御史巡撫江蘇等處地方提督軍務總理糧儲臣林則徐謹
題為報銷春賞口糧銀兩事。該臣查得徐州府屬
沛縣坊壹等拾貳里田地道光拾年秋被水旱
隆冬尚可支持拾壹年春青黄不接之時窮黎
口食維艱仰蒙
聖慈垂詢奏奉
恩旨將沛縣之食貧民賞給口糧壹月所需口糧槩
以折色散放大建大口給銀壹錢伍分小口給
銀柒分伍釐貧生兵屬飢軍各隨坐落州縣一
律查辦查照委員人役飯食公費等項於司庫
抄案間款銀内支給其應需銀兩係於
奏撥江寧司庫屬解地丁款内動放所有動支數

江蘇巡撫林則徐題本　核銷道光十一年春沛縣因災給過口糧數目

道光十二年十一月二十五日

目另於動款冊內分別登報今據江寧布政使趙盛奎詳稱催據沛縣將用過銀數分別造具報銷冊結由該管道府覆核加結移司覆加查核統計沛縣道光拾壹年春賞口糧給過災民兵屬大口捌萬捌千肆百貳拾柒口小口肆萬壹千玖拾玖口用過銀壹萬陸千叁百肆拾陸兩零又文武貧生大口陸百玖拾貳口小口柒百伍拾貳口用過銀壹百陸拾兩零通共用銀壹萬陸千伍百陸兩零理合分晰彙造報銷司冊出具保結同屬造簡明報銷冊結詳送伏候

題銷等情前來臣覆核無異除冊結送部外謹會

題請

旨

江蘇巡撫林則徐題本

核銷江蘇省道光八年份紅黃飛金價脚銀兩

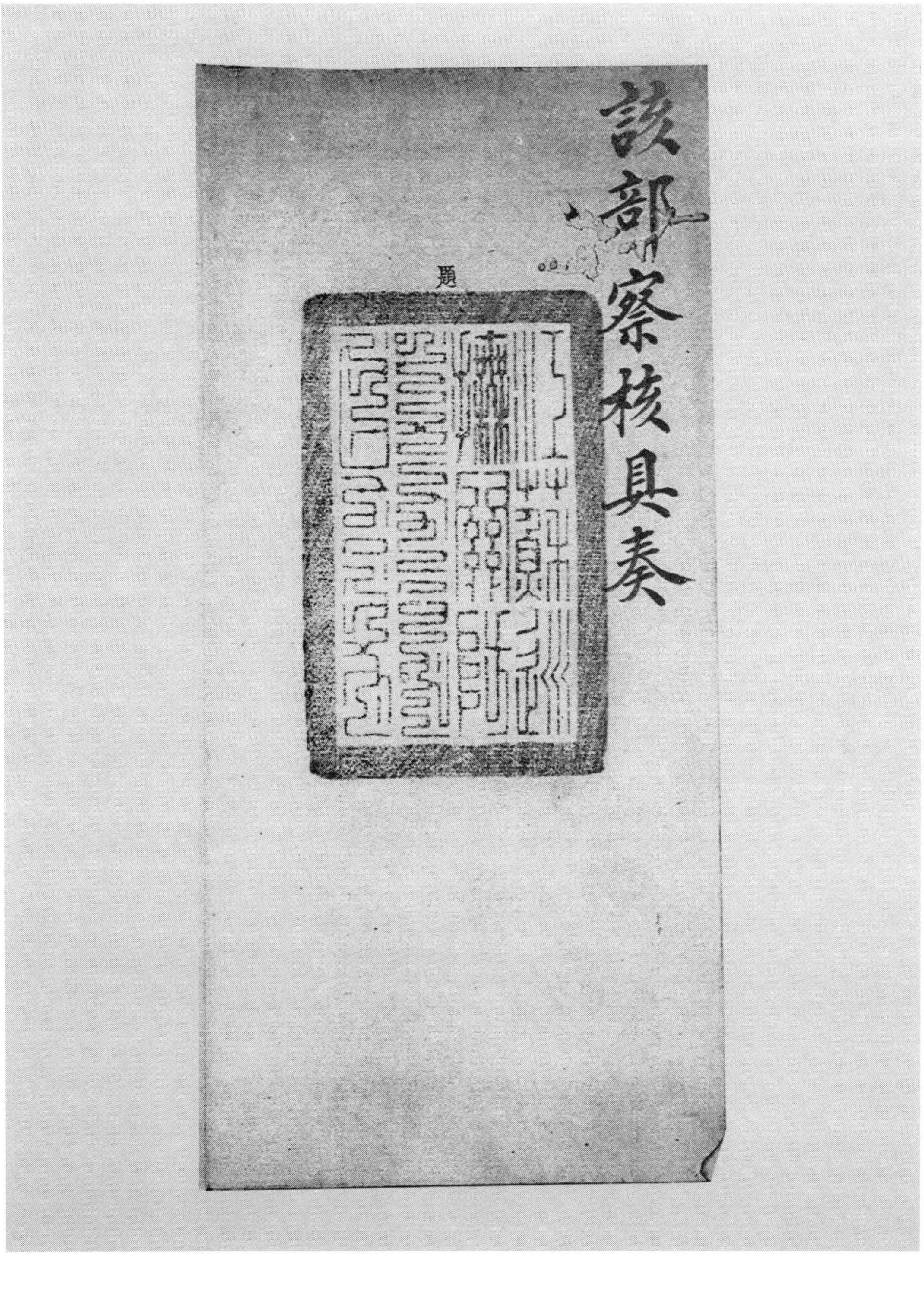

江蘇巡撫林則徐題本　核銷江蘇省道光八年份紅黃飛金價脚銀兩

道光十二年十一月二十五日

兵部侍郎兼都察院右副都御史巡撫江蘇等處地方提督軍務總理糧餉臣林則徐謹
題爲請銷飛金價脚銀兩事據蘇州布政使陳鑾
詳稱竊照江蘇省應辦道光捌年分原額辦紅
飛金叁百塊黃飛金叁百塊又添辦紅飛金叁
百塊黃飛金叁百塊又復添辦紅飛金陸百塊
黃飛金肆百塊又續添辦紅飛金捌百塊黃飛
金貳百塊先經飭行吳縣督令金鋪領銀造齎
委員原署松江府經歷試用府知事李均解部
交收在案今據蘇州府詳據吳縣將用過價脚
銀兩遵照向例准銷數目開造報銷冊結詳送
前來該蘇州布政使陳鑾查得江蘇省道光捌
年分額辦添辦見方叁寸叁分紅黃飛金各陸

江蘇巡撫林則徐題本　核銷江蘇省道光八年份紅黃飛金價脚銀兩

道光十二年十一月二十五日

百塊計共重伍百壹拾柒兩肆錢陸分肆釐按
照歷届准銷折實庫平紋銀壹拾伍換連風飛
折耗計該紅飛金價銀肆千壹百壹拾叁兩捌
錢叁分捌釐匠工紙張飯食等銀貳千陸百柒
拾兩捌錢玖分黄飛金價銀叁千伍百叁拾伍
兩伍錢柒分肆釐匠工紙張飯食等銀貳千陸
百柒拾兩捌錢玖分照例應給水脚銀壹百叁
兩肆錢玖分貳釐共該金價工費水脚等銀壹
萬叁千玖拾肆兩陸錢捌分肆釐又複添辦見
方叁寸叁分紅飛金陸百塊黄飛金肆百塊計
共重肆百叁拾壹兩貳錢貳分按照歷届准銷
折實庫平紋銀壹拾伍換連風飛折耗計該紅

飛金價銀肆千壹百壹拾叁兩捌錢叁分捌釐
匠工紙張飯食等銀貳千陸百柒拾兩捌錢玖
分黃飛金價銀貳千叁百伍拾柒兩肆分捌釐
匠工紙張飯食等銀壹千柒百捌拾兩伍錢玖
分肆釐照例應給水脚銀捌拾陸兩貳錢肆分
肆釐共該金價工費水脚等銀壹萬壹千捌兩
陸錢壹分肆釐又續添辦見方叁寸叁分紅飛
金捌百塊黃飛金貳百塊計共重肆百叁拾壹
兩貳錢貳分按照歷屆准銷折實庫平紋銀壹
拾伍換連風飛折耗計該紅飛金價銀伍千肆
百捌拾伍兩壹錢壹分捌釐匠工紙張飯食等
銀叁千伍百陸拾壹兩壹錢捌分柒釐黃飛金

價銀壹千壹百柒拾捌兩伍錢貳分伍釐匠工
紙張飯食等銀捌百玖拾兩貳錢玖分柒釐照
例應給水脚銀捌拾陸兩貳錢肆分肆釐共該
金價工費水脚等銀壹萬壹千貳百壹兩叁錢
柒分壹釐照例動支司庫道光柒年地丁銀兩
給辦相應分別造具報銷清冊同印加各結一
并詳送具
題等情據此該臣查得江蘇省道光捌年分應辦
原額添辦紅黃飛金先經照辦齊全委員解部
在案今據蘇州布政使陳鑾詳稱辦解道光捌
年分額辦添辦紅黃飛金各陸百塊計重伍百
壹拾柒兩零按照歷屆准銷折實庫平紋銀壹

拾伍換連風飛折耗計該紅飛金價銀肆千壹
百壹拾叁兩零匠工紙張飯食等銀貳千陸百
柒拾兩零黃飛金價銀叁千伍百叁拾伍兩零
匠工紙張飯食等銀貳千陸百柒拾兩零照例
應給水脚銀壹百叁兩零共該價工水脚等銀
壹萬叁千玖拾肆兩零又復添辦紅飛金陸百
塊黃飛金肆百塊計重肆百叁拾壹兩零按照
歷屆准銷折實庫平紋銀壹拾伍換連風飛折
耗計該紅飛金價銀肆千壹百壹拾叁兩零匠
工紙張飯食等銀貳千陸百柒拾兩零黃飛金
價銀貳千叁百伍拾柒兩零匠工紙張飯食等
銀壹千柒百捌拾兩零照例應給水脚銀捌拾

陸兩零共該價工水脚等銀壹萬壹千捌兩零
又續添辦紅飛金捌百塊黃飛金貳百塊計重
肆百叁拾壹兩零按照歷屆准銷折實庫平紋
銀壹拾伍換連風飛折耗計該紅飛金價銀伍
千肆百捌拾伍兩零匠工紙張飯食等銀叁千
伍百陸拾壹兩零黃飛金價銀壹千壹百柒拾
捌兩零匠工紙張飯食等銀捌百玖拾兩零照
例應給水脚銀捌拾陸兩零共該價工水脚等
銀壹萬壹千貳百壹兩零照例動支司庫道光
柒年地丁銀兩給辦造具報銷冊結詳送具
題前來臣覆核無異除冊結送部查核外臣謹具
題伏乞

江蘇巡撫林則徐題本　核銷江蘇省道光八年份紅黃飛金價脚銀兩
道光十二年十一月二十五日

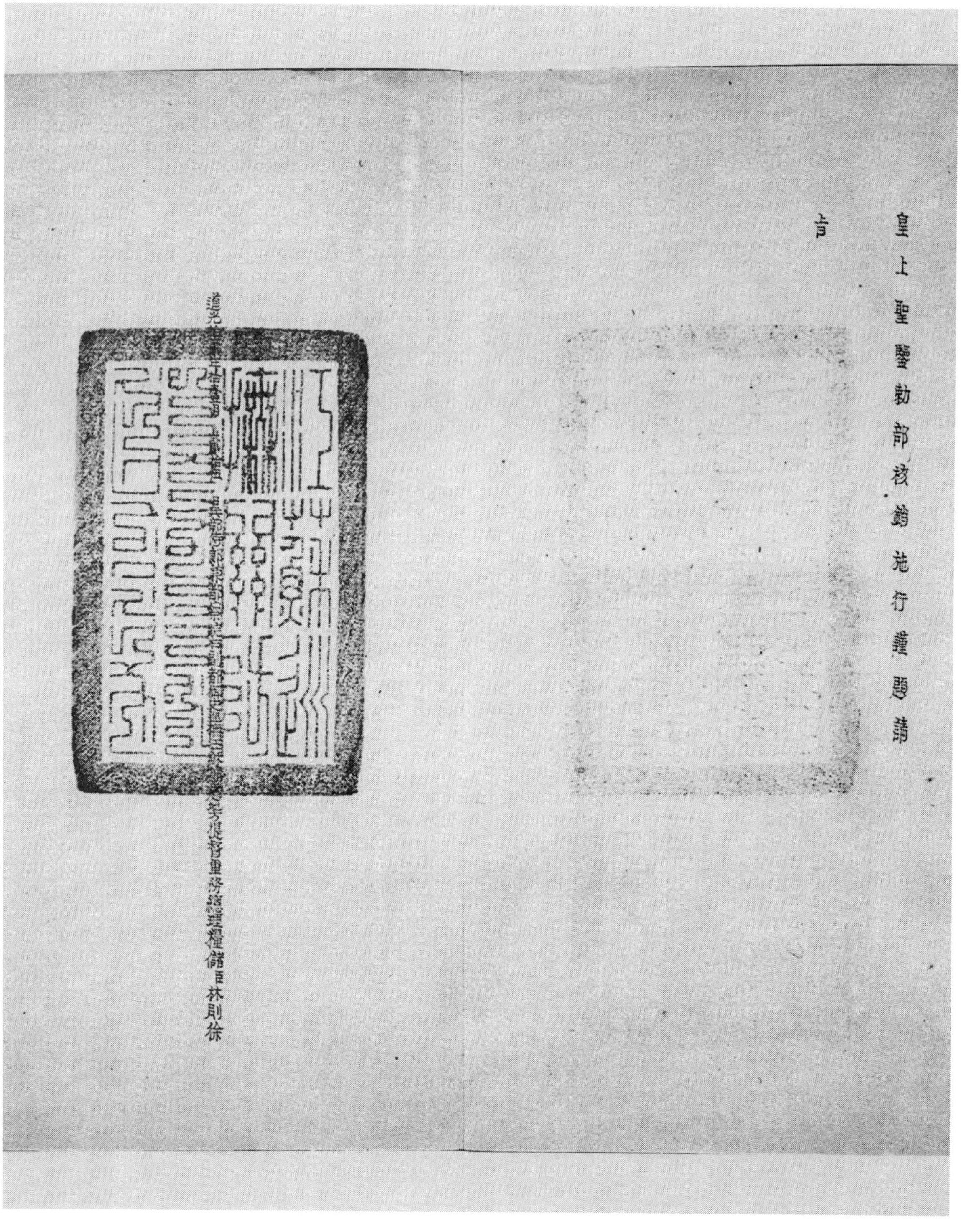
皇上聖鑒勅部核銷施行謹題請
旨
道光[illegible]兼提督軍務總理糧儲臣林則徐

江蘇巡撫林則徐題本　核銷江蘇省道光八年份紅黄飛金價脚銀兩
道光十二年十一月二十五日

兵部侍郎兼都察院右副都御史巡撫江蘇等處地方提督軍務總理糧儲臣林則徐謹
題爲請銷飛金價脚銀兩事該臣查得江蘇省道
光捌年分應辦原額添辦紅黄飛金先經照辦
齊全委員解部在案今據蘇州布政使陳鑾詳
稱辦解道光捌年分額辦添辦紅黄飛金各陸
百塊計重伍百壹拾柒兩零共該價工水脚等
銀壹萬叁千玖拾肆兩零又復添辦紅飛金陸
百塊黄飛金肆百塊計重肆百叁拾壹兩零共
該價工水脚等銀壹萬壹千捌兩零又續添辦
紅飛金捌百塊黄飛金貳百塊計重肆百叁拾
壹兩零共該價工水脚等銀壹萬壹千貳百壹
兩零照例動支司庫道光柒年地丁銀兩給辦
造具報銷冊結詳
題前來臣覆核無異除冊結送部外謹題請
旨

上諭　著奕顥林則徐等驅逐洋船並查崇明有無周長發商船出口

軍機大臣　字寄

盛京署將軍奕　直隸總督琦　兩江總督陶

閩浙總督程　兩廣總督盧　山東巡撫鍾

江蘇巡撫林　浙江巡撫富　福建巡撫魏

廣東巡撫朱　傳諭粵海關監督中祥　道光

十二年十一月二十八日奉

上諭陶澍等奏稱十月二十八日佘山直東洋面有

夷船一隻竪立三桅船面載有礮械桅上有旗一

面寫天竺國商船字樣該船有說華語之人據稱

天竺國係嘆咭唎屬國船内裝載呢羽等物並稱

在直東大洋見有江南遭風船隻經該夷救起水

手十二名現要送交等語並稱荅話之人係前次

胡夏米船内之夷夥甲利據云前船已回此另係劉羅船隻殊不可信該夷狡詐性成難保其不藉此為更換面目之計且船係自北而來甫由奉天折回又駛至江蘇洋面誠恐其又攔入他省著奕顥琦善陶澍程祖洛鍾祥林則徐富呢揚阿魏元烺等分飭沿海文武員弁於夷船到境時立即驅逐不許令其停泊登岸將貨物與民人交易至該船所需水米尤不許沿海居民私行賣給接濟祇須嚴密防堵斷不准用礮轟擊及上船搜查貨物以致滋生事端是為切要該夷船一抵廣東著盧坤朱桂楨中祥等諭以天朝制度只應在廣東貿易務須遵守定例不准私越各省即飭該國大班

管束飭令迅速回國至該夷船用脚船送出難民徐勝等十二名訊均係崇明縣人在周長發船上充當水手尚有劉連一人見寧波船上救去著陶澍林則徐確查崇明縣有無周長發商船出口之事據實具奏將此各諭令知之欽此遵旨寄信前來

江蘇巡撫林則徐奏摺

審明金壇縣民尹添興等燒斃曹咬大夫妻一案分別定擬

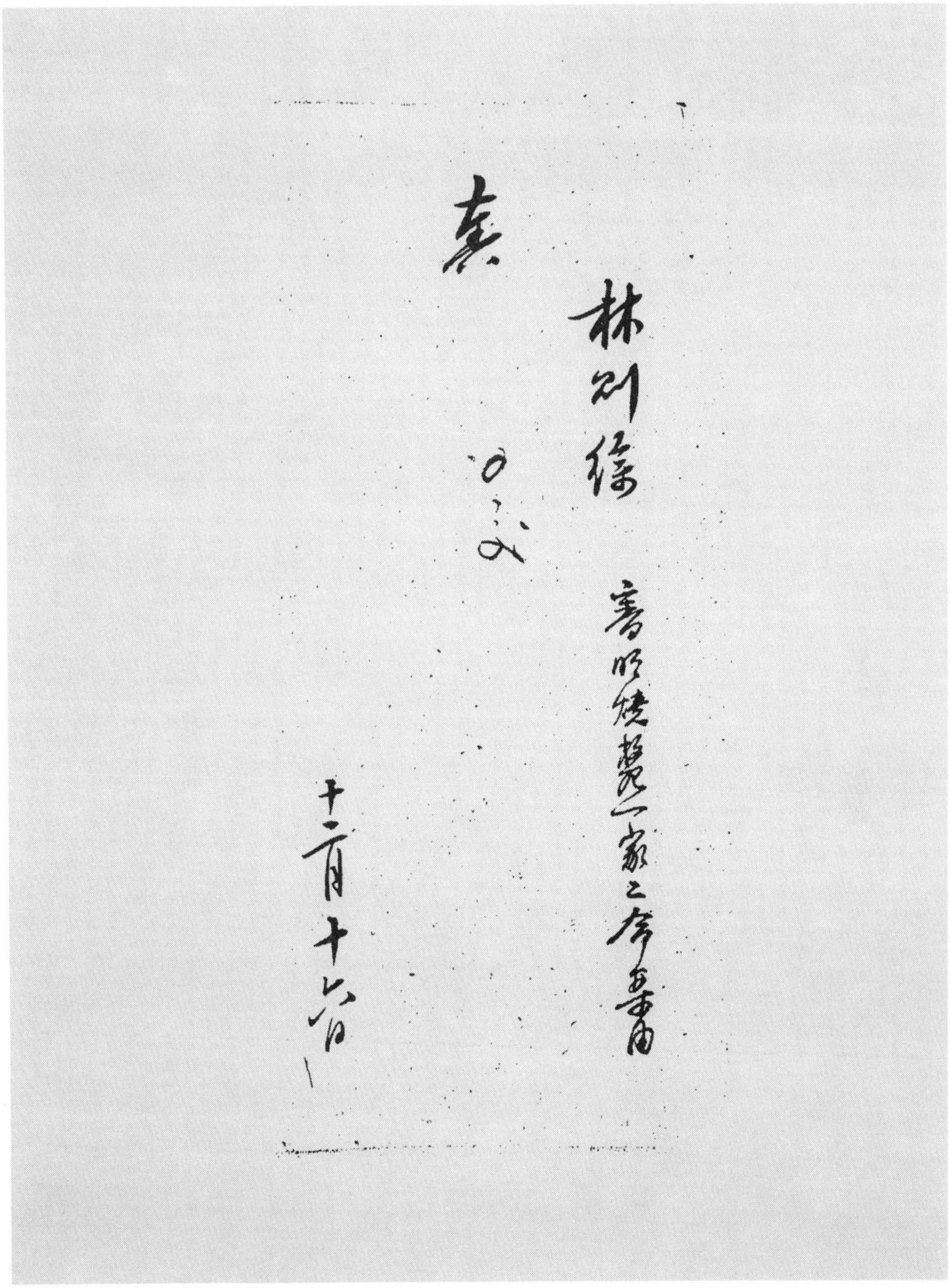
奏
林則徐
審明燒斃一家之命由
十二月十六日

江蘇巡撫林則徐奏摺 審明金壇縣民尹添興等燒斃曹咬大夫妻一案分別定擬 道光十二年十一月二十九日

江蘇巡撫臣林則徐跪
奏為審明挾仇燒斃一家二命按例定擬請旨
恭請
王命先行正法以儆兇頑仰祈
聖鑒事竊據署武進縣知縣姚瑩等招詳該縣曹
家村地方民人曹咬大夫妻周氏于七月十二夜被
金壇縣尹姓糾眾挾仇放火燒斃等情以
事關謀殺二命情罪較重急應提審究辦即
飭令該府迅速會營緝拏獲尹蘭茂等究
出尹添興起意將曹咬大夫妻捆縛燒斃等
情經臣會督臣陶澍附片奏在
諭旨飭催尹添興等犯速訊擬具奏嗣經節據武進

金壇等縣會審陳續學、尹添興及從犯尹庚
帽等二十一名，提省飭發蘇州府知府陳經審
明擬，由署臬司額騰伊覆審招解前來。臣親
提各犯覆加研鞫。緣尹添興即尹添貴，與伊兄
尹開貴及白（沅）禎、尹庚帽即庚拆手、尹寅老民、
尹湘大、尹白陝（沅）、尹蘭茂、尹庚大、尹桂林、尹九庚、尹
致榮、尹桂清、尹卯湘、尹開帽、尹騰（朧）陝（沅）、尹吉清、尹
光福、尹鎖庚、尹阮湘、尹三湘、尹士湘、尹添開、尹
稽茂均住居金壇縣尹上村，與武進縣方家村
人曹咬大夫婦本無嫌隙。道光六年尹添興族
人尹致清、丁聲曹咬大家兩素賭錢，曹咬大欺
責搶，忿自縊身死。民見尹致今錢白控告，有尹

心悅之弟經正詐之莊年內會見陵及其莊
年內之經质上控尹心悅向尹政令告知尹
路令即與莊年內等商議控告開墳盜賣尹
路令搬徒從徒仍將莊年內院邀曹咬大控其
主唆屢欲嫌隙遂使莊年內邀人郭茂尹路令
向往掃田之後從同尹南山等將曹咬大之妻
曹周氏控案毆辱旋經斷田十一年十一月向
莊年內開說先後經尹令等經正詐之安康
大等從同尹金院尹南山尹秀院等挖捕尹正院
等在場助勢並未傷人曹茂尹南山等向搬
罪經尹正院等脫逃未獲尹姓族字因曹咬大
毆打尹路法縱死尹路令尹南山等又因此事

向與曹棟借銀數圓拖欠十二年七月十二日
曹妻叔〻尹潮山索還秀後大怪及前嫌將言
咬大隨罵言咬大以尹族倚特莊年少拜認反
毆向咬大索欽逆〻〻咬大田罵尹潮山挾恨向
尹寅生尹陝(沅)二訴述尹寅生起意件寮拆毀曹
咬大住屋毆打洩忿尹陝(沅)二當允即令尹添
興尹南喜尹菊發尹潮山件允既殺〻尹庚幅
尹受既尹庚大尹松淋尹九庚尹珪芳尹松洁
及曹咬今殺〻尹小喜並在巡〻尹升併尹受
南尹文松幫助又件砍殺〻尹郭淋尹南幅
尹朧既尹吉洪尹來個尹鎮庚尹陝(沅)淋尹三淋尹
士淋尹添南尹玫發及曹咬〻尹南老小尹子道

與同男尹耶淋等見來亦要往尹添興等嚇逼
勉從尹實書尹阮二因患口瘡未經同往是夜
二更後尹添興帶木棒伊俱分携鋤耙扁擔
二十八人同至曹咬大家尹菊花守住後門尹
添興等撞開前門進內將門窗什物盡行毀
有鄰佑趙裕順聞聲出看被尹添興嚇禁避匿
尹庚大等將門窗什物搬至場上尹小喜用火
焚燒尹添興與尹庚順尹湘山將曹咬大捉出
尹開爽尹升保亦將曹周氏捉住用繩捆縛尹
湘山用木棒毆打曹咬大跌入溝內亮重情急
死在水中尹添興將多此便宜書寫尹庚順尹
愛開用鋤鉤起尹添興因見場上火勢已難起

意將曹咬大夫婦燒死与尹庚幅等商允尹添
興尹庚幅尹潮山將曹咬大扛起尹令尹小喜
尹尚喜尹升保將曹周氏扛擡一同丟入火中
燒死尹正沅尹菊茂尹庚大尹松淋尹九庚尹
致榮尹松法尹文松等俱在場助勢並未加功
其時尹邦淋尹尚幅尹幟沅尹吉法尹長幅尹
欽庚尹沅淋尹三淋尹士淋尹添閏尹致茂尹
閏老小尹鹽川均先已畏懼逃回不知燒死情事
尹添興等守至天明見屍身焚化走回向尹
寅書尹沅二告知尹寅書声言不應將曹咬大
等燒死在場致取敗露起意拋棄屍骨滅迹
即主令尹添興等於十三日夜前往掃取骨殖

殺棄河內被水冲失屍女曹二妹於先被打斃
之時乘間逃脫事後潛回撿得零碎骨殖曹咬
大之父僧鳳山久已出家聞信投保報縣會營
勘訊通詳先後緝獲尹添興等各犯提省發
通詳議
委蘇州府審辦茲據署蘇州府陳經訊供
擬由司核解前來臣逐加研鞫各供前
情不諱查尹添興等燒斃二命情甚兇殘該
犯等與曹咬大毆逼自盡之尹致洪僅屬同族何
以尹致洪之胞弟尹致榮尹致茂均未下手加功轉
係尹添興起意燒斃至尹致太尹南山等前此
犯事尚擬軍徒均屬所應得何至蓄恨於曹
咬大致害二命況尚別有仇怨尹寅書既主令
糾衆毆殺據供並未商同謀害亦難保非狡展

避就再三究詰該犯等堅供實因曹咬大將尹
致沅毆打自縊尹致太控告生誣尹南山等幫
同莊年可拒捕罔眾均由曹咬大肇衅且曹咬
大與尹潮山互罵訟及族眾是以俱懷忿恨尹
寅書起意毆斃尹添興見火勢猛烈一時逞
忿商同尹庚幅等將其夫婦燒斃尹寅書妻
因目疾未經同行實無另有起衅別情矣亦不
移案無遁飾查例載殺一家非死罪二人者擬斬
立決梟示酌斷財產一半給被殺之家養贍又律
載謀殺人從而加功者絞監候不加功者杖一百
流三千里又例載充惡棍徒生事行兇無
故擾害良人者發極邊足四千里安置又

犯罪事發官司差人拘捕或有逞兇拒捕殺
死差役爲從在場助勢未經幫毆成傷者改
發極邊足四千里充軍又律載殘毀他人死
屍及棄屍水中者杖一百流三千里又例
載毆故殺人案内兇犯起意殘毀死屍及棄屍
水中其聽從擡棄之人無論在場有無傷人
俱照棄屍爲從律杖一百徒三年各等語
此案尹添興挾仇聽從尹實書糾衆毆斃輒
敢逞兇起意將曹咬大及妻曹周氏活拉燒
斃實屬不法尹添興即尹添喜隨同毀棄屍
輕罪不議外亦係殺一家非死罪二人者斬
決梟示例擬斬立決該犯燒斃一家二命兇

殘已極，未便稍稍顯戮。臣於審明後即奏請
王命飭委臬司親詣，偕臣標中軍參將吉祥保將
尹添興綁赴市曹，先行處斬，仍梟首犯事
地方示衆，以昭炯戒。並查明該犯財產，斷給一半
給與死屬領回養贍。尹庚暢即庚析手、尹周喜
同謀下手加功，各將曹咬大夫周氏扛擲燒斃，
均係謀殺人從而加功者，依照律擬絞監候，
秋後處決。尹寅書起意糾衆毆毀，致釀燒殺
一家二命重案，又主令秉錢肯殖六屬究惡。尹
寅書即尹淋書應照重上究惡根從生事擾
害發極邊足四千里安置例，發極邊足四千里
充軍。尹匠沅先於莊午可犯事拒捕殺傷兵

役案內聽從同行在場助勢今謀殺爲從並
未加功應從重問擬尹正沅除謀殺人從而不加
功杖流輕罪不議外今係官司差人拘捕逞兇拒
殺差役爲從在場助勢未經帮毆成傷例改
發極邊足四千里充軍均到配杖一百折責安置
尹菊茂尹庚大尹松淋尹九庚尹致榮尹松
淋聽從毆斃同行謀害並未加功尹菊茂等
六犯均合依謀殺人從而不加功者杖流律各杖一百
流三千里到配折責安置尹邦淋尹尚幅尹隴沅
尹吉沅尹吉幅尹錦庚尹沅淋尹三淋尹士淋尹
添閏尹致虔訊無同謀加功棄毀屍首情事惟
聽從同往毆斃未便因其被逼勉從畏懼先逃

稍為寬縱尹邦淋等十一犯應於尹菊茂等滿
流罪上量減一等各杖一百徒三年分別定地
折責充徒尹沃二與尹寅書同謀毆斃應於尹
寅書軍罪上照為從減等例杖一百徒三年業
經金壇縣驗報病故應毋庸議尹心悅於尹添
興等毆斃謀命均不知情惟前於尹毅清自經
命案因莊午可諉及經頃上控即向房兄尹毅
令告知致釀重案殊屬不合尹心悅即尹星月
應照不應重律杖八十加枷號一月滿日折責
發落尹正沅擬供親老丁單係拒捕殺差為
狀以例毋庸查辦尹欽庚應否留養由縣訊
明取結辦理前獲之尹瑞庚尹庚新胡開文訊

無同行毆斃謀命情事經縣省釋均毋庸議
尹上喜是否實已病故飭縣查明取結具報
犯尹潮山等嚴飭該縣緝獲另依結存屍骨給
屬領埋除供招咨部外所有審明定擬緣由
謹會同兩江總督臣陶澍恭摺具
奏伏乞
皇上聖鑒敕部議覆施行謹
奏
道光十二年十二月十六日奉
硃批刑部議奏欽此
十一月廿九日

兩江總督陶澍江蘇巡撫林則徐奏摺　請以周恭壽留任吳江縣知縣

陶澍等
請以周恭壽仍留吳江縣任由
奏
旨依議
十二月十六日

兩江總督陶澍江蘇巡撫林則徐奏摺　請以周恭壽留任吳江縣知縣
道光十二年十一月二十九日

兩江總督臣陶澍
江蘇巡撫臣林則徐跪
奏爲照例開復之知縣請免另補以資治理恭摺奏祈
聖鑒事竊照准補吳江縣知縣周恭壽先因經徵道光四五六等年
漕項銀兩未完經臣等會同漕運總督臣蘇成額分案題參
查道光五年之案部議降四級調用奉
旨著該督撫出具考語送部引見再降諭旨欽此其四年之案部
議降三級調用無級可降應行革職奉
旨著仍遵前旨送部引見再降諭旨欽此六年之案部議降五
級調用註册奉
旨依議欽此均經欽遵飭行去後旋查該員周恭壽于未奉部
文之先已將道光五年漕項正耗銀八千四百五十三兩零扣解全
完又四年六年漕項正耗共銀一萬一千五兩零亦據陸續完解

復經恪等會
題照例開復在案查例載錢糧未完降革人員續報全完題請
開復者在外揀調之缺文到在照限減半以內准其留任在限
外者留省另補等語該員周恭壽未完道光五年漕項一
千未奉部議之先續報全完業已題請開復照例留任其
四年六年未完銀兩于已奉部議之後續報全完例應留
省另補雖查吳江一縣係衝繁難要缺漕務疲繁最難
支持且地濱太湖界連浙省水陸分岐刻須防察最為難
治之區該員周恭壽精明幹練奮發有為于地方情形久
經熟悉且本係開復留省補用之員無論繁簡缺出例得
請補與其將該員另補別缺又須揀員請補吳江徒增
更調之煩于吏治轉無裨益查嘉慶二十年間湖北漢陽

縣知縣裘行恕道光元年間江蘇川沙同知于金壇均因
錢糧未完降革于已奉部文之後續報全完經督撫臣奏
請仍留本任奉
旨允准在案今周恭壽與裘行恕于金壇事同一律合無仰懇
聖恩俯念員缺繁要人地相需准以周恭壽仍留吳江縣本任免
其另補俾得駕輕就熟似可收指臂之效如蒙
俞允該員前次奏陞吳江縣知縣尚未引
見俟接准部文即給咨該員赴部引
見恭候
欽定臣等謹合詞恭摺具
奏伏乞
皇上聖鑒訓示謹

奏

道光十二年十二月十六日奉

硃批另有旨欽此

十一月二十九日

兩江總督陶澍江蘇巡撫林則徐奏摺　**查明桃源等州縣被水情形來春應需接濟**

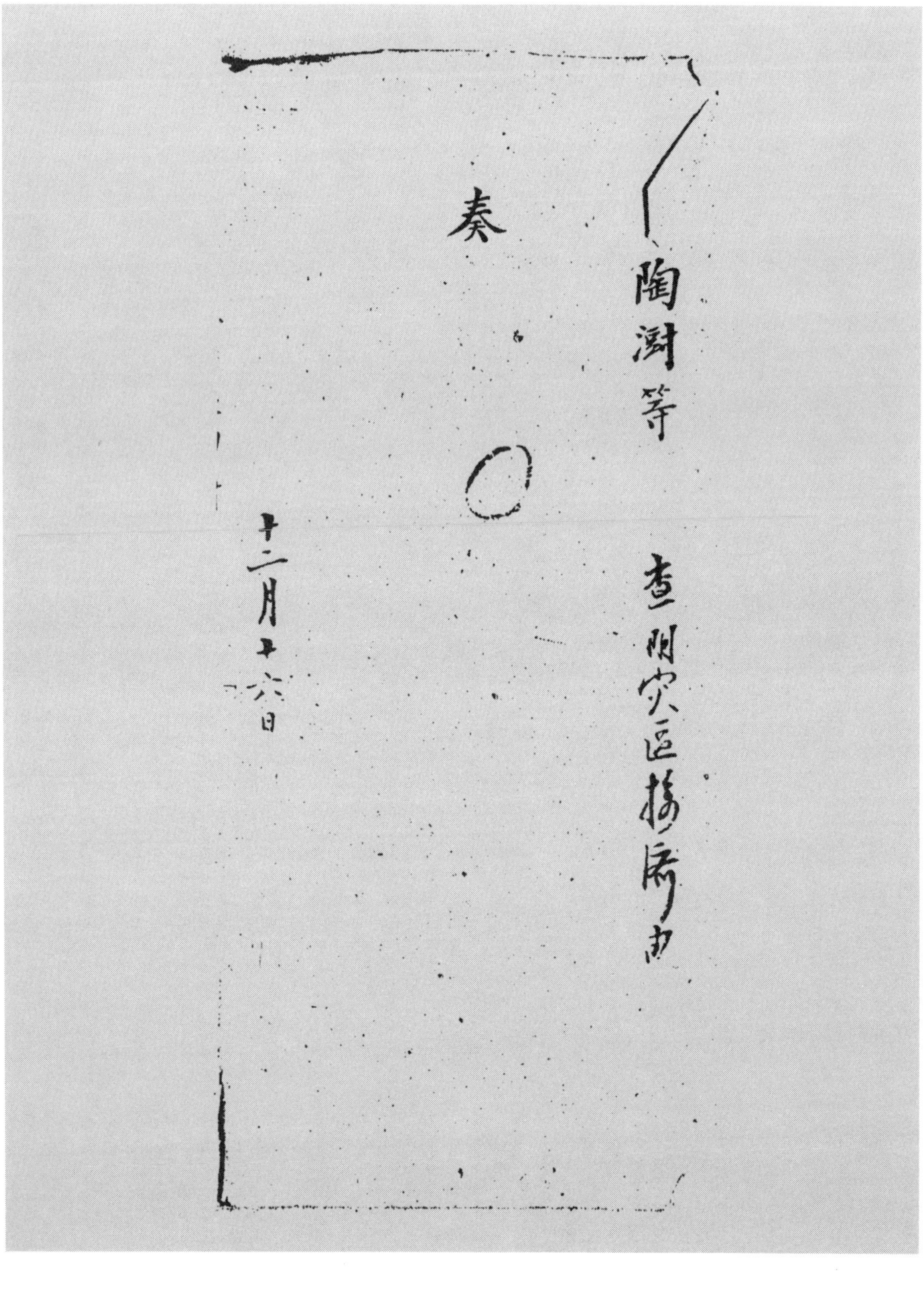

陶澍等　查明災區接濟由

奏

十二月十六日

兩江總督陶澍江蘇巡撫林則徐奏摺　查明桃源等州縣被水情形來春應需接濟

道光十二年十一月二十九日

兩江總督臣陶澍跪
江蘇巡撫臣林則徐
奏為遵
旨查明桃源等州縣來春應需接濟情形恭摺覆
奏仰祈
聖鑒事竊臣等承准軍機大臣字寄道光十二年十月初三日奉
上諭本年江蘇上元等六縣歉收桃源縣被水銅山等四縣衛被水
來春應否接濟查明于封印前奏到等因欽此仰見我
皇上廑念災黎有加無已之至意當即恭錄轉行欽遵查辦
去後茲據江寧布政使趙盛奎蘇州布政使陳鑾查明
各州縣衛情形分別詳請核
奏前來臣等伏查江蘇省本年被水成災及勘不成災各屬
業經奏奉

恩旨分別蠲緩賑卹給予口糧渥被
鴻慈無不同聲感頌茲復蒙
特諭垂詢臣等細加体察除蘇藩司屬夏秋得雨補遲收成歉
薄情形尚輕均毋庸查辦外惟江藩司屬之桃源等二十州
縣衛成災九分八分五分及勘不成災被淹田地積水尚未
全涸二麥不能一律播種本係連年積歉戶鮮蓋藏且
距麥收尚遠來春青黃不接之時民力不無拮据無合恭懇
天恩將桃源縣成災九分八分貧民同大河衛坐落貧軍無分極
次概予展賑一月海州沭陽縣成災五分六分極次貧民
桃源縣成災五分及勘不成災貧民同大河衛屯坐桃源
沭陽二縣貧軍均請
加賞一月口糧又山陽阜寧鹽城清河安東高郵泰州東台與

化寶應銅山蕭縣碭山邳州宿遷睢寧等十六州縣同
淮安衛屯坐安東阜寧二縣大河衛屯坐清河安東阜
寧三縣徐州衛屯坐銅山蕭縣碭山三縣成災五分及勘
不成災貧民軍亦請
賞給一月口糧貧生兵屬一律照辦俾資接濟仰沐
皇仁倍無紀極其餘歉收各屬統俟來春察看情形如有無
力佃農應須酌借籽種口糧及出易糶濟之處臨時酌量
辦理仍飭該州縣親查確實認真散放務使民沾實惠
帑不虛糜倘查有侵冒剋扣情弊定即從嚴參辦不敢稍
事姑容所有查明被災各屬來春應須接濟緣由謹合
詞恭摺覆
奏伏乞

皇上聖鑒訓示謹

奏

道光十二年十二月十六日奉

硃批候旨行欽此

十一月二十九日

兩江總督陶澍江蘇巡撫林則徐奏摺 奏報挐獲行劫浙江摺差盜犯審明定擬

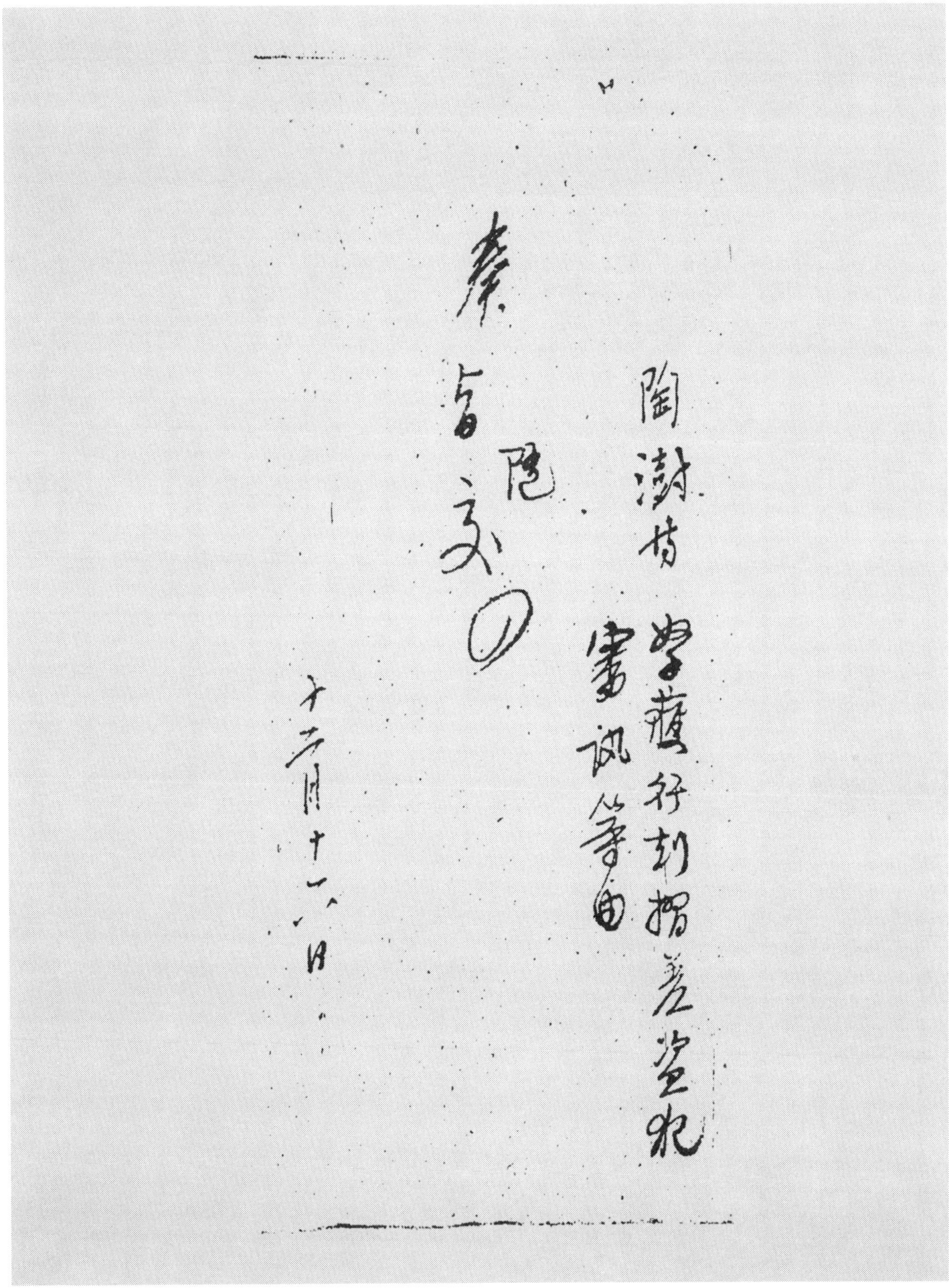
陶澍等 挐獲行劫摺差盜犯
審訊等由
隨
奏
旨交 ◯
十二月十八日

兩江總督陶澍江蘇巡撫林則徐奏摺 奏報挐獲行劫浙江摺差盜犯審明定擬 道光十二年十一月二十九日

兩江總督陶澍江蘇巡撫林則徐奏摺　奏報拏獲行刦浙江摺差盜犯審明定擬
道光十二年十一月二十九日

兩江總督臣陶　澍跪
江蘇巡撫臣林則徐
奏為拏獲行刦浙江賫摺差弁拒傷二命首夥盜犯
審明定擬恭摺奏祈
聖鑒事竊照浙江賫摺差弁高泰清在宿遷縣地方被盜
搶刦摺件衣物拒傷二命一案經臣陶澍會同
前護撫臣梁章鉅奏奉
諭旨將疎防之宿遷縣知縣李若愚署宿遷汛把總
茉慶堂摘去頂帶勒限嚴拏各犯務獲追回摺件
按律嚴懲等因欽此欽遵當檄該縣等會營嚴
密緝拏旋據前署桃源縣知縣張用熙會同該
縣李若愚把總茉慶堂等先後拏獲顏大茗顏

全池、史安五汎謀聽從史盤夥同顧景池一共五人行劫浙江差弁銀物，戳傷事主屠寅隆以謹附片奏。奉

諭旨飭拏未獲之史盤等，親提嚴審懲辦。復經飭追飭催史盤等務獲，一面將已獲之顧大苔等提省審辦。嗣據甘泉縣知縣鍾承露稟報，帶同宿遷縣丁役拏獲盜首史盤即史盤並大任及等

附片

奏明行提來省，飭委署揚州府知府陳經等將拏獲首夥各犯一併審明擬擬，由臬司額騰伊發審招解前來。臣林則徐親提各犯逐一研鞫。緣史盤即史盤五、顧大苔、款全池、史安五均籍隸

桃源顧大基先于道光八年因行竊誤傷事主
劉性江犯案擬軍發配貴州安置十一年八月
初五日解至湖北天門縣中途乘間脱逃與史盤
等先未為匪犯案十二年三月十九日顧大基
行抵宿遷縣地方與素識現獲之史盤顏金他
史盤五及在逃之顏景他會遇各道貧難史盤
起意伙劫顧大基等允從是日起更時分史盤
摟帶鐵刀顧大基顏金他史安五亦各帶刀一
共五人偕至順河集外路旁適浙江撫標効用
高秦滄由京因事賫帶摺件信物僱騎騾頭一
騾夫唐三携點燈籠行抵該處史盤認係客商
隨同顧大基上前撲滅燈籠將高秦滄唐三推

兩江總督陶澍江蘇巡撫林則徐奏摺 奏報拏獲行劫浙江摺差盜犯審明定擬

道光十二年十一月二十九日

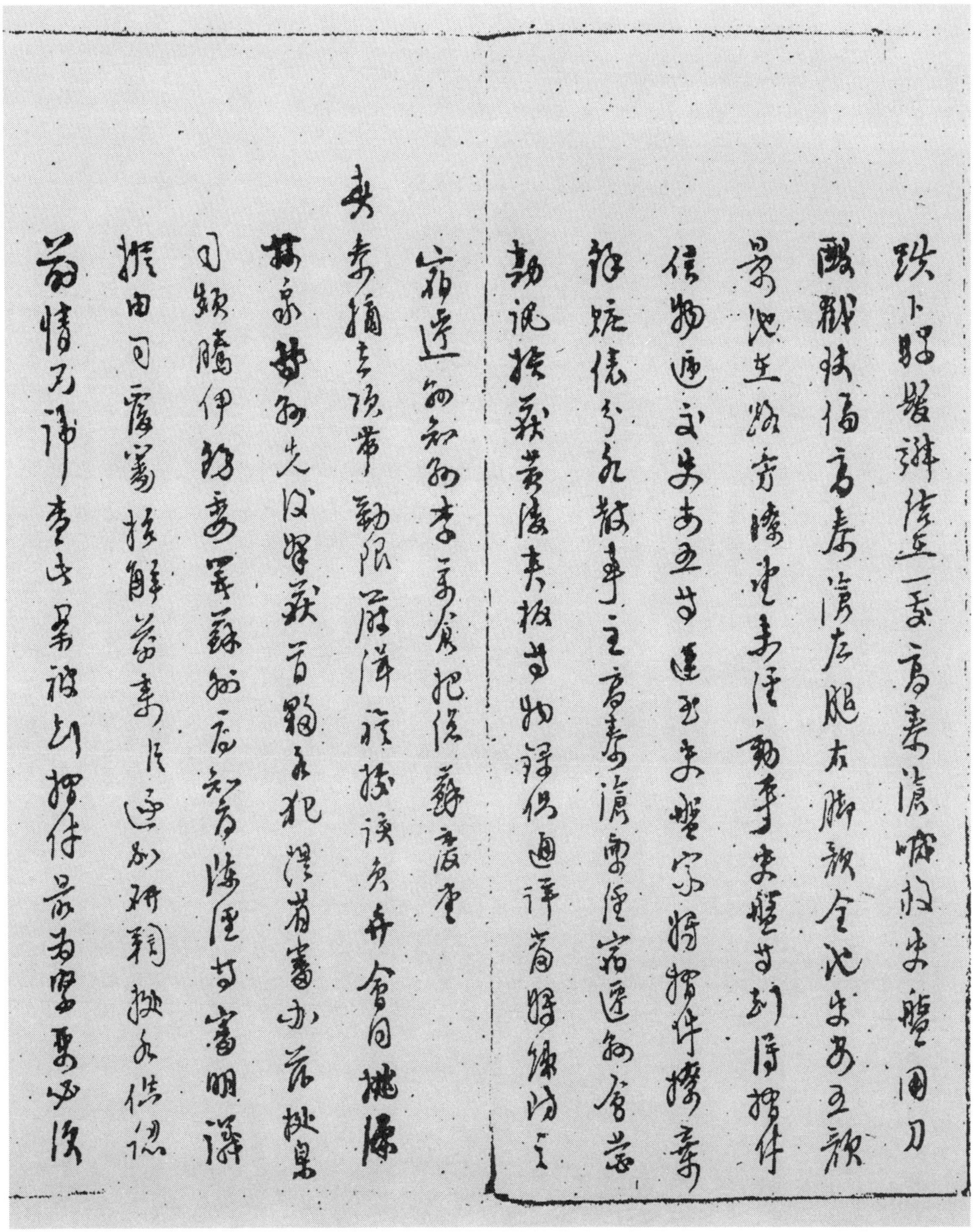

嚴追起贓且該處為南北往來要道行旅絡繹
該犯等何以膽敢行劫摺差既有渊情每三究
詰加以刑嚇據其盤供實因[illegible]手主為
窩是以上前行劫等名知係賁摺差弁非劫
捕役委因所緝賊黨半途擄棄河內至多少有
別情至於窩犯行劫則案矢口不移案無遁飾
近事被劫銀兩衣物雖無起獲將伊亦擄棄
年有雖起贓歸來京信及情與失物並湖江
捕以查審委係高家漁船被劫屬正當三年舞查
律載從盜同行得財者不分首從皆斬又例
載盜劫之案審行家獲法所難宥及情有可
原者一千分別於疏內聲明以昭[illegible]

起意糾同顧太萃等夥劫得贓實屬不法應按律問
擬吳盤印吳盤五顧大萃顧全池吳安五均合依強
盜已行得財律擬斬立決照例斬字吳盤起意
爲首戳傷事主顧大萃同將事主醇老拆缺劫
贓物屬法所難寬顧全池吳安五所糾強劫
但在路旁瞭望行劫未止一次係屬情有可原和
應照例聲明顧全池尚有搶奪事主成立極等
案拒捕爲事均罷山軍徒應歸此案從重擬
結仍無高夥行劫前案及同居親屬知情
分贓係得規包庇情事迎後毋無行兇兩
逃及知情容留之人均毋庸議顧全池之兄顧
茂池照例提案責懲起贓搜錄未起追熔鐵刀

兩江總督陶澍江蘇巡撫林則徐奏摺　奏報拏獲行劫浙江摺差盜犯審明定擬
道光十二年十一月二十九日

供，并先追贓呈，俟得獲另結。此案盜犯一共五人，知县李万倉、把總朱慶堂于被劫後會同桃源等县拏獲史盤等首夥四名，獲盜甚已過半，並獲盜首，該文武尚知奮勉，仰懇

聖恩，准予將該員頂帶照例免其參處。其拏獲鄰境竊犯名數無幾，毋庸查咨部照例議敘。除供招咨

部外，謹將審明定擬緣由，謹合詞恭摺具

奏，伏乞

皇上聖鑒，敕部核覆施行。謹

奏。

道光十二年十二月十六日奉

硃批：另有旨。欽此。　十一月二十九日

兩江總督陶澍江蘇巡撫林則徐奏摺

遵旨以善慶補授徐州府知府豫益補授揚州府知府

奏

兩江總督陶澍江蘇巡撫林則徐奏摺　遵旨以善慶補授徐州府知府豫益補授揚州府知府

道光十二年十二月初三日

兩江總督臣陶澍
江蘇巡撫臣林則徐跪

奏為遵
旨請補調任蘇州江寧遺缺之知府仰祈
聖鑒事竊照蘇州府知府程銓補授福建汀漳龍道
欽奉
諭旨著於通省知府內揀員調補所遺員缺著善慶
補授又江寧府知府趙炳言補授廣東惠潮嘉道
欽奉
上諭所遺江寧府揀調遺缺知府著豫益補授各等
因欽此伏查蘇州江寧兩府均為附省首郡要
缺經臣等遴選徐州府知府劉鴻翱
奏調蘇州府知府揚州府知府王青蓮

兩江總督陶澍江蘇巡撫林則徐奏摺　遵旨以善慶補授徐州府知府豫益補授揚州府知府　道光十二年十二月初三日

奏調江寧府知府先後奉到
諭旨允准在案所遺徐州揚州兩府亦均係衝要之
區政務殷繁素稱難治善慶豫益甫經到省是
以於摺内聲明再行察看請補兹臣等留心體
察該府等於謁見時詢以吏治應對均為明晰
於差委時閱其禀牘辦理亦屬裕如應即遵
旨以善慶補授徐州府知府豫益補授揚州府知府
可期勝任臣等謹會同江南河道總督臣張井
合詞恭摺具
奏伏乞
皇上聖鑒訓示謹
奏

兩江總督陶澍江蘇巡撫林則徐奏摺 遵旨以善慶補授徐州府知府豫益補授揚州府知府

道光十二年十二月初三日

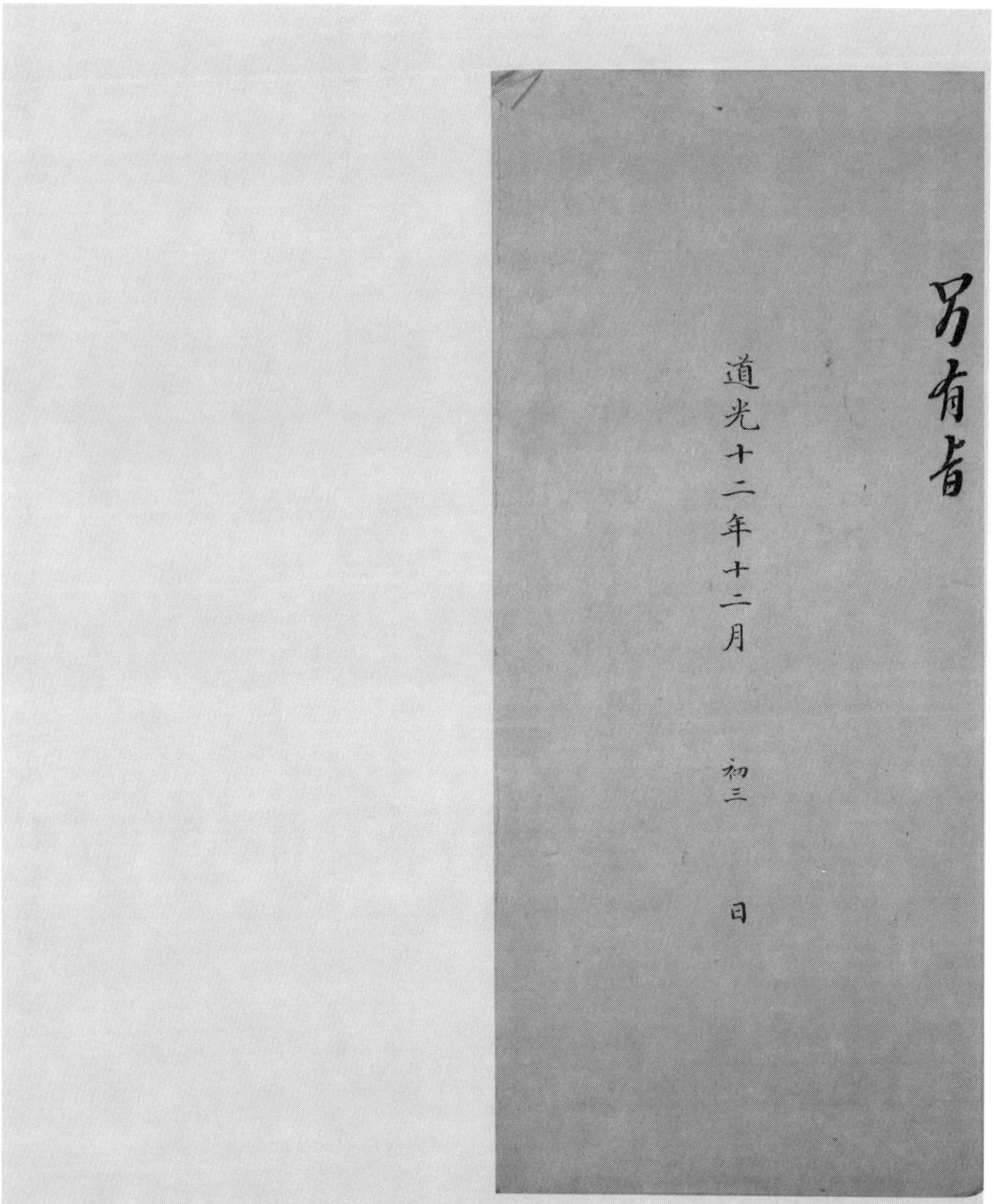
另有旨

道光十二年十二月初三日

兩江總督陶澍江蘇巡撫林則徐奏摺

審明海州州民仇登連割傷親母致死處以凌遲

兩江總督陶澍江蘇巡撫林則徐奏摺　審明海州州民仇登連割傷親母致死處以凌遲

道光十二年十二月初三日

兩江總督臣陶澍
江蘇巡撫臣林則徐　跪

奏為拏獲蔑倫重犯審明辦理恭摺奏祈
聖鑒事竊據前署海州伍家榕稟稱訪得州民仇登
連割傷伊母咽喉身死並據鄉團稟報驗訊得
實押帶犯證赴蘇審辦等情當經批飭臬司確
審去後茲臣陶澍因駐浦籌勘河工審辦要案
適該署州帶犯經過據稟仇登連患病沉重臣
以蔑倫重犯蘇州路遠恐中途病死致逃顯戮
即與臣林則徐札商就近在浦辦理並即札委
淮海道文麟督同該署州伍家榕署清河縣知
縣張建勳審解即據審明解勘前來臣督同該
道親提研鞫緣仇登連籍隸海州仇朱氏係該

犯親母求乞度日道光十二年十月初六日仇
朱氏向夫叔仇宗高求借糧粟未得仇朱氏氣
忿罵回向仇登連告知聲言餓斃不如尋死可
以圖賴得錢給伊養活仇登連疑為氣話未理
是夜更餘仇朱氏出門未回經仇登連尋至仇
宗高屋後地內見伊母自用草繩在項頸上繞
勒未死一見仇登連走到即言欲圖早死以免
受苦並說褲腿內藏有小刀令仇登連取出割
其咽喉仇登連一時糊塗即聽從取刀割傷仇
朱氏咽喉身死將小刀放在仇朱氏膀上作為
自戕情形復至仇宗高門前假喊說伊母忽然
不見仇宗高仇泳達仇汶祖等聽聞出來仇登

連邀同仇宗高等前赴屋後佯作尋着喊說伊
母已經自刎仇宗高見仇朱氏已死在地上項
有傷痕草繩即遣仇洪章往投鄉團封作寅赴
州呈報封作寅令小甲李為元同仇登連看守
屍身時有仇朱氏之姪朱士友聞信來看仇登
連恐相驗敗露向其求救朱士友心疑即將該
犯仇登連拉往無人處向其盤詰仇登連無可
狡賴說出伊母令其割死實情朱士友即將仇
登連交李為元轉交鄉團帶候驗訊究辦正值
該署州據報往驗訊悉前情屢審供認不諱查
仇登連因伊母仇朱氏向仇宗高借糧粟不允
商議尋死圖賴當時並不諫阻迨伊母自用草

繩繞勒復聽從割傷其咽喉身死實屬形同梟
獍未便稍事稽誅清江浦距海州已在三百里
以外臣於審明後即恭請
王命飭委淮海道文麟河標中軍副將秦攀蛟將該
犯仇登連綁赴市曹即行凌遲處死仍傳首犯
事地方示衆用昭炯戒仇宗高係仇朱氏夫叔
誼屬一本因不借糧粟致釀逆倫重案究有不
合應照不應重律杖八十折責發落刀繩案結
銷燬除供招送部外謹會摺具
奏伏乞
皇上聖鑒謹
奏

兩江總督陶澍江蘇巡撫林則徐奏摺　審明海州州民仇登連割傷親母致死處以凌遲　道光十二年十二月初三日

刑部知道

道光十二年十二月初三日

上諭 王鑑林所告案著交林則徐秉公審訊

道光十二年十二月初五日奉

旨此案著交林則徐親提人証卷宗秉公審訊按律

定擬具奏原告王鑑林該部照例解往備質欽此

江蘇巡撫林則徐奏片　奏報江蘇省道光十二年十月份收捐監生銀數

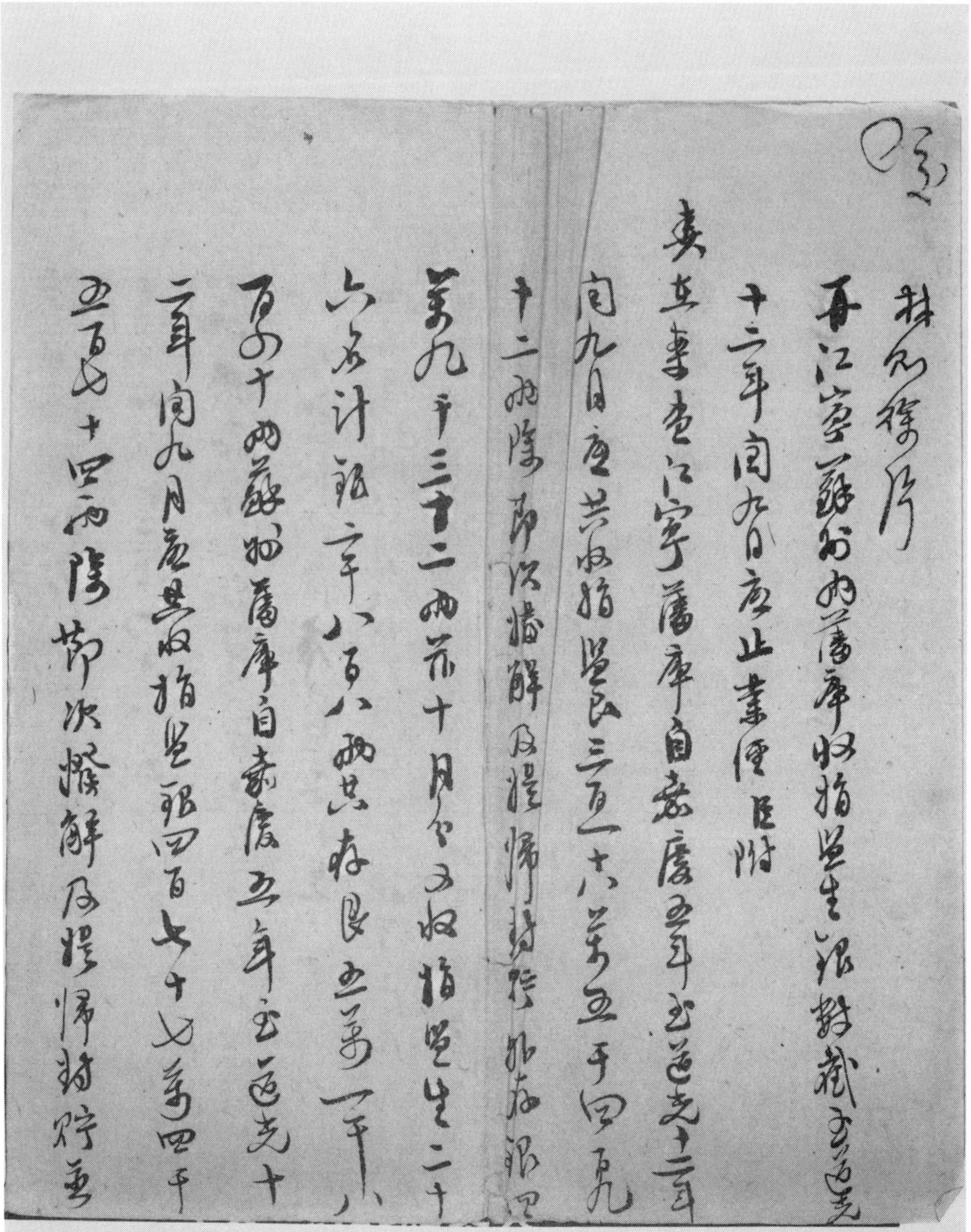

江蘇巡撫林則徐奏片　奏報江蘇省道光十二年十月份收捐監生銀數
道光十二年十二月初五日

江蘇巡撫林則徐奏片　奏報江蘇省道光十二年十月份收捐監生銀數　道光十二年十二月初五日

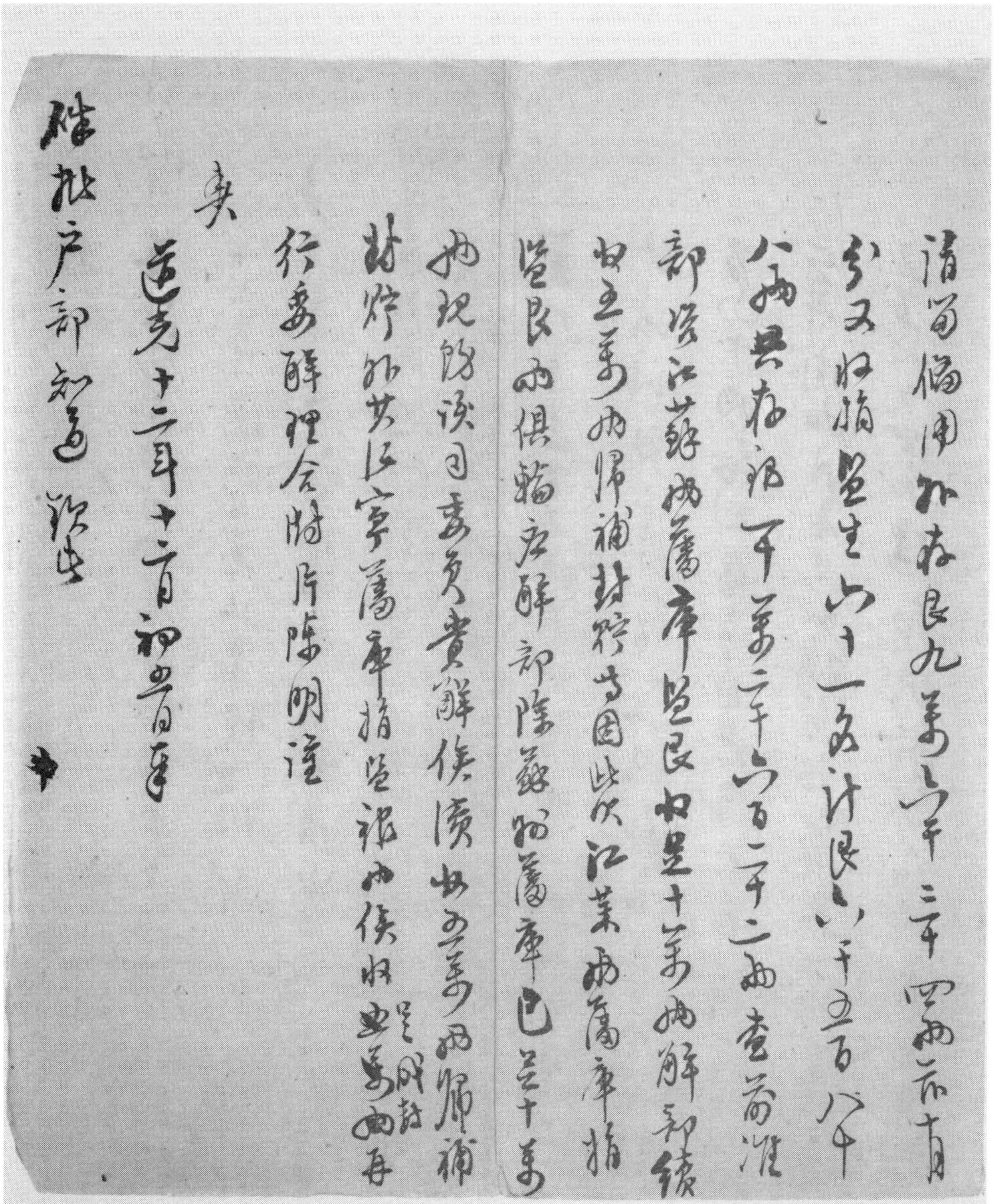
除備用外存銀九萬六千二百四兩零有
奇又收捐監生六十一名計銀六千五百八十
八兩共存銀十萬二千六百二十二兩查前准
部咨江蘇收藩庫監銀内提出十萬兩解部續
收五萬兩歸補封儲等因此次江蘇藩庫捐
監銀兩俱轄庫解部除藩庫已足十萬
兩現經該司委員費解候續收五萬兩歸補
封儲外其江寧藩庫捐監銀兩候收足成數五萬兩再
行委解理合附片陳明謹
奏
道光十二年十二月初五日奉
硃批戶部知道欽此

江蘇巡撫林則徐奏片

奏報江廣浙省回空幫船全數儹出蘇境日期

〇

林則徐片

再本年回空軍船自渡河以後經臣疊飭地方文武
沿途催儹又于江口節次嚴提隨將各幫早經
渡江及據江防同知王養度等報江廣最後之
鉛山幫于十一月初七日掃數出江較前數年俱早
其浙省幫船向多逗遛停泊即專委[illegible]將爲
騰青觀飛河干實力催提時值河流凍結敲冰
儹行仍無阻滯茲據等報浙省回空一十五幫
計船一千二十六隻截至十一月十五日全數儹出
蘇境趕歸浙江水次比較前數年出境日
期亦復爲快速藉以仰慰
宸懷謹附片陳明伏祈

聖鑒謹

奏

道光十二年十二月初五日

硃批覽欽此

江蘇巡撫林則徐奏摺　**劉河鎮江兩營駐劄歉收地方請分別借支一季糧餉**

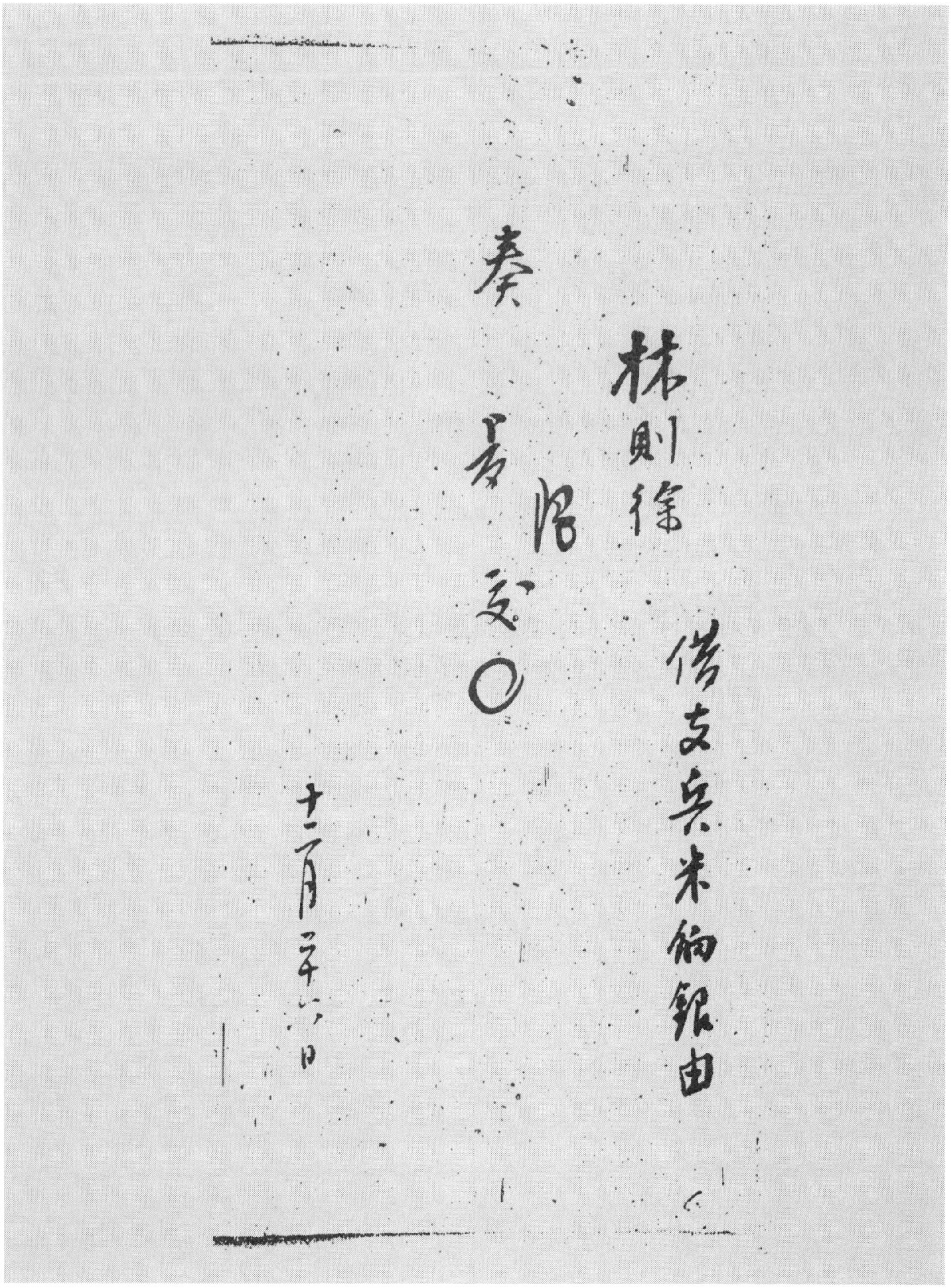
林則徐　借支兵米餉銀由
摺
奏　交○
十二月廿八日

江蘇巡撫林則徐跪

奏為駐劄歉收地方營兵循例借支銀米仰祈

聖鑒事。竊照江蘇省所屬營分坐落地方災歉之年，

歷經

奏准借支糧餉銀米有案。茲道光十二年分江蘇省災歉

情形業經臣勘明

奏請分別蠲緩。今據劉河鎮江兩營詳報：駐劄歉

收地方米糧昂貴，兵丁買食維艱，懇請循例借支

一季糧餉銀米。經臣批司查議去後，茲據蘇州布政使

陳鑾詳稱：查明駐劄歉收地方之劉河營應請准其

借給一季糧餉銀米，鎮江營請借支一季餉銀，兩數計

劉河鎮江兩營共請借兵餉銀五千九百五十一兩四

鎮劉河營兵料米六百一十二石照例價道光十三年春
季內照同上屆案扣一年舊款統計勻分八季扣還歸款餉
料銀在于司庫地丁正項銀內動給兵料米石於各屬
南米內動撥詳請
奏前來臣查劉河營駐劄鎮洋地方鎮江營駐劄丹
徒丹陽金壇三縣地方本年均勘不成災米料昂貴
兵力拮据係屬實在情形自應循照成案仰懇
聖恩准其分別借給一季料餉銀米以資接濟統于道光十三
年春季起同上屆扣剩銀米勻分八季在于應支月
餉內備扣還款仍飭司撥放造冊詳咨外謹會同
兩江總督臣陶澍恭摺具
奏伏乞

江蘇巡撫林則徐奏摺　劉河鎮江兩營駐劄款收地方請分別借支一季糧餉　道光十二年十二月初八日

皇上聖鑒訓示再此外各營如有陸續請借應以果係生
息敷收地方止此咨部外理合併陳明謹
奏
道光十二年十二月二十八日
十二月初八日

江蘇巡撫林則徐奏摺　**審明銅山縣民申廣濟京控案分別定擬**

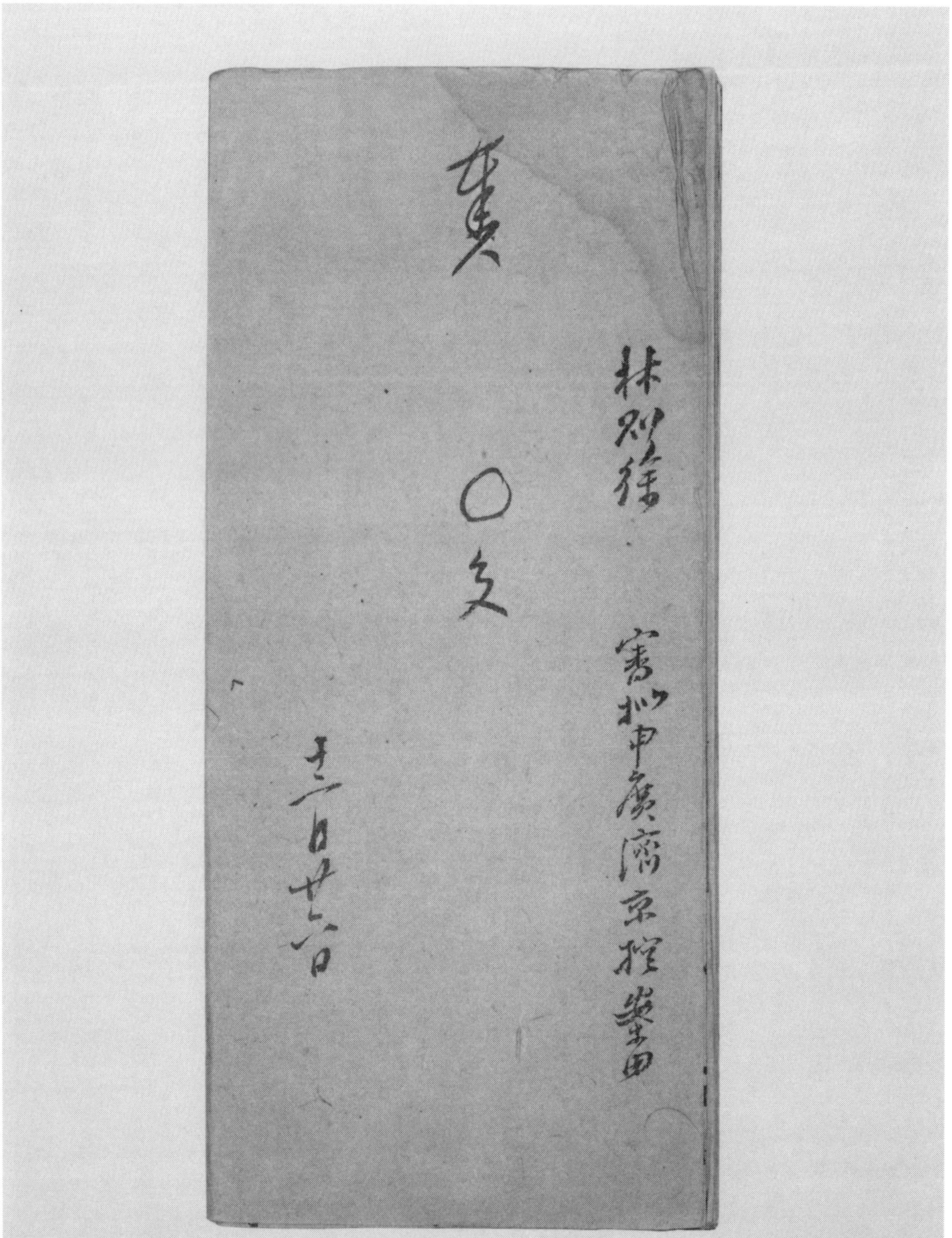

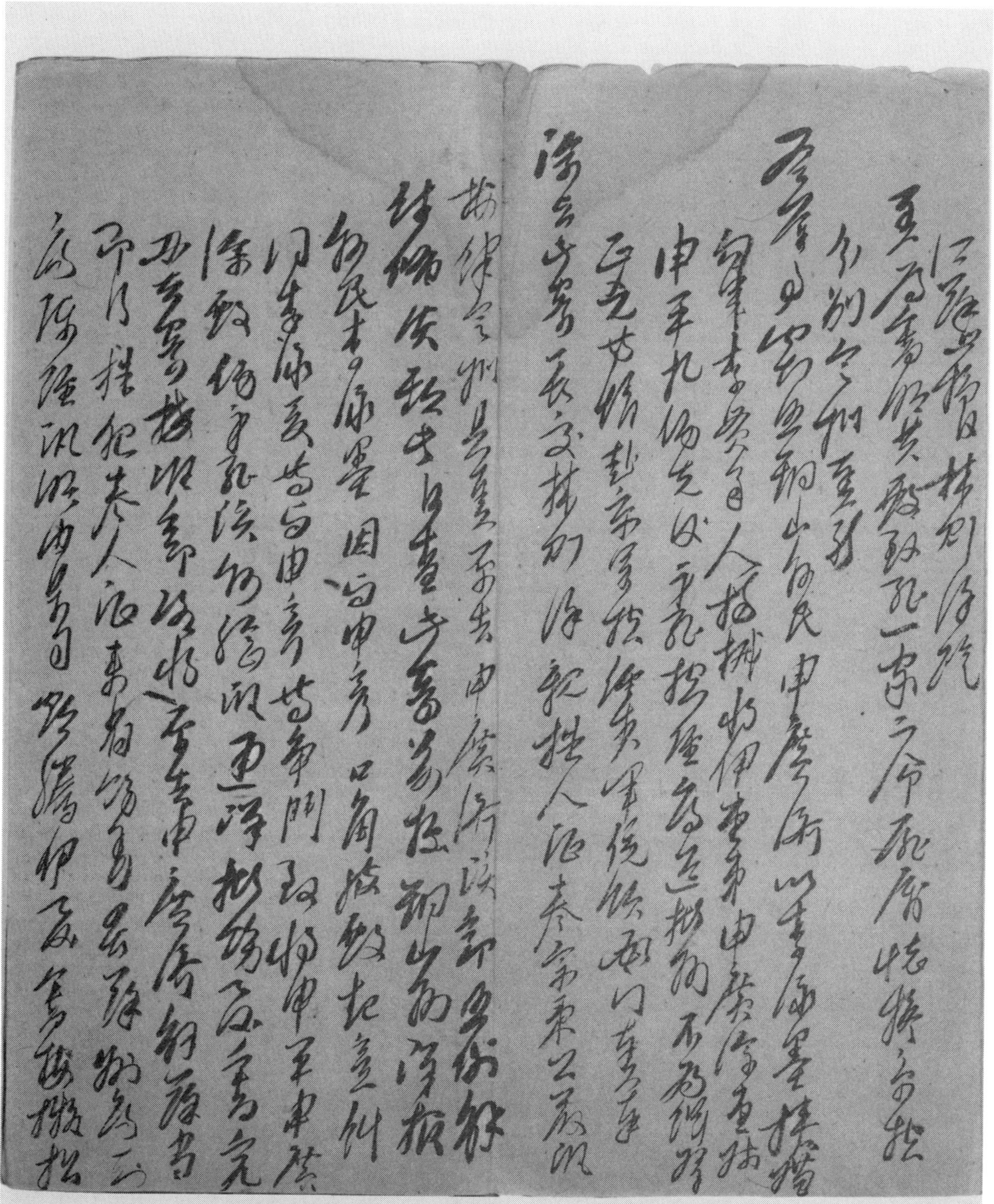

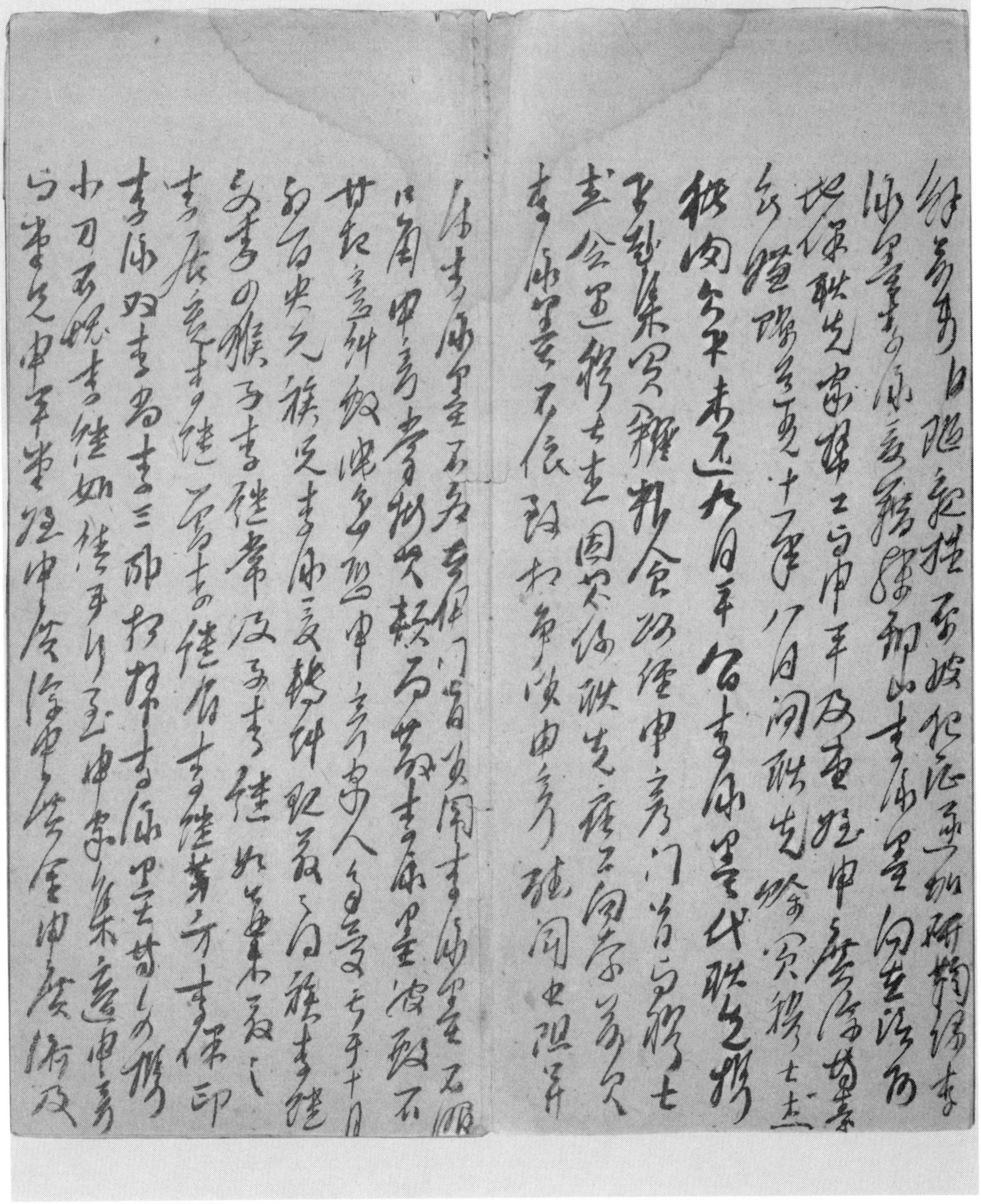

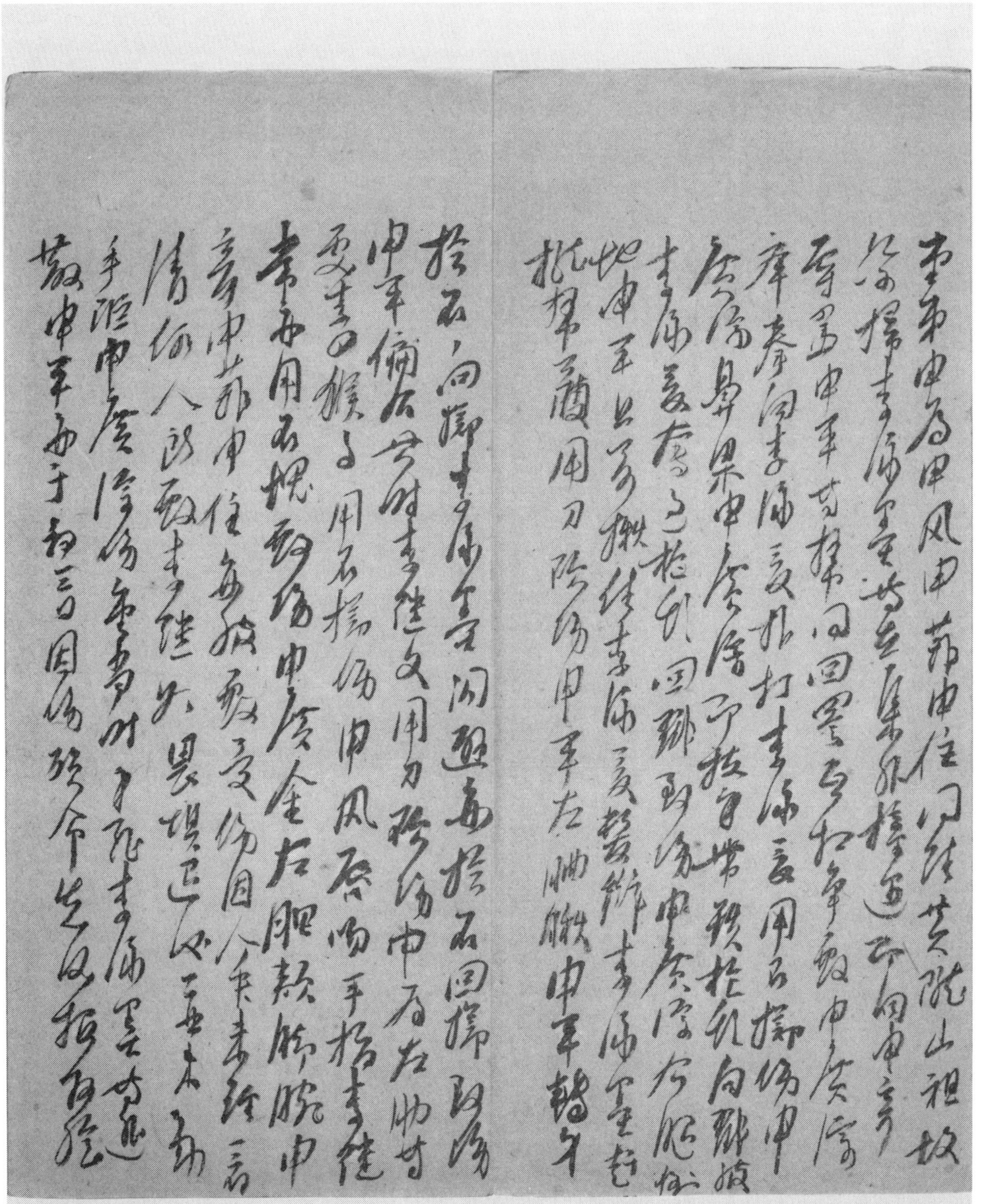

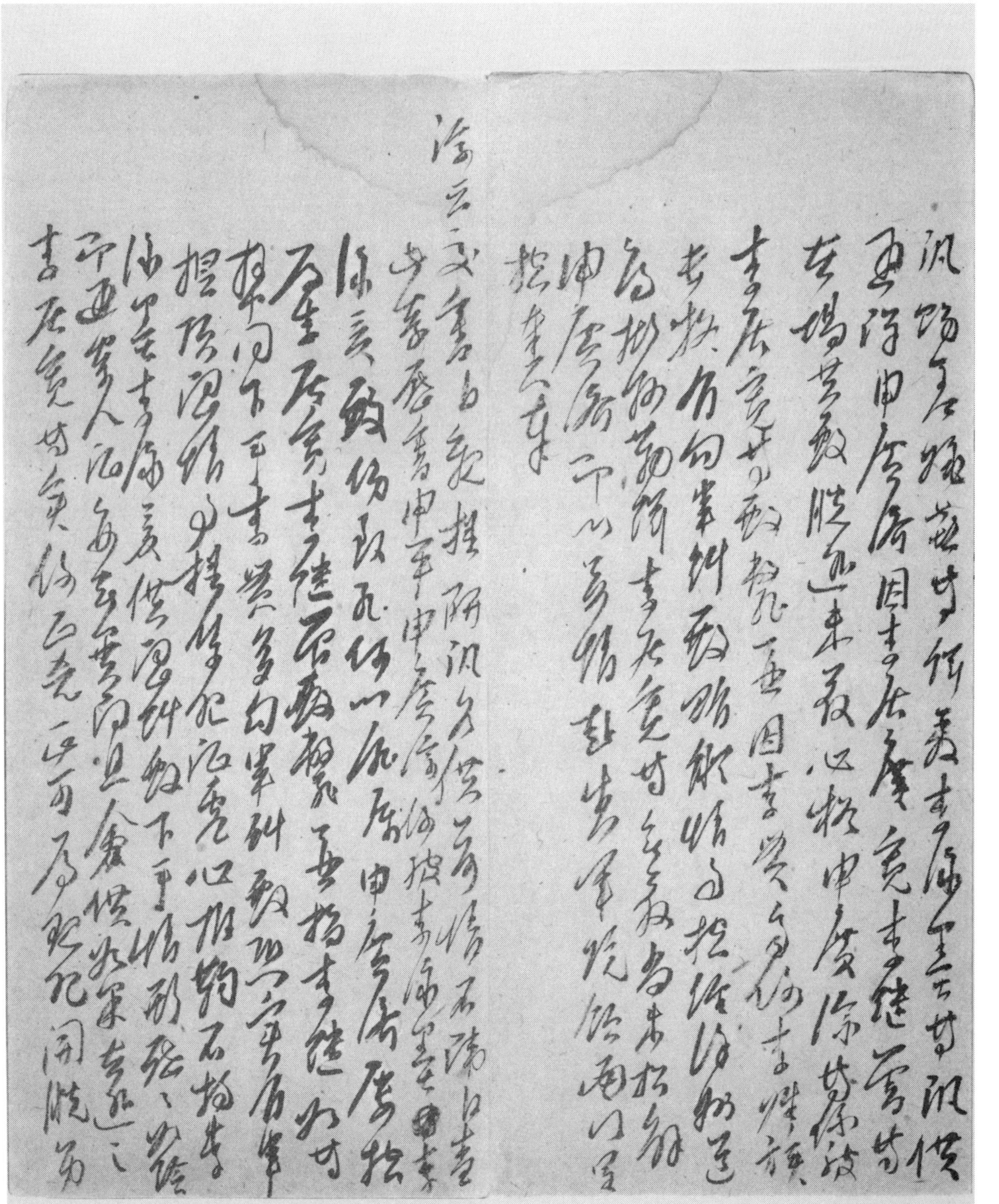

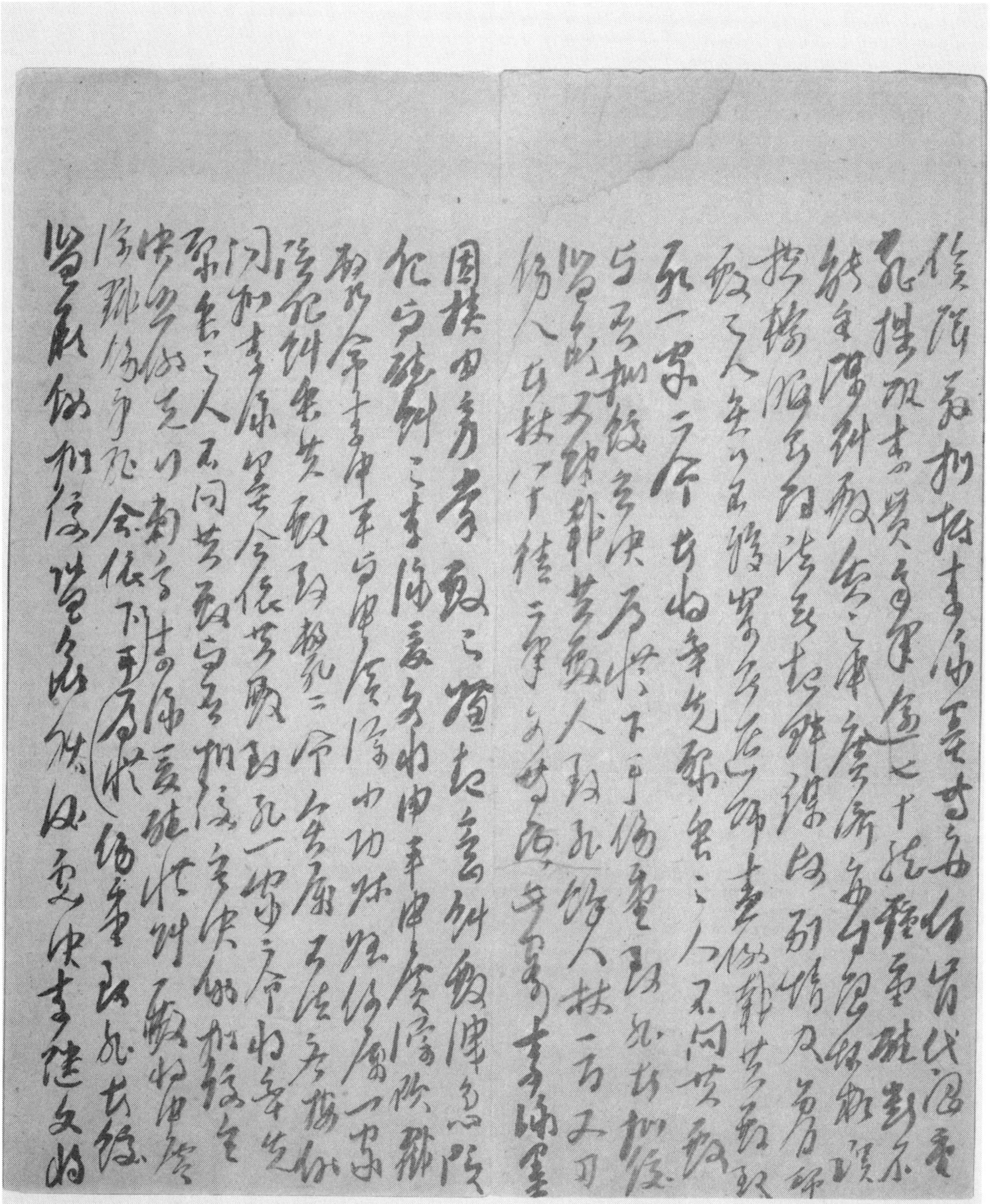

江蘇巡撫林則徐奏摺　審明銅山縣民申廣濟京控命案分別定擬
道光十二年十二月初八日

江蘇巡撫林則徐奏摺　審明銅山縣民申廣濟京控命案分別定擬
道光十二年十二月初八日

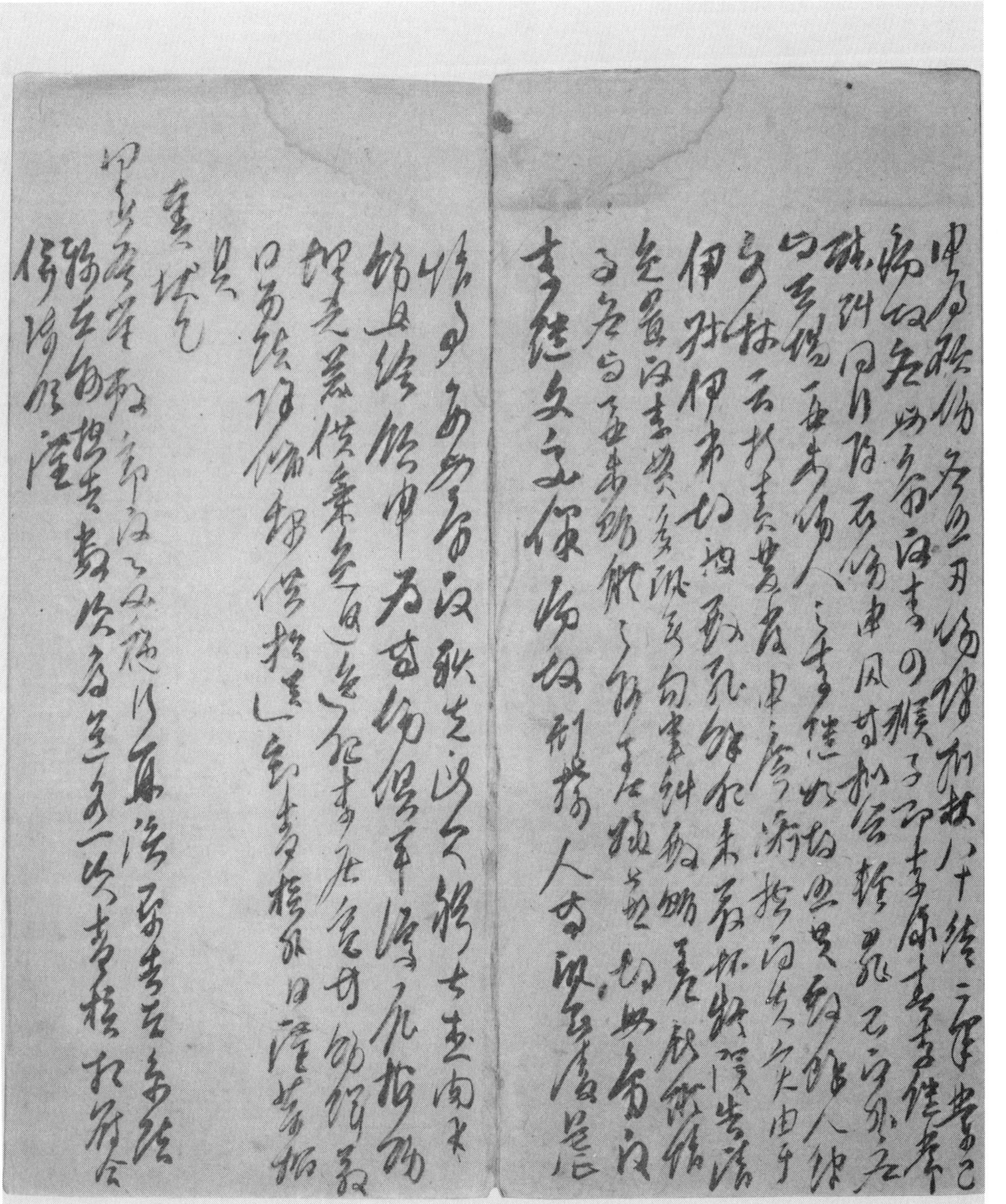

江蘇巡撫林則徐奏摺　審明銅山縣民申廣濟京控命案分别定擬
道光十二年十二月初八日

道光十二年十二月廿六日奉
硃批刑部速議具奏欽此
十二月初八日

江蘇巡撫林則徐奏摺

審明東臺縣民唐瞻淇京控縣書侵吞賑銀案分別定擬

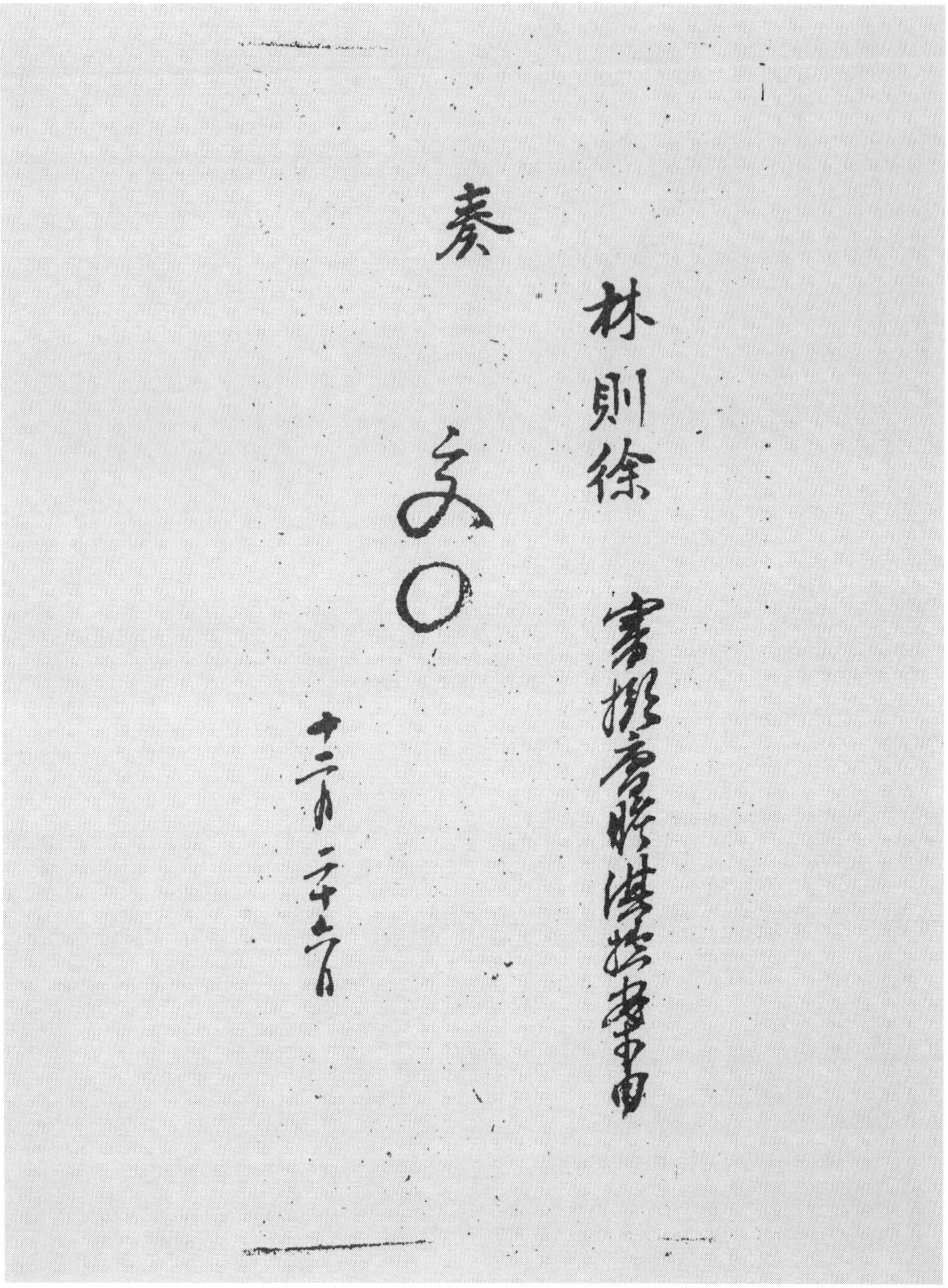

林則徐　審擬唐瞻淇控案由

奏

交○

十二月二十六日

江蘇巡撫林則徐奏摺　審明東臺縣民唐瞻淇京控縣書侵吞賑銀案分别定擬

道光十二年十二月初八日

江蘇巡撫臣林則徐跪

奏爲遵

旨審明定擬仰祈

聖鑒事竊照東台縣民人唐瞻淇京控縣書黨岐山等

侵吞賑銀等情經都察院具奏奉

旨此案著交林則徐親提人證秉公審訊按律

定擬具奏原告唐瞻淇該部照例解往備質欽此欽

遵行司飭提人去後未有審安臣以案關控賑誠恐屬

員互相袒庇遂就勝詳查於親赴淮揚查災

之時將此案所控各情逐一密行察訪已得

大概茲據署蘇州府知府陳經審明由臬司顧

勝伊覆審會同江寧藩司趙盛奎詳解前

來日親提原被人證檢核案卷悉心研鞫緣唐瞻
淇籍隸東台種地度日道光十一年夏間該縣被
水成災田廬淹沒經該縣盧雲亭稟報奏准先
行撫卹給予貧民一月口糧委員分赴各莊挨
查給票經揚州府知府王青蓮先後稟司撥
銀三千兩該縣先在本境易錢五百兩每兩
按時價易錢一千一百八十文核計大口應給銀
一錢五分合錢一百七十七文小口減半八十九文制
又遣房分赴錢價較昂之處易錢運回每兩
合錢一千二百五十文核計大口給錢一百八十
文小口減半共放過撫卹銀一千七百四十五兩
零剩銀一千二百五十四兩零當經查明歸於正

须支用前批淮南商人所捐义赈银两，按扬州所属被灾轻重分派，东台县派发豆平银一万两，折实库平九千八十两，除补还从前正赈建缺银二百十六两零，实银八千八百六十三两零，每两换钱一千二百五十文，共合钱一万一千七十九千零，经该县散给堕务失业贫户及灾民义赈，以补又分设粥厂，救给棉衣等项，共用钱一万七百十九千零，计剩钱三百五十九千零，于粥厂停止时将此项剩钱拨领粥之人，每名给钱一百文，共给钱三百八十五千，计不敷钱二十五千，係该县捐足散放，分别造册报销。唐瞻淇住居之翁家墩，係委候补通判查德

基帶同書役秉聲遠王正六差役魏連等前往
查勘該莊居民共一万八十餘戶計極貧次貧
災民一万八戶餘皆各有田業例不給賑其時唐
瞻淇逃荒外出經該委員詳明冊內隨後唐瞻
淇回家正賑義賑均已放訖唐瞻淇欲向莊
頭唐文贊等補領賑錢文贊等以賑已放
畢不能再給之語向其回覆唐瞻淇心懷不
甘並謨闖該縣領得極貧銀一千餘兩僅放錢
一千數百串商捐義賑銀兩亦未放完又聞別
縣有每口給錢一万九十二文該縣只給一万八
十八文前家條共有一万八十餘戶只給一万八戶
疑係書役等串通勾和侵吞即裝點情詞

江蘇巡撫林則徐奏摺　審明東臺縣民唐瞻淇京控縣書侵吞賑銀案分別定擬　道光十二年十二月初八日

赴都察院衙門呈控奏奉
諭旨交審臣查上年江北各州縣散放賑濟原不力除積弊
俾民共見共聞如散放口糧折色錢銀為數一層
臣在江寧藩司任內飭令各屬務擇適當商巨
鎮錢價較昂之處易錢運放不特絲毫不許侵
扣並須設法多換錢文以期災黎多沾實惠
此案唐瞻淇所控該縣領得撫卹銀一萬餘
兩僅放大錢一千五百串係縣丁書侵吞等語查該
縣原領撫卹銀僅止三千兩當時實放一千七百
餘兩其餘按數奉請歸於臣縣交回並無發
銀一萬餘兩之多焉得指為侵蝕其為妄控
自不待言至商指義賑銀兩該縣散給均

務失業貧戶及災民籽種並賑卹棉衣分款支用
造冊報銷剩錢三萬餘千之者數較多頗嘖之人
每名萬文層層支銷表冊具在既題銷例止極
次貧民唐瞻淇一莊內居民一萬八千餘戶經委查
明極貧次貧給賑一萬八戶已不為少餘則均
有田業足以資生例不准其食賑豈得藉為
口實其賑銀易錢價值原係隨地隨時低昂不一
一即如該縣先在本境易銀五萬兩每兩僅換
錢一千一百八十文迨運赴通商價昂之地每
兩即換錢一千二百五十文但係各計多寡核實
給發唐瞻淇所稱他縣每以錢發錢一百九十二
文在銀價昂之處固亦有之並非處處皆然

實由各縣銀價參差，勢難畫一。該縣每口散錢一
萬八千八文，已屬設法多撥，若僅在本境易米，即不
能有此價值。以上各情節均經確核。原奏遽加
指駁，不特書役人等僉供皆願義賑，俱係實
放實銷，民有賑票，皆有賑冊，且經委員逐戶
親查，斷不能高下其手，委無揑混侵扣情
弊。而唐瞻淇亦稱因逃荒回籍，賑已放竣，欲
圖補領不遂，並將闔縣銀錢多放少放數不齊
誣係侵扣，無知悍控，實不能指出確據，情急
具結，覆詰不移，案無遁飾。查唐瞻淇因逃
荒外出，致未領賑，並非書差侵蝕，乃以風聞之
詞，不查虛實，輒即砌詞，殊屬不合。姑念究係

貧苦災民外出逃荒未及領賑所致，為非有
心刁告，情稍可原。唐瞻淇應照申訴不實杖一百
律擬杖一百，酌加枷號一個月，滿日折責發落。縣
書葉岐山、素彥達、王正六、談川書、房文宮、差役魏
連等均訊無串通門丁克扣賣賑侵吞情事，
應與莊頭大文質等均免置議，無干省釋。未
到人證並免提質，以省拖累。除供招咨部外，謹
繕摺具
奏伏乞
皇上睿鑒，勅部核覆施行。再，該原告在京供稱在
知府衙門控告，未蒙准理，今並陳明，謹
奏。

道光十二年十二月二十六日奉
硃批：刑部議奏。欽此。

十二月初八日

江蘇巡撫林則徐奏摺 奏報動項修理江寧省黃快船隻
道光十二年十二月初八日

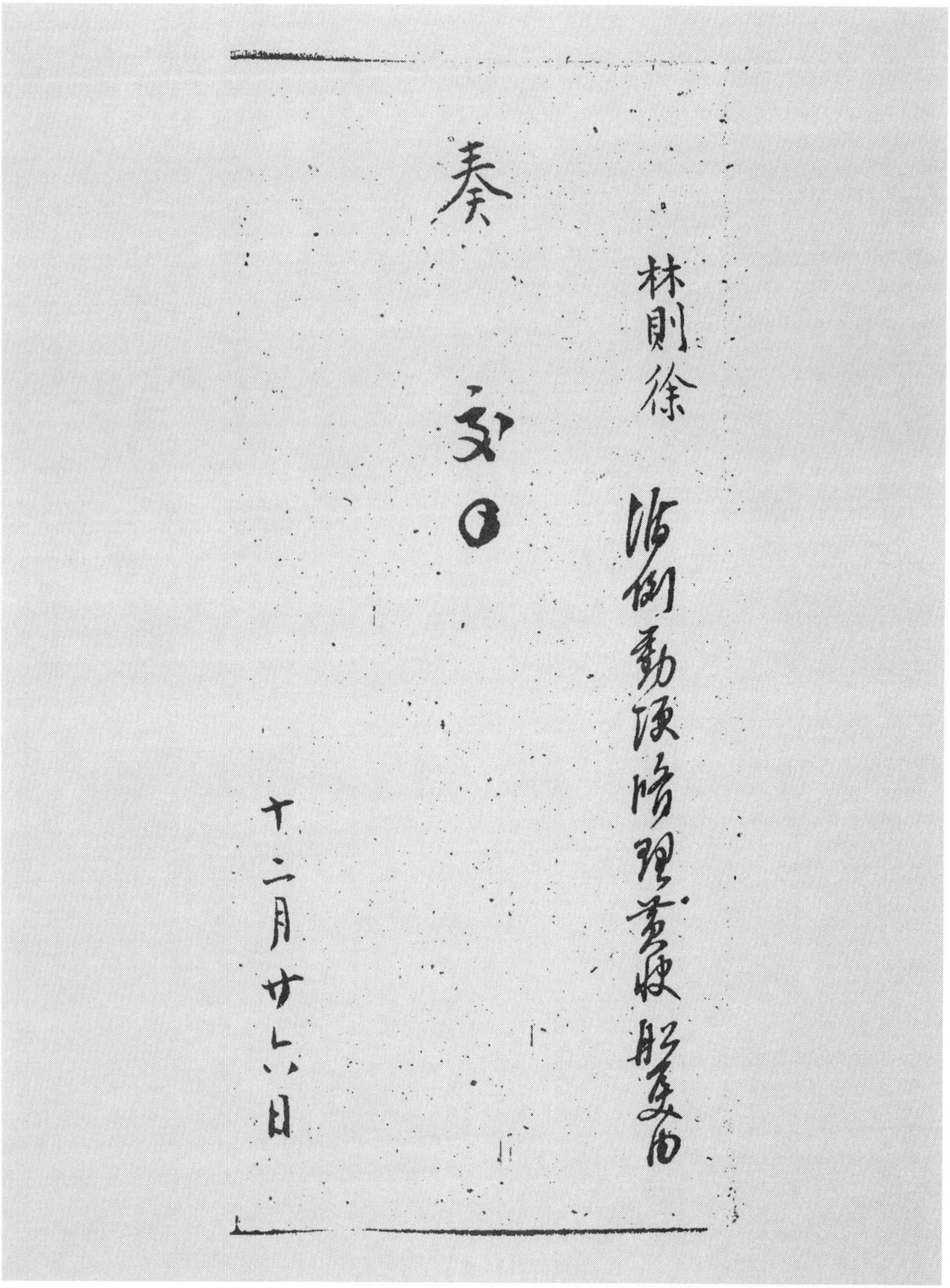
林則徐 循例動項修理黃快船隻由
奏
十二月廿八日

江蘇巡撫臣林則徐跪
奏為循例動項修理黃快船隻仰祈
聖鑒事。竊據江蘇按察使額騰伊、江南鹽巡道蔡誨會詳稱：江
寧省者鳩黃快船隻係裝載滇銅、京餉、竹木重運，涉江渡
黃，提溜打閘，船身必須堅固，例由鹽巡道飭行江防同知
將次年應屆修造各船，于前一年先行查勘，分別應緩應修，
將應修船隻估計工料詳請
奏咨動項辦理。茲道光十三年分應屆修造黃快船六隻，據江
防同知勘明，由道覆勘，加驗船身朽壞，什物殘損，必需分
別修理，估計工料銀一千二百四十兩零，由該司道會詳請
奏前來。臣查黃快船隻裝載滇銅、餉鞘等項，與陸路驛
站夫馬事同一律，例應每年 勘明

奏办以備隨時应差之需并有道光十三年分应届修造黄
快船六隻既經該司道勘詳實係刻不可緩之工自应
照例准其動項修理俟工竣核實報銷理合循例恭摺具
奏伏乞
皇上聖鑒謹
奏
道光十二年十二月廿六日奉
硃批工部議奏知道欽此
十二月初八日

兩江總督陶澍江蘇巡撫林則徐奏摺

請以平翰調署元和縣知縣

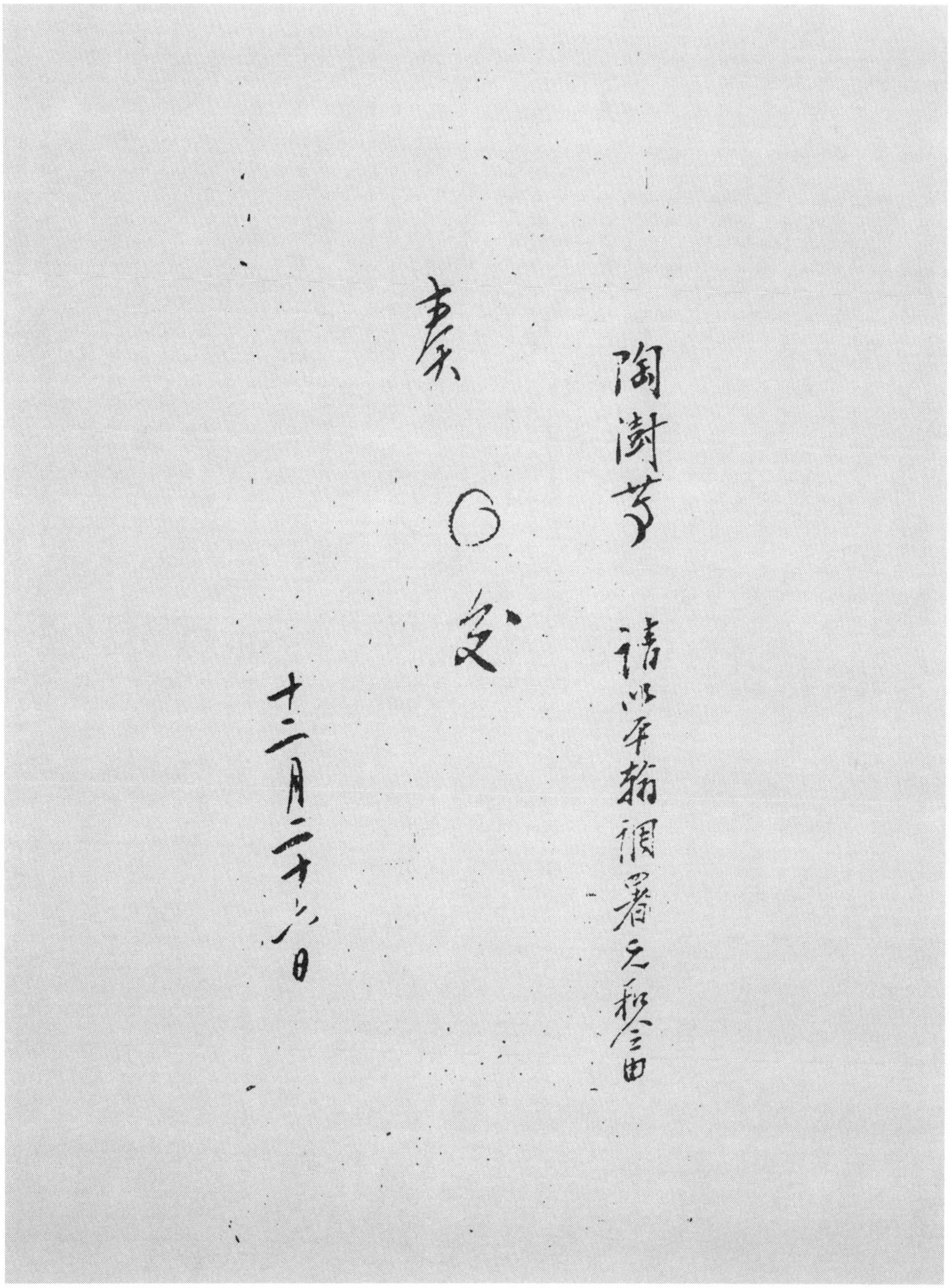

陶澍等

請以平翰調署元和縣

奏 ○ 發

十二月二十六日

兩江總督陶澍江蘇巡撫林則徐奏摺　請以平翰調署元和縣知縣
道光十二年十二月初八日

兩江總督臣陶澍
江蘇巡撫臣林則徐跪
奏為省會要缺知縣需員懇
恩俯准調署以裨地方事竊照元和縣知縣符
士初經臣等
奏請升補松江府川沙同知蔣棠
恩允所遺元和縣知縣係衝繁疲難四項相兼要
缺例應在外揀調且地居省會政務殷繁時
有發審案件必需精明諳練之員方足以
資治理臣等于通省知縣內逐加遴選非現
居要缺即人地未宜實無合例堪調之員
惟查有常熟縣知縣平翰年四十三歲係
監生祖籍浙江遵豫東例報捐縣丞分發

陝西嘉慶二十四年
奏留江南候補湖河要工出力保
奏准留江以本班儘先補用嗣補金壇縣縣
丞旋拏獲鹽梟匪出力奏
旨以應升之缺升用升署宿遷縣知縣旋調上
海縣知縣奏奉
諭旨准其調署俟扣滿年限另請實授在任聞
訃從本生父喪期滿到省
題署常熟縣知縣已奉部覆准署尚未計
任委署吳江元和等縣該員勤幹廉明
洞達治體于蘇州省會情形尤為熟悉
現署元和縣篆急公勤事允協輿情

之調署元和縣知縣，詢堪勝任，非該員莫
屬。惟常熟縣本任，且常熟亦係繁缺，與
例稍有未符，但元和為省會首邑，政務更
繁，人地相需，例得專摺
奏請。據藩臬兩司會詳前來，臣等札商
意見相同，合無仰懇
皇上天恩，俯准以常熟縣知縣平翰調署元和
縣知縣，實于省會要缺有裨，臣等亦可收
指臂之助。如蒙
俞允，該員係現任知縣請調知縣衙缺，相當，毋
送部引
見，仍俟扣滿年限，另請實授，並飭將常

各任內罰俸只如完繳清楚另行造冊咨
部核案至所遺常熟縣知縣係沿海
要缺應另擇員請補合併陳明謹合
詞恭摺具
奏伏乞
皇上聖鑒訓示謹
奏
道光十二年十二月二十六日奉
硃批吏部議奏欽此
十二月初八日

江蘇巡撫林則徐奏片　遵旨照料各省赴臺剿捕官兵過境

○林則徐片

再十二月初十日承准軍機大臣字寄欽奉
上諭河南兵一千名西安馬隊三百名貴州兵五百名四
川兵一千五百名着前往臺灣剿辦着該撫飭地方
官妥為支應毋誤軍行以並飭催帶兵將弁兼程前進
欽此遵經飭令各屬照料接准河南省咨兵於十二月初
日已過江蘇北境會領兵員業經派員沿
途照料并于十一日全起兵二百名於本月初起三二四十名亦於
程日內過江計日內亦可全數遞入浙境以赴臺灣
迅速西安馬隊兵丁由淮河南撫臣楊國楨咨
移于十二月二十七八等日行抵江境者業分起前進
派撥員弁一帶並知照帶兵將弁已由該省

截回，于浙江水程更覺輕便。臣遵奉

諭旨，信咨嚴飭地方官先期豫備一切，毋誤支應，催

趲行，不得稍有遲滯，並飭催帶兵各將

弁約束兵丁，兼程前進，迅速入閩。至四川、貴州官兵

經臣咨查經行期站，准各省移咨，咸稱應由

江西之河口鎮入福建之崇安縣，最為近捷，

除分咨照料，分飭各屬外，謹附片具

奏，伏乞

聖鑒，謹

奏。

道光十二年十二月二十七日奉

硃批：覽，欽此。

江蘇巡撫林則徐 十二月十一日

江蘇巡撫林則徐奏片 遵旨照料各省赴臺剿捕官兵過境

道光十二年十二月十一日

江蘇巡撫林則徐奏片

奏報江蘇省道光十二年十一月份收捐監生銀數

交林則徐片

再江寧江蘇兩藩庫收捐監生銀數截至道光

十二年十月底止業經臣附片具

奏並奏明蘇州藩庫已足十萬兩現飭該司委員

齎解在案查江寧藩庫自嘉慶五年至道

光十二年十月底共收捐監銀三百一十八萬八千

三百兩除節次撥解及提歸封貯外存銀五萬

二千八百四十兩兹十一月分又收捐監生二十九名計

銀二千一百三十二兩共存銀五萬四千九百七十二兩

蘇州藩庫自嘉慶五年至道光十二年十月

底共收捐監銀四百七十八萬一千一百六十二兩

除節次撥解及提歸封貯並請留備因公

江蘇巡撫林則徐奏片　奏報江蘇省道光十二年十一月份收捐監生銀數　道光十二年十二月十一日

存銀二千六百二十二兩除十月分又收捐監生
字六名計銀七千一百二十八兩共存銀九千七百
五十兩查前准部咨江蘇兩藩庫監銀收
足十萬兩解部續收五萬兩歸補封貯茲因
此次江寧藩庫捐監銀兩輪應解部俟收
有成數委員起解其蘇州藩庫捐監銀兩輪
應歸補封貯俟收足五萬兩即行歸補所
有江蘇兩藩庫十一月分捐監銀數理合附
片陳明謹
奏
道光十二年十二月二十七日奉
硃批戶部知道欽此

江蘇巡撫　十二月十一日

江蘇巡撫林則徐奏摺　**奏報江蘇省道光十二年十一月份雨雪糧價**

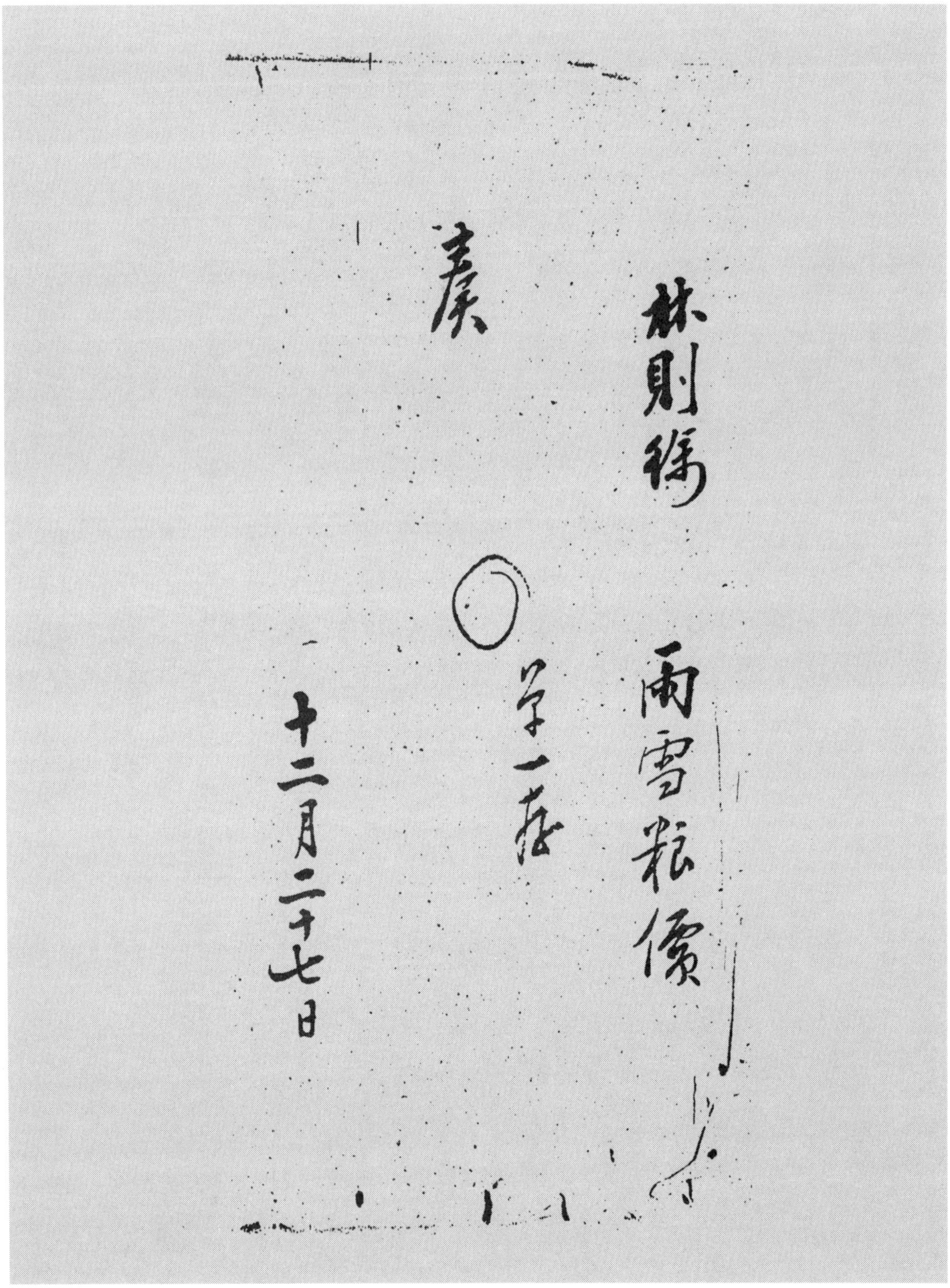
林則徐
雨雪粮價
單一摺
奏
十二月二十七日

江蘇巡撫臣林則徐跪

奏為奏報十一月分雨雪糧價情形仰祈

聖鑒事竊照江蘇省本年十月分雨雪糧價情形業

經臣恭摺

奏報在案茲據各屬先後稟報十一月上旬初一二三四

五六中旬十一二三五六九二十下旬二十二三五六七八等日

或得有微雨或得雪一二寸及五六寸不等屆此時令

冬雪澤較往年為多其田麥苗藉資培蓄

益加長發農民均各歡悅至江北各屬前此

積水之區雖已漸次消涸惟值天氣少暖堡土

膏澤培尚難播種業經

奏請春撫接濟俾無失所至通省糧價江寧

江蘇巡撫林則徐奏摺 奏報江蘇省道光十二年十一月份雨雪糧價
道光十二年十二月十一日

蘇州松江常州鎮江淮安揚州徐州通州海
門廳州屬價有加增餘與上月相同地方安貼
堪慰
宸懷理合恭摺具
奏並繕十一月分糧價清單敬呈
御覽伏乞
皇上聖鑒謹
奏
道光十二年十二月二十七日奉
硃批知道了欽此
十二月十一日

江蘇巡撫林則徐清單

江蘇省道光十二年十一月份糧價清單

清單

謹將江蘇省道光十二年十一月分米糧時價
開繕清單恭呈
御覽
計開
江寧府屬 價貴中
上米每倉石價銀二兩四錢三分至三兩二
錢 與上月同
中米每倉石價銀二兩三錢三分至三兩五
一分 與上月同
糙米每倉石價銀二兩八分至二兩七錢五
分 與上月同
小麥每倉石價銀一兩五錢八分至二兩一

錢 較上月貴七分
大麥每倉石價銀九錢至一兩二錢 與上
月同
黃豆每倉石價銀一兩九錢至二兩五錢
與上月同
蘇州府屬 價貴中
上米每倉石價銀二兩四錢至三兩 與上
月同
中米每倉石價銀二兩三錢至二兩五錢五
分 較上月貴五分
糙米每倉石價銀二兩一錢至二兩四錢
與上月同

小麥每倉石價銀一兩五錢至二兩二錢

與上月同

大麥每倉石價銀七錢五分至九錢五分

與上月同

黄豆每倉石價銀一兩六錢三分至二兩四

錢　與上月同

松江府屬　價貴中

上米每倉石價銀二兩三錢至三兩一錢

較上月貴一錢

中米每倉石價銀二兩二錢至三兩　較上

月貴三錢

糙米每倉石價銀二兩一錢至二兩九錢

較上月貴三錢
小麥每倉石價銀一兩三錢五分至一兩九
錢　較上月貴五分
大麥每倉石價銀八錢五分至一兩　與上
月同
黄豆每倉石價銀一兩三錢五分至二兩
與上月同
常州府屬　價貴中
上米每倉石價銀二兩四錢至二兩七錢
較上月貴一錢
中米每倉石價銀二兩三錢至二兩五錢五
分　與上月同

秈米每倉石價銀二兩二錢至二兩五錢
與上月同
小麥每倉石價銀一兩九錢至二兩二錢
與上月同
大麥每倉石價銀一兩至一兩三錢　與上
月同
黄豆每倉石價銀一兩九錢至二兩二錢
與上月同
鎮江府屬　價貴中
上米每倉石價銀二兩四錢至三兩二錢
與上月同
中米每倉石價銀二兩二錢至三兩　與上

月同
糙米每倉石價銀二兩至二兩八錢　與上
月同
小麥每倉石價銀一兩七錢至二兩二錢
與上月同
大麥每倉石價銀一兩一錢至一兩四錢
與上月同
黄豆每倉石價銀二兩至二兩四錢　較上
月貴二錢
淮安府屬價貴中
上米每倉石價銀三兩四錢五分至四兩四
錢五分　較上月貴三錢

一　中米每倉石價銀三兩三錢至四兩一錢
　較上月貴二錢
一　糙米每倉石價銀二兩九錢至四兩　較上
　月貴二錢
一　小米每倉石價銀二兩五分至二兩四錢五
　分　較上月貴三錢
一　小麥每倉石價銀一兩五錢九分至二兩三
　錢　較上月貴三錢
一　大麥每倉石價銀一兩二錢至一兩六錢
　較上月貴二錢
一　黄豆每倉石價銀二兩一錢至二兩九錢
　較上月貴四錢

秫秫每倉石價銀二兩五錢五分至二兩一

錢　較上月貴三錢

揚州府屬　價貴中

上米每倉石價銀二兩八錢至三兩一錢

較上月貴二錢

中米每倉石價銀二兩七錢至三兩　較上

月貴二錢

糙米每倉石價銀二兩六錢至二兩九錢

較上月貴二錢

小麥每倉石價銀一兩五錢至二兩一錢

較上月貴二錢

大麥每倉石價銀七錢至一兩六錢　較上

月貴二錢
黄豆每倉石價銀一兩九錢至二兩五錢
較上月貴一錢
秫秫每倉石價銀一兩二錢　與上月同
徐州府屬　價貴中
大米每倉石價銀四兩三分至四兩六錢
與上月同
小米每倉石價銀二兩六錢至四兩二錢一
分　較上月貴一錢二分
小麥每倉石價銀二兩八分至三兩三錢
與上月同
大麥每倉石價銀一兩二錢四分至二兩一

錢　與上月同

黄豆每倉石價銀一兩八錢五分至三兩二

錢　與上月同

秋秫每倉石價銀一兩七錢一分至二兩六

錢　與上月同

太倉州併屬　價貴中

上米每倉石價銀二兩八錢至三兩一錢五

分　與上月同

中米每倉石價銀二兩六錢至三兩千錢五

分　與上月同

糙米每倉石價銀二兩五錢至二兩九錢五

分　與上月同

小麥每倉石價銀一兩五分至一兩八錢五分　與上月同
大麥每倉石價銀九錢二分至一兩四錢　與上月同
黄豆每倉石價銀一兩六錢至二兩三錢　與上月同

海州併屬　價貴中
上米每倉石價銀三兩八錢六分至四兩八錢　與上月同
中米每倉石價銀三兩二錢七分至四兩六錢　與上月同
糙米每倉石價銀三兩一錢七分至四兩一

錢　與上月同
小米每倉石價銀二兩二錢五分至三兩三
錢　與上月同
小麥每倉石價銀二兩二錢五分至三兩三
錢　與上月同
大麥每倉石價銀一兩五分至一兩八錢
與上月同
黄豆每倉石價銀一兩九錢至三兩八錢
與上月同
秫秫每倉石價銀一兩二錢至二兩五分
與上月同
通州併屬　價貴中

上米每倉石價銀三兩一錢至三兩四錢
較上月貴一錢
中米每倉石價銀二兩八錢至三兩二錢五
分 較上月貴一錢
糙米每倉石價銀二兩七錢至三兩一錢五
分 較上月貴一錢
小麥每倉石價銀二兩五分至二兩二錢
與上月同
大麥每倉石價銀九錢五分至一兩三錢
與上月同
黄豆每倉石價銀一兩九錢至二兩五分
較上月貴五分

海門廳　價貴中

上米每倉石價銀五兩　與上月同

中米每倉石價銀四兩八錢　與上月同

糙米每倉石價銀四兩一錢　與上月同

小麥每倉石價銀二兩一錢　與上月同

大麥每倉石價銀一兩四錢　與上月同

黄豆每倉石價銀二兩三錢　與上月同

覽

江蘇巡撫林則徐奏摺

審明宿遷縣民趙榮烈京控藉命圖詐案分別定擬

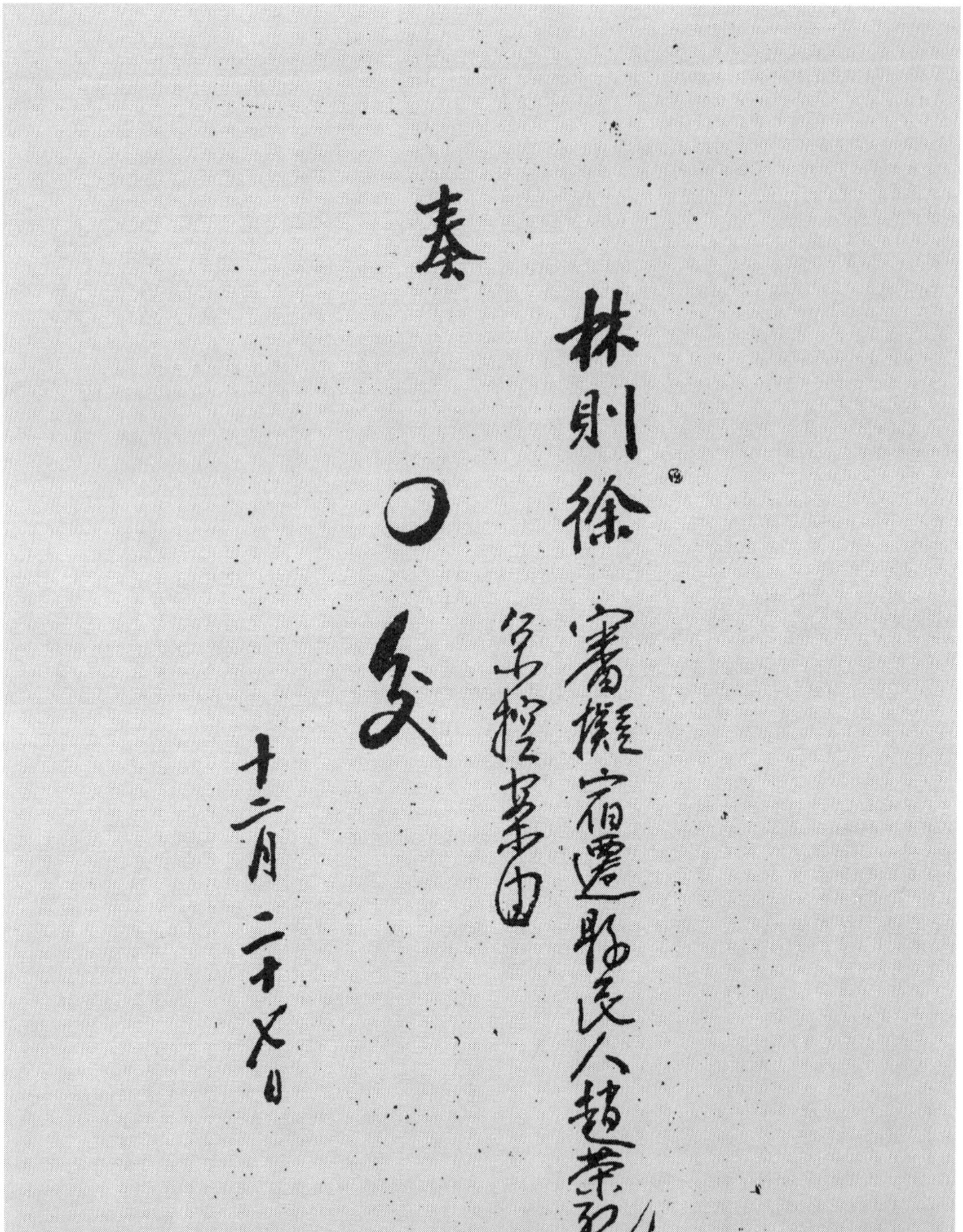
林則徐　審擬宿遷縣民人趙榮烈
京控案由
奏　○　交
十二月二十七日

江蘇巡撫臣林則徐跪

奏為審明藉命圖詐誣告致令情急自盡屍屬挾

疑京控按例定擬奏祈

聖鑒事竊照宿遷縣民趙榮烈以劉自真之母劉鄭氏投

塘身死坐董陳氏何點其向伊兄趙榮疊索費不

遂唆令押詐致伊兄不知下落等情赴京在步軍

統領衙門呈控奏奉

諭旨此案著交林則徐親提人證卷宗秉公嚴審按律

定擬具奏原告趙榮烈該部照例解往備質欽此

臣查此案前據宿遷縣詳報該縣民婦劉鄭氏

在趙榮疊塘內投水身死訊據屍子劉自真供

伊母因往向趙榮疊索討賒欠酒錢爭吵氣憤

投塘身死質之趙榮堂狡供並無賒欠劉鄭氏酒
錢被索爭吵情事該縣照填格錄供通詳一
面飭差傳人證張恆忠等質訊趙榮堂劉自真飭
差收發原審副趙榮堂乘間逸出投河身死打
撈屍身無獲劉自真在監病故又經該縣訊通
詳節次批飭確審究辦在案據准部咨收原告
趙榮烈解蘇當即行提人卷來省飭委署蘇州
府陳任華審明由臬司顧騰伊覆審詳解前來
臣親提研鞫緣趙榮烈籍隸宿遷縣民趙榮堂
均與劉自真素不認識趙榮堂與距家八里莊居
一莊相離劉自真家半里劉自真家止伊母劉鄭
氏別無親屬亦無恆產惟賴傭工度日道光

十一年十月間劉自真染患癆病不能傭工
趁又值年歲歉乏食劉鄭氏時恆愁悶是月初九
日劉自真坐見劉自貴前往探望劉鄭氏以家
貧子病難以存活欲圖自盡之言向其哭訴劉
自貴用言勸慰旋即走回傍晚劉鄭氏攜帶麻
繩出外拾柴詎該氏憂迫莫釋輒萌短見潛至
趙榮臺莊前先用麻繩套頸縊在塘邊柳樹自
縊因樹高不能懸繫繩隨投塘身死次早劉自真
因伊母不歸央令劉自貴找尋劉自貴在趙榮臺
塘內尋獲屍身向劉自真告知劉自真以伊母本
有貧不聊生之語料伊自行投水因之未棺殮稔
知趙榮臺家道豐殷實遂起意藉屍圖詐劉自貴

向阻不信，劉自真即至趙榮鳌莊前，適趙榮鳌亦
聞信踵至，劉自真等言伊世仲與趙榮鳌爭吵，抱
憤投塘，令趙榮鳌備棺殮埋，趙榮鳌斥其圖賴。
劉自真稱欲扶究，趙榮鳌料其不詐不休，欲
由蘇美堂弟根杜男往向公濟堂董事陳修
監朱曉嵐許知，懇為代求。陳修監等詢之底裏，
且慮項累苐麻俱毀之把杖不允，轉報趙榮鳌復
邀伊戚陳懿攀等另懇謝丙堂董事吳之文報
縣。吳之文以訴交伊公濟堂地界，亦向同慶趙榮
劉懷及陳修監等曾向伊家勸捐建費不允，疑伊
因此挾嫌，力難稍阻。劉自真旋捏趙榮鳌
賒欠，令伊母往其爭吵，之案憤投塘等情赴

具呈並將已甫捏之詞審端指為同往賭
博之人又列素怨之吳光達為證經代理知縣吳
懋之飭差印傳從文等傳提人證赴縣趙榮
烈輒畏累畏事聞知差提慮恐拖累不敢赴審
伊弟趙榮烈及親戚聶敏咸稱若不赴案質審
轉涉情虛避匿屬其隨差前往該縣請縣提訊
訊自具稟供伊母因向趙榮奎索欠自盡趙萱
年供實由田詞訟牽涉情悉從寬鍋卸即將趙榮
烈對自與母案人到盛做有任歇到公庭
內從傳情原等覆訊一面移供通詳二十七
日趙榮烈逃避晨起到公庭控望赴案
烈詐稱伊因恨怨等到致京屬處具控牙將

來張懷忠等到案恐被劉自興串供妄證即伊
隨言伊與劉自興素無嫌隙必係李董陳修點等
當衆檢驗費用不遂唆使控案並聞尚有郡縣劉自
員盤費三百餘兩憤不甘服與陳修點等捺命趙榮
烈等以其勒斃並往訴原差即給文等暫交保回
即給文等以趙榮壟係被控京犯看守不能私
自保釋令其赴縣哀求時有差役孫建邦等
走索亦稱趙榮壟未能鎖押已屬便宜何
能再行取保趙榮烈當向趙榮壟告知不能保釋
情由與嚴斂嘉回距趙榮壟憂憤至極即於二
十八日早瞞稱出來閒跑至黃河渡口自行
投水身死經在彼擺渡之張潮之瞥見駕船提

救因水勢洶急撈救無及看見劉盛不見趙
榮寵轉回尋至渡口向張開之詢述趙榮寵業
已投河即將張開之並舟船訊供飭差打撈屍身
無獲該縣李彥倉懸提張懷忠劉榮貴訊據
供趙榮寵並無與劉鄭氏爭吵情事劉自具
仍執原供飭交飯歇曹傑收管復催錢沈京鎬
及劉自具僱供人證鄭景桂等所買毒附趙榮
烈聞知伊兄投河肉思陸差看守何能出外自
盡且未撈獲屍身遽疑縣令給文等前此不乏敢
係必係有意圖詐致將伊兄藏匿遁斃希圖拋屍
滅跡又疑劉自具妄告由於陳修豐等主唆即
以陳修豐等索費不遂唆使捏控及印給文等

鎖押嚇詐私刑逼斃等情列伊母趙甯氏之名
赴部控告緣案係提未到關別身真主歇店故
又經該部駁訊通詳趙榮烈到引之蘇自知出關
兆太抄錄案卷許給謝文周此太不免趙榮烈
疑係貪圖為京控蔑填即給文前道今艾身月年
縱求保護為代寫京控仍照前情添捏翻差指
控京只等情赴府司具控飭拘獲趙榮烈赴
縣投審寓歇張士有飯店與同寓之監生董萬
章道及訟事稱將京控董萬章以趙榮烈既係
身自投到審訊之到身真又已物故何必再行
結訟拖累無辜若去相勸趙榮烈聽其代為
投說和旋經該縣提集審訊屢被各執一詞致未

訊據趙榮烈即田歷控情節赴步軍統領衙門
呈控某等
請旨交審，以架闗藉命誣告致斃，誣之人情急自盡，
且控涉董可榮賛唆訟，差役嚇詐，逼令交存詐
民說和，種種莖私，不可不徹底嚴究，勿使狂縱。
隨親提全案犯證反覆推鞫，僉供實係劉自
貞藉母劉鄭氏因貧自縊，圖詐趙榮烈不遂，
捏詞誣告，致趙榮堂憤迫投河。董可榮係其
枝趙榮堂囑令等投時，因劉鄭氏說有厥房和
比房名路竟投，此並規不為代投，並和需索唆訟。
至趙榮堂隨後投到，盛收受聽審來同投和
原差邵紹文等亦有嚇詐凌逼情竟，何以趙

榮壘於伊弟趙榮烈前往探之時僅稱被判自盡無證
隨後續並未言及差役逼詐且趙榮壘并未領
押得以自盡而于其受凌逼情形更屬顯而易見
至邱倍公等之不肯私了之係開出太平叉之抄錄
素為保本公守法亦監生董萬章勸令趙榮
烈邀和亦為自免趙見費就當訴說和解供鑿
鑿質之趙榮烈供認實因伊兄被誣投河
屍身久未撈獲是以懷疑具控今既將董萬章
差並無嚇詐逼詐情事至去發訴及說和一節原
係萬當從聽故僅在京隨口混供並未敘入呈
詞不敢豫終誣掩情願具結甘認不得異言
遂將查例載誣告人因而致死者從照已服

貧不能養贍父母以致父母自縊死者杖一百流
三千里等語此案劉自興不能養贍其母
致令投水身死已屬有虧子職復敢藉伊趙
榮壘詐係捏為伊母向趙榮壘索欠爭吵自
溺赴縣具控致趙榮壘被誣受累投河殞命
更屬不法自應按例問擬劉自興除子貧不
能養贍致母自盡輕罪不議外仍應照誣告人
因而致死者絞監候例擬絞監候業已病故應
毋庸議差役劉盛隨錫係向趙榮壘收候
審並不小心看守致令乘間投河實屬疏忽應
照不應重律杖八十折責革役趙榮烈因伊兄
趙榮壘被誣致死率以細詞牽告本屬不合姑

江蘇巡撫林則徐奏摺　審明宿遷縣民趙榮烈京控藉命圖詐案分別定擬

道光十二年十二月十一日

念伊兄已死，忿於尚懷疑，且屍未撈獲，情切

痛兄，尚堪詞憫，請免置議。陳修點、朱曉嵐並

無索費嚇詐，差役邱餘文、晉玉光、何全、徐廷相、楊

桐俱無嚇詐逼索情事，應與訊無需索之林世用

此太及未發詳下說稱之董萬年均毋庸議，無干

省釋，未到人證並免提質。趙榮壘屍身仍飭打

撈務獲，給屬領埋。除供招咨部外，臣謹恭摺

具

奏。伏乞

皇上聖鑒，敕部議覆施行。再，該原告在京供稱在府

司各控一次，俱未提訊，查核相符，合併聲明。

謹

奏

道光十二年十二月二十七日奉

硃批刑部議奏欽此

十二月十一日

兩江總督陶澍江蘇巡撫林則徐奏摺 **奏報江蘇省道光十二年份編查保甲情形**

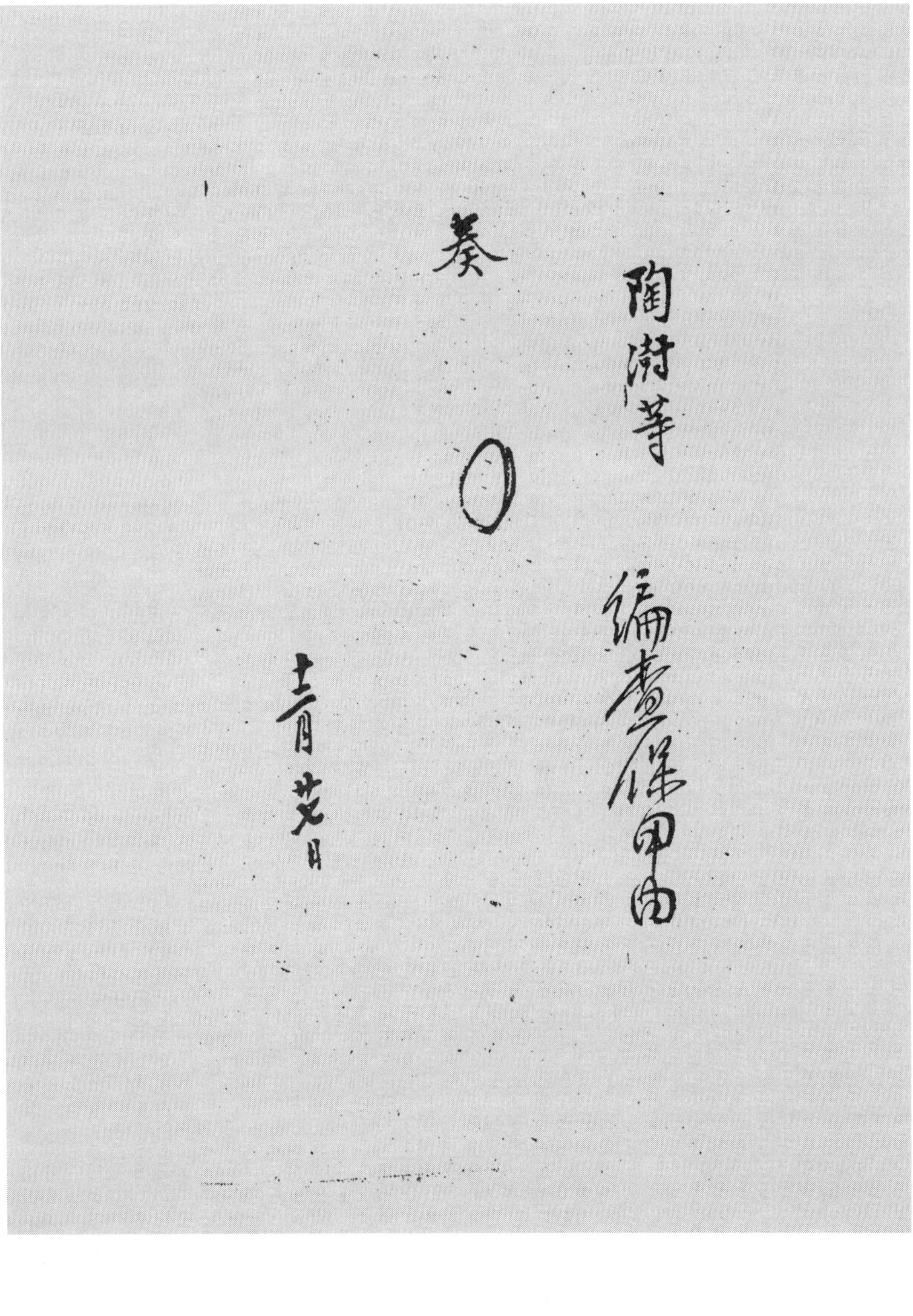
陶澍等 編查保甲由
奏
十二月廿九日

兩江總督臣陶澍
江蘇巡撫臣林則徐跪

奏爲編查保甲飭取連名互保各結恭摺彙

奏仰祈

聖鑒事竊照嘉慶二十年正月間准刑部咨開奉

上諭著各直省通行州縣官於秋收後先行曉諭各村

村莊保長人等將本村户口自行逐細查明造具草冊

冊呈送該管州縣親往覆查悉遵功令規條取具互

互保甘結將門牌照式填寫按户懸掛仍責令該管道府直

直隸州親往協查覈後稟報督撫交兩司覆覈具詳

詳督撫於歲底彙奏一次等因欽此又於二十二年四月

間准户部咨開奉

上諭著各省督撫再嚴飭地方官於編查保甲時責令

里長甲長等取具連名互保甘結如有來歷不明蹤
跡可疑者該里長甲長等自不肯代為具結
其所保之人或曾經作奸犯科或竟係逆案逆犯查出
後將出結之里長甲長按律連坐本犯罪輕者里長
等之罰亦輕本犯罪重者里長等之罰亦重庶群知
警惕不敢輕易容隱在逃逆匪無難悉數緝獲各該
地方官務各實力奉行勿得視為具文等因欽此又於
道光二年八月間准戶部咨開欽奉
上諭著直省各督撫嚴飭所屬認真稽查並於巡歷
之便親加抽對務令簡要周詳實力奉行毋得日久
視為具文漸形疲玩等因欽此又於道光四年五月間
承准軍機大臣字寄欽奉

上諭著各該督撫等嚴飭該府州縣將編棚民逐細
查察按户設立甲長毋許遞換門牌隨時抽驗禁
止匪類潛居勾串滋事如查有不安本分刁健
訟之徒立即嚴拏示懲務當實力奉行不可視為
具文並不准書役藉端擾累以靖地方等因欽此歷經
前督撫臣通飭欽遵在案茲屆道光十二年查
辦之時臣等復專飭各道府州認真督率辦理
茲據按察使穎騰伊江寧布政使趙盛奎蘇
州布政使陳鑾會詳據各廳州縣將道光十二
年分各保甲户口及棚民人數先後查造取具
里長甲長並無容留匪類連名互保甘結陸續
詳賫經各道府州親往抽查牌冊並無錯漏又由

兩江總督陶澍江蘇巡撫林則徐奏摺 奏報江蘇省道光十二年份編查保甲情形

道光十二年十二月十一日

臬司委員馳赴素有棚民各州縣逐一抽查門
牌底冊亦屬相符加結送司詳請具
奏前來伏查江蘇省水陸交衢徐州一府毘連豫
東皖江三省民風剽悍淮海等屬於外來私梟
叢集之區江揚松太各府州沿江濱海汊港紛歧
奸匪易於藏匿全在地方官於編查保甲時實心
查辦申首報優賞之條嚴容隱連坐之令庶牌
甲各有責成奸宄無從托足本年臣陶澍屢赴
清江浦往來江寧淮揚等府屬臣林則徐前
赴江寧辦理文闈隨又往淮揚一帶查勘被
水情形所過鎮江常州蘇州等府屬皆經順路
抽對導飭該州縣認真編查又於濱臨江海

兩江總督陶澍江蘇巡撫林則徐奏摺 奏報江蘇省道光十二年份編查保甲情形 道光十二年十二月十一日

梟匪出沒之地，併煙戶稠密五方錯雜之處，嚴飭
地方官文武員弁隨時偵緝，不使稍有疏懈。如
各屬視為具文，徒以結報了事，或辦理不善，擾累
良民，即當指名嚴參，俾期法立令行，以仰副
聖主綏靖閭閻之至意。所有道光十二年分編查保
甲緣由，臣等謹合詞恭摺具
奏伏乞
皇上聖鑒。
奏。
道光十二年十二月廿七日奉
硃批：知道了。欽此。
十二月十一日

兩江總督陶澍江蘇巡撫林則徐奏摺

淮揚徐海各府州歉收請採買兵糧以濟支放

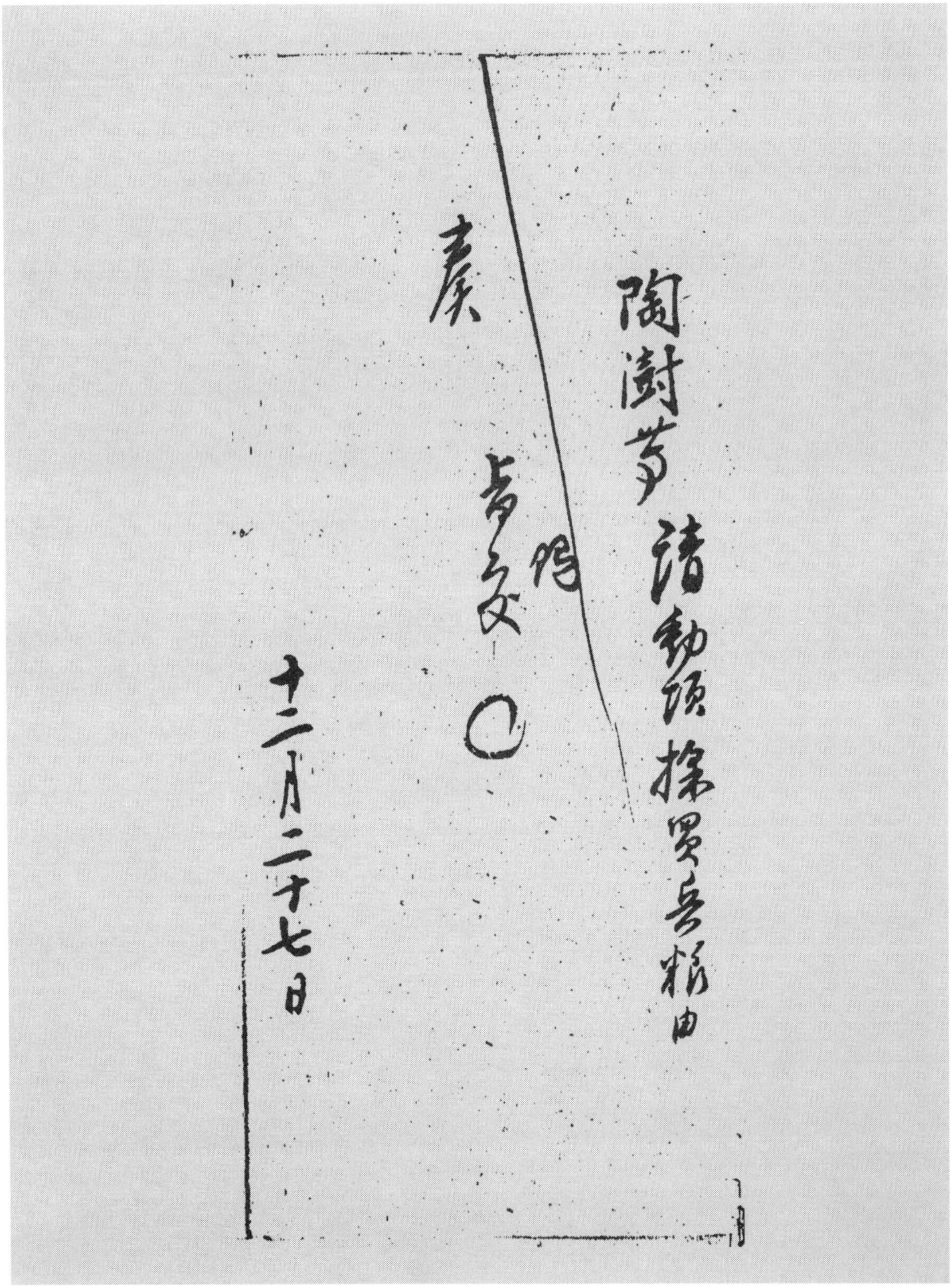
陶澍等請動項採買兵糧由
奏
十二月二十七日

兩江總督臣陶澍
江蘇巡撫臣林則徐跪
奏為籌補兵缺兵糧擬采買以濟支放恭摺
奏祈
聖鑒事。竊照道光十二年淮揚徐海各府州屬
雨水過多，收成歉薄，應征南漕米業經
臣等
奏奉
恩旨分別蠲緩在案。今據江寧布政使趙盛奎
詳稱：道光十三年分應放漕河務各標營
官兵米豆兵糧米石通盤覈計，共
缺不敷米六千四百七十八石六斗七升五合，兵食
攸關，應行照數籌補，俾免缺誤。查上屆采買

缺兵米，或請截撥漕糧，或碾借倉穀，或動
項採買，均經各有成案。現在各屬常平倉穀
上年多有動碾平糶，其餘存穀應留備地方緩
急之需，不便再請借撥；而各屬應徵新漕並搭運
舊漕，節奉部議應行全數起運，亦不敢輒請截
留。所缺兵糧，惟有請照嘉慶年間成案動項採
買。各就營坐附近地方，多向淮揚海各屬
採辦，價平產地，買運較近，自應按需
就便運營，約計共銀二萬九千兩。查江
寧藩庫現有報因公支無作之項一款存
銀二萬餘兩，堪以撥銀二萬九千兩，以備各
屬赴司請領，該藩司確實造冊辦理報銷。

兩江總督陶澍江蘇巡撫林則徐奏摺　淮揚徐海各府州歉收請採買兵糧以濟支放
道光十二年十二月十一日

倘剩隨時酌撥將來各屬徵收完災緩
米石或向漕項災年款撥或變價發撥
統俟隨時察看情形另行辦理詳
請具
奏蓋事以兵食[illegible]未敢[illegible]仍[illegible]奏請
核准不得不[illegible]俾經費自應[illegible]動
項採買合無仰懇
皇上天恩俯准動項採買以濟支放俟
秋後豐熟延期請將兩年應徵[illegible]
災緩各屬應徵各項隨時察看情形再行
題請照例分年帶徵咨部查覈外謹
會同恭摺具

奏伏乞

皇上聖鑒謹

奏

道光十三年正月十二日奉

硃批另有旨欽此

十二月十一日

兩江總督陶澍江蘇巡撫林則徐奏摺　審明如皋縣疎防監犯圖脫未遂身死分別定擬

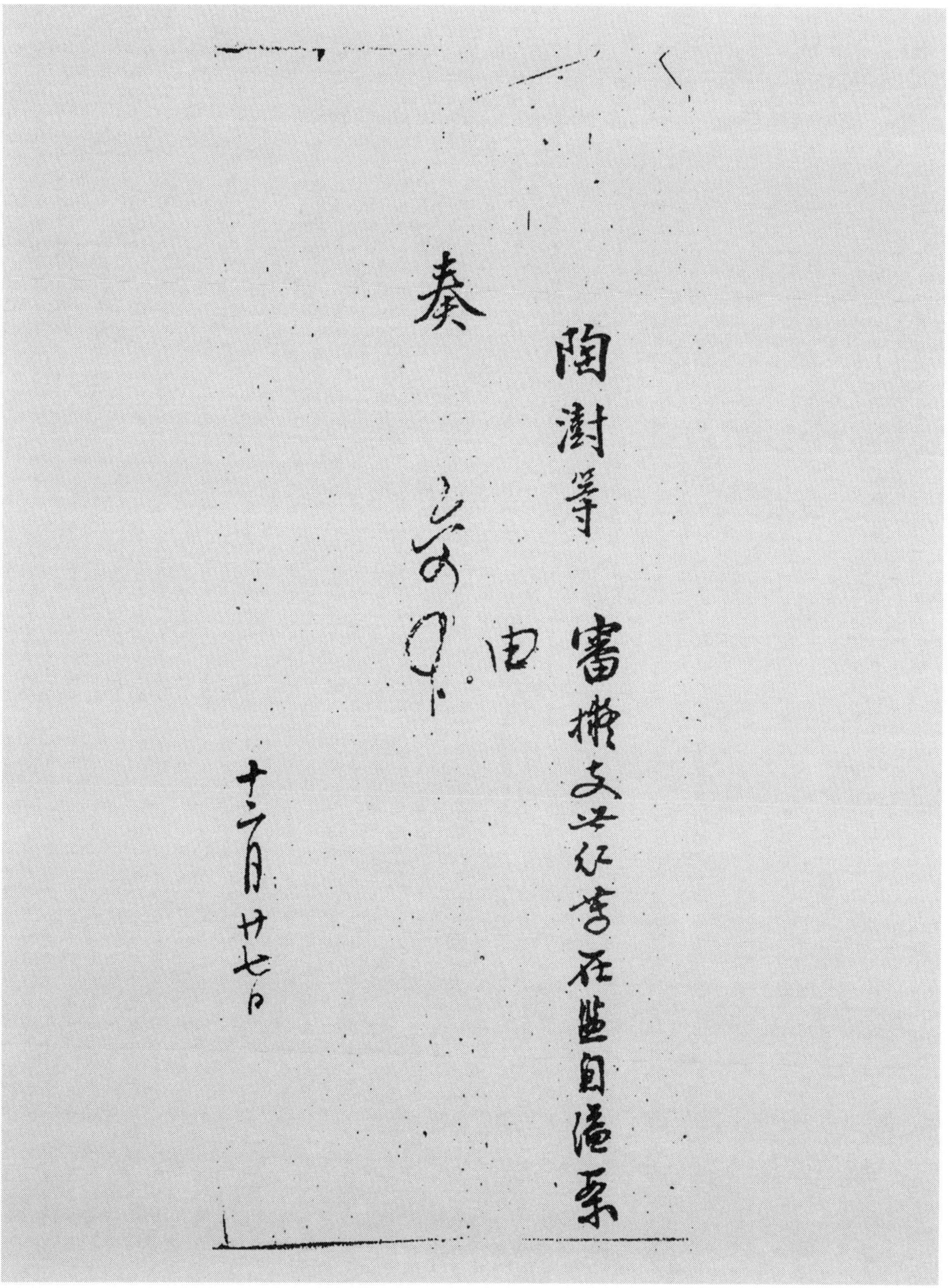
陶澍等
審擬文世紅等在監自縊案　由
奏
知道了
十二月廿七日

兩江總督陶澍江蘇巡撫林則徐奏摺 審明如皋縣疎防監犯圖脱未遂身死分别定擬

道光十二年十二月十一日

兩江總督臣陶澍
江蘇巡撫臣林則徐 跪
奏為審明監犯放火圖脱未遂同時自縊身死按律定擬
恭摺具
奏仰祈
聖鑒事。竊照前據署通州傅繩勳報如皋縣監犯支必
紅等在監放火，經兵役撲滅，圖脱未遂，自縊身死
等情，經臣等會摺
奏參，奉
旨：這所參疎防情實，至因放火圖脱未遂三犯同時乘間
自盡之署如皋縣知縣史楊慶恩著革職，代理如
皋縣事候補通判徐森著撤任，交該督撫提同刑
禁人等嚴審確情，按律定擬具奏。欽此。欽遵。行

提該典史楊慶恩代理縣徐森并刑禁人等奉有飭委
署蘇州府知府徐任嚴審究擬由臬司顧騰伊覆審
会同江寧藩司趙盛奎詳解前來臣林則徐覆親
提楊慶恩及刑禁人等嚴加研鞫得史世仁係故
殺吳加喜身死朱長児係故殺李從保身死俱依
律擬斬監候彙入上年秋審情實奉
旨停勾本年仍擬情實遺係聽從姦婦李王氏謀
死從姦本夫李林擬斬監候入于本年秋審情實
均羈禁縣監轉飭郭設文受決之犯道光十二年
九月十九日該代理縣徐森赴離城八十里之岔
河鎮相驗戴長晟命案云出三十日節交霜降
監中向例致祭壽獄神工觀看人多擁擠聲音

嘈雜支世仁朱長兕潘六自知罪重因聞人聲衆多
復與李文受決起意放火脫逃即取獄神前香
火將所墊乾草燃燒延燒監房維時同號人犯倪本小許二
米等喊救該更役楊慶恩即稟明本縣李令陳錦
馮貴提牢書吏吳世中等趕救將支世仁朱長兕潘
六提禁西北空號監房又將倪本小許二同號另
犯安置別號未燒房內同將兵役人等施放水龍撲
毀火街將火撲滅詎支世仁朱長兕潘六因不能
脫逃恐火滅即行發決畏罪情急乘間扭斷手
銬將夫號所存監犯替換布褲撕碎接搓成長帶
各用一條在柵欄橫木上同時自縊身死禁卒陳錦等
瞥見解救無及經該縣具稟署通州傅璪赴監勘

賠字招錄供據移道詳經歷等將典吏楊慶恩代
理獄徐森參
奏行提來省委署蘇州府陳經提同刑幕人等審定
擬由臬司額騰伊覆審會同江寧藩司趙盛奎
詳解前來臣林則徐親提嚴鞫據供悉前情嚴
詰禁卒陳錦又等堅供委因一時疎忽並無私縱刑具
得賄故縱情弊查驗繩帶實係布褲撕碎擰成
核與原驗情形相符案無遁飾查律載獄卒以他
物與囚致囚自殺者杖八十徒二年等語此案禁卒陳
錦隨責不將重情監犯支世仁等嚴密防範
致仍救火圖脫迨救火時提禁卒等又不將其閉
防存布褲拾出被支世仁等三犯撕作帶條乘間

身僅致逃脱戕犯等事請旨可將本依圖脱稱者
犯可以殺人之物稍從輕貸倘致疏虞責應照獄卒
以他物與囚致囚自殺者杖徒律加杖八十徒二年
令地發配於責充徒係枷杖係母老丁單呈請
屬實係犯查明照例辦理提牢書吏吳其中失於覺
察應照不應重律杖八十年逾七十照律收贖仍革
役該禁卒丁係供明掛欠監獄致犯任意人役之
應照不應輕律笞罪於責發落該典史楊慶恩不能督
率刑禁人等小心防範致情竟新犯放火圖脱
未遂復乘間自縊身死實屬疏忽且室内所存
監犯替換衣褲禁卒未經檢出該典史亦係失於
覺察業經革職應毋庸議代理知縣候補通判

兩江總督陶澍江蘇巡撫林則徐奏摺　審明如皋縣疎防監犯圖脱未遂身死分別定擬　道光十二年十二月十一日

徐森隨赴獄相驗外，其弟未能先事飭防，咎亦難辭，應
請交部議處。被禁逃房業已賠修完整，應准飭
理。值節藏回縣庫，俟供核咨部外，所有審明
定擬緣由，謹合詞恭摺具
奏伏祈
皇上聖鑒，勅部核覆施行。謹
奏。
道光十三年十二月廿七日奉
硃批：刑部議奏。欽此。

十二月十一

上諭　銅山縣東岸驛等驛馬缺額著陶澍林則徐等認真稽查

軍機大臣　字寄
兩江總督陶　江蘇巡撫林　安徽巡撫鄧
道光十二年十二月十三日奉
上諭有人奏江蘇銅山縣東岸驛額設馬一百匹利國驛額設馬八十五匹桃山驛額設馬七十七匹又安徽鳳陽縣王莊驛額設馬六十匹濠梁驛紅心驛各額設馬六十五匹現在每驛所存不過十餘匹遇有差事或下站打越上站或票拏民騾民車供應存驛之馬輒交家人餧養聽其剋扣草料如銅山縣之利國驛管號家人闞姓綽號闞一刀尤其著名者本年七月初閒利國驛馳遞粵東軍營文報中途雙馬俱倒驛夫步行數里始於腰站

得馬乘騎尚離腰站較遠豈不耽延時刻恐各處
皆所不免等語國家設立驛站關係甚重各省額
設驛馬支領馬乾棚廠等銀並准每年報倒二三
四分不等自宜如數足額留心餧養似此尅扣侵
冒額數懸殊尚復成何事體該省不肖州縣因循
欺飾巧於彌縫一聞上司稽查上下站俱可通融
調集勢所必至弊何由除著陶澍林則徐鄧廷楨
認真稽察設法抽查如有前項弊端立即嚴參懲
辦毋稍姑容以清積弊而肅郵政將此各諭令知
之欽此遵
旨寄信前來

江蘇巡撫林則徐題本　**審明上元縣民蔣幗啓傷斃李守桂擬絞監候**

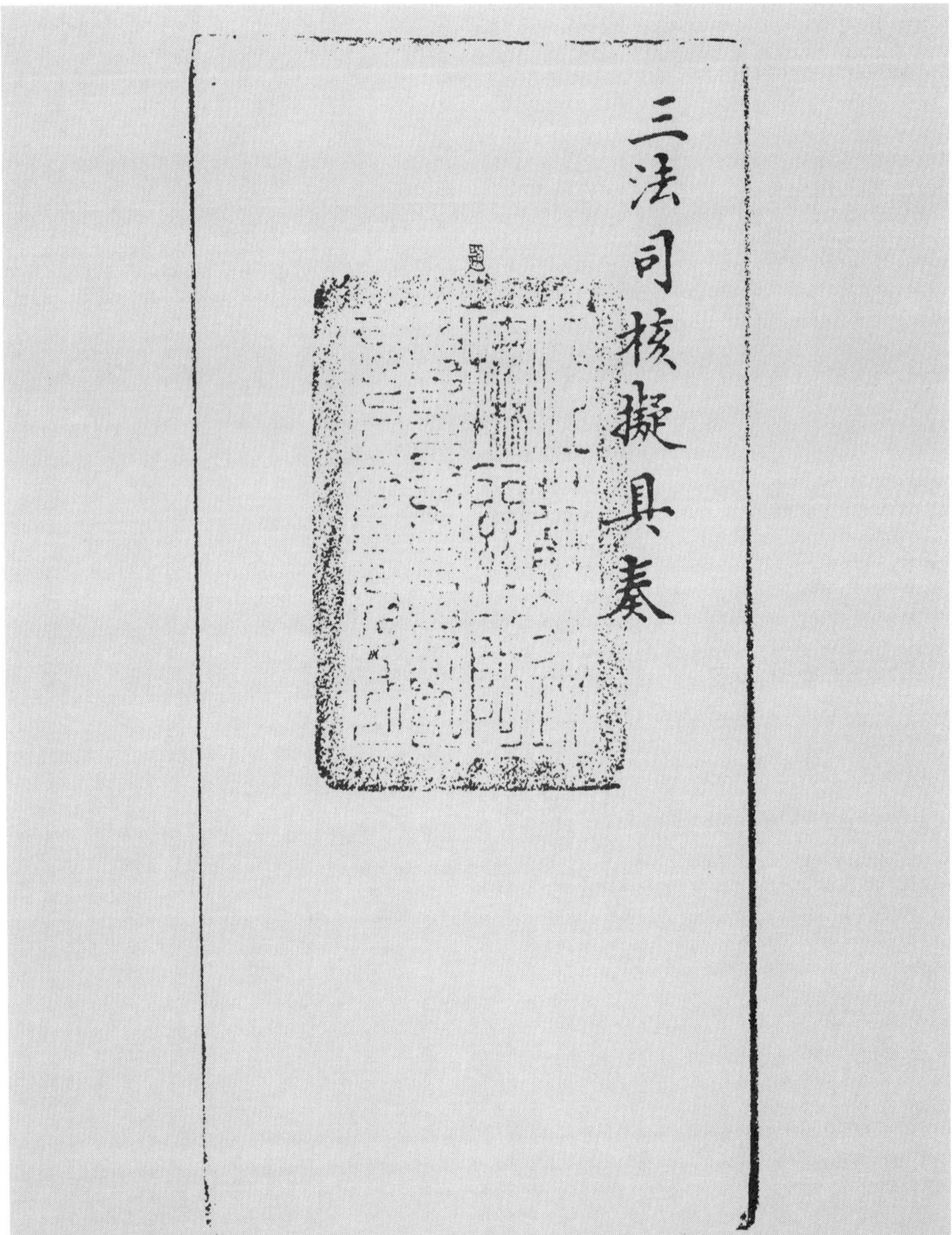
三法司核擬具奏

江蘇巡撫林則徐題本　審明上元縣民蔣幗啓傷斃李守桂擬絞監候
道光十二年十二月十三日

兵部侍郎兼都察院右副都御史巡撫江蘇等處地方提督軍務總理糧儲臣林則徐謹
題爲報明事據江蘇按察使額騰伊詳據江寧府
知府趙炳言詳據上元縣知縣保先烈詳稱道
光拾貳年柒月初伍日據地保王幅報據民人
李守富投稱陸月間伊弟李守桂借用蔣幗啓
草帽未還柒月初肆日晚蔣幗啓向伊弟索討
口角爭詈伊弟撲毆被蔣幗啓踢傷腎囊身死
等語往查屬實查拏蔣幗啓業已逃跑報候驗
緝等情並據李守富報同前由到縣據即選差
嚴緝一面帶領吏仵前詣屍所諭令將屍移放
平地如法相驗據仵作翁貴喝報已死李守桂
問年拾玖歲驗得仰面致命腎囊踢傷壹處尖

圍貳寸叁分紫黯色微腫餘無故委係受傷身
死報畢親驗無異填格取結屍飭棺殮隨訊據
地保王福供與報詞同據鄰證李均棻李幗與
同供道光拾貳年柒月初肆日晚小的們與李
守桂在門首場上乘凉蔣幗啓來向李守桂索
討借用草帽李守桂說已用壞遲日買賠蔣幗
啓不依彼此爭罵李守桂撲向毆打被蔣幗啓
舉腳踢傷腎囊倒地小的們連忙勸住蔣幗啓
當時逃跑李守桂的哥子李守富趕來問明不
料李守桂傷重不多一會就死了小的們勸阻
不及是實據屍兄李守富供已死李守桂是兄
弟道光拾貳年陸月裏兄弟借用蔣幗啓草帽

未還小的曉得的本月初肆日晚小的聽聞門
外吵鬧趕出查看見兄弟李守桂受傷倒地不
一
能言語問據鄰人李均彙們說因蔣幗啓來向
兄弟索討草帽爭罵兄弟撲向毆打被蔣幗啓
舉脚踢傷腎囊的話蔣幗啓當時逃跑不料兄
弟傷重不多一會就死了小的投保報驗的求
一
緝究是實各等供據此當將鄰證等保釋催差
勒緝於本月拾玖日拏獲兇犯蔣幗啓稟解前
來隨提案研審據兇犯蔣幗啓供上元縣人年
叁拾歲本生父李德懷與本生母俱故小的於
叁歲時過房與蔣本和爲義子改從蔣姓義父
已故義母葉氏現年柒拾肆歲小的並無弟兄

妻子與已死李守桂同本姓不宗素識無嫌道
光拾貳年陸月裏李守桂借用小的草帽壹頂
屢討未還本月初肆日晚小的路過李守桂門
首見李守桂同李均菜李幗與在場上乘涼當
向索討李守桂說已用壞遲日買賠小的不依
立逼要還李守桂出言辱罵小的回罵李守桂
撲毆小的舉脚嚇踢適傷李守桂腎囊倒地小
的害怕逃避不料李守桂傷重就身死了今蒙
獲訊小的實因向李守桂索帽不給爭罵被毆
用脚嚇踢適傷致斃實非有心致死並沒在場
幫毆的人逃後也沒行兇為匪不法及知情容
留的人兇鞋現已呈案是實等供據此飭取鞋

覆核對屍傷相符傳訊質審無異將犯收禁餘人保釋錄供通詳奉批審解等因遵提覆訊除各供均與前審無異不叙外該上元縣知縣保先烈審看得縣民蔣幗啓踢傷李守桂身死壹案緣蔣幗啓籍隸上元本係李德懷之子自幼過房與蔣本和爲義子改從其姓與已死李守桂同姓不宗素識無嫌道光拾貳年陸月間李守桂借用蔣幗啓草帽壹頂屢索未還柒月初肆日晚李守桂在門前場上乘凉蔣幗啓路過向索草帽李守桂答已用壞遲日買賠蔣幗啓不依逼令即還李守桂斥詈蔣幗啓回罵李守桂撲向毆打蔣幗啓舉脚嚇踢適傷李守桂腎

囊倒地經李均菜等勸阻蔣幗啓當即逃避詎
李守桂傷重移時殞命屍兄李守富投保報縣
驗緝獲犯訴詳奉批飭審錄復提犯研鞫據供
前情不諱詰非有心致死亦無在場幫毆之人
逃後並無另犯不法暨知情容留人家矢口不
移案無遁飾查律載鬬毆殺人者不問手足他
物金刃並絞監候等語此案蔣幗啓因向李守
桂索帽爭詈被毆踢傷李守桂身死自應按律
問擬蔣幗啓合依鬬毆殺人者不問手足他物
金刃並絞律擬絞監候秋後處決李均菜等勸
阻不及應無庸議李守桂所借草帽身死免追
無干省釋屍棺飭屬領埋鞋隻隨招解驗等情

江蘇巡撫林則徐題本　審明上元縣民蔣幗啓傷斃李守桂擬絞監候

道光十二年十二月十三日

由府審解到司該江蘇按察使額騰伊提犯親
訊核擬無異解候勘
題等情招解到臣提犯親審無異該臣看得上元
縣民蔣幗啓踢傷李守桂身死一案緣蔣幗啓
籍隸上元縣本係李德懷之子自幼過房與蔣
本和爲義子改從其姓與已死李守桂同姓不
宗素識無嫌道光拾貳年陸月間李守桂借用
蔣幗啓草帽壹頂屢索未還柒月初肆日晚李
守桂在門前場上乘凉蔣幗啓路過向索草帽
李守桂答已完壞還日買賠蔣幗啓不依逼令
節還李守桂斥詈蔣幗啓回罵李守桂撲向毆
打蔣幗啓舉脚嚇踢適傷李守桂胃囊倒地經

李泃菜等勸阻蔣幗啓逃避詎李守桂傷重移
時須命屍兄李守富投保報縣驗緝獲犯訊詳
審供不諱詰非有心致死亦無在場幫毆之人
逃後並無另犯不法暨知情容留人家矢口不
移案無遁飾查律載鬬毆殺人者不問手足他
物金刃並絞監候等語此案蔣幗啓因向李守
桂索討爭詈被毆踢傷李守桂身死自應按律
問擬蔣幗啓合依鬬毆殺人者不問手足他物
金刃並絞律擬絞監候秋後處決李泃菜等勸
阻不及應無庸議李守桂所借草帽身死免追
無干省釋屍棺飭屬領埋鞋隻發回銷燬臣謹
具

題伏乞
皇上聖鑒勅下三法司核覆施行再此案審限應以
道光拾貳年柒月拾玖獲犯之日起除自縣由
府至蘇程限拾日又封印壹月連閏統應扣至
道光拾叁年正月貳拾玖日全限屆滿合並陳
明謹題請
旨

江蘇巡撫林則徐題本 審明上元縣民蔣幗啓傷斃李守桂擬絞監候

道光十二年十二月十三日

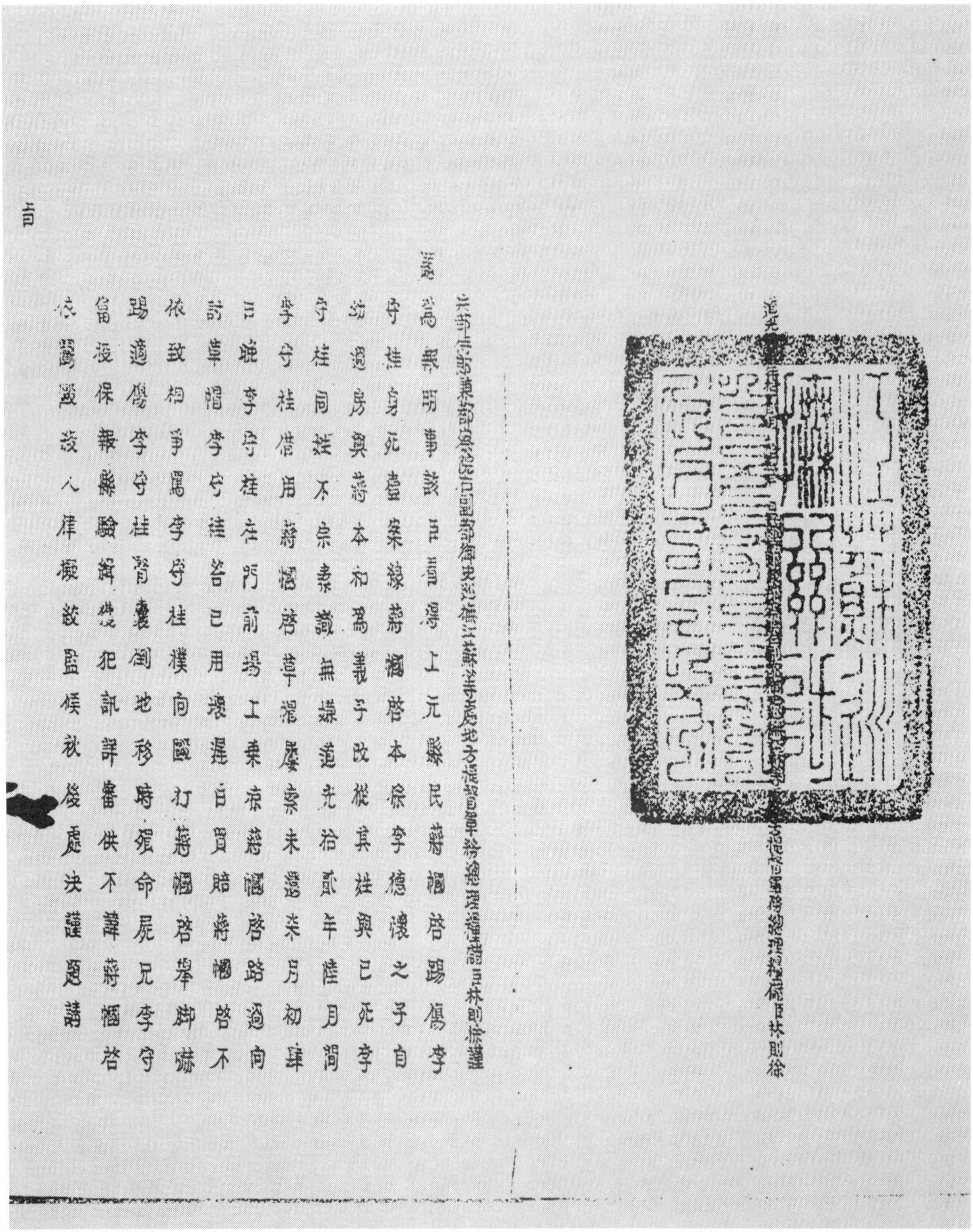

道光[illegible]方提督軍務總理糧餉臣林則徐

兵部侍郎兼都察院右副都御史巡撫江蘇等處地方提督軍務總理糧餉臣林則徐謹
題為報明事該臣看得上元縣民蔣幗啓踢傷李
守桂身死一案緣蔣幗啓本係李德懷之子自
幼過房與蔣本和為義子改從其姓與已死李
守桂同姓不宗素識無嫌道光拾貳年陸月間
李守桂借用蔣幗啓草蓆屢索未還柒月初肆
日晚李守桂在門前場上乘凉蔣幗啓路過向
討草蓆李守桂答已用壞遲日買賠蔣幗啓不
依致相爭罵李守桂撲向毆打蔣幗啓舉脚嚇
踢適傷李守桂腎囊倒地移時殞命屍兄李守
富投保報縣驗緝犯訊詳審供不諱蔣幗啓
依鬭毆殺人律擬絞監候秋後處決謹題請
旨

江蘇巡撫林則徐題本

挖隄要犯未獲奉旨降級留任謝恩

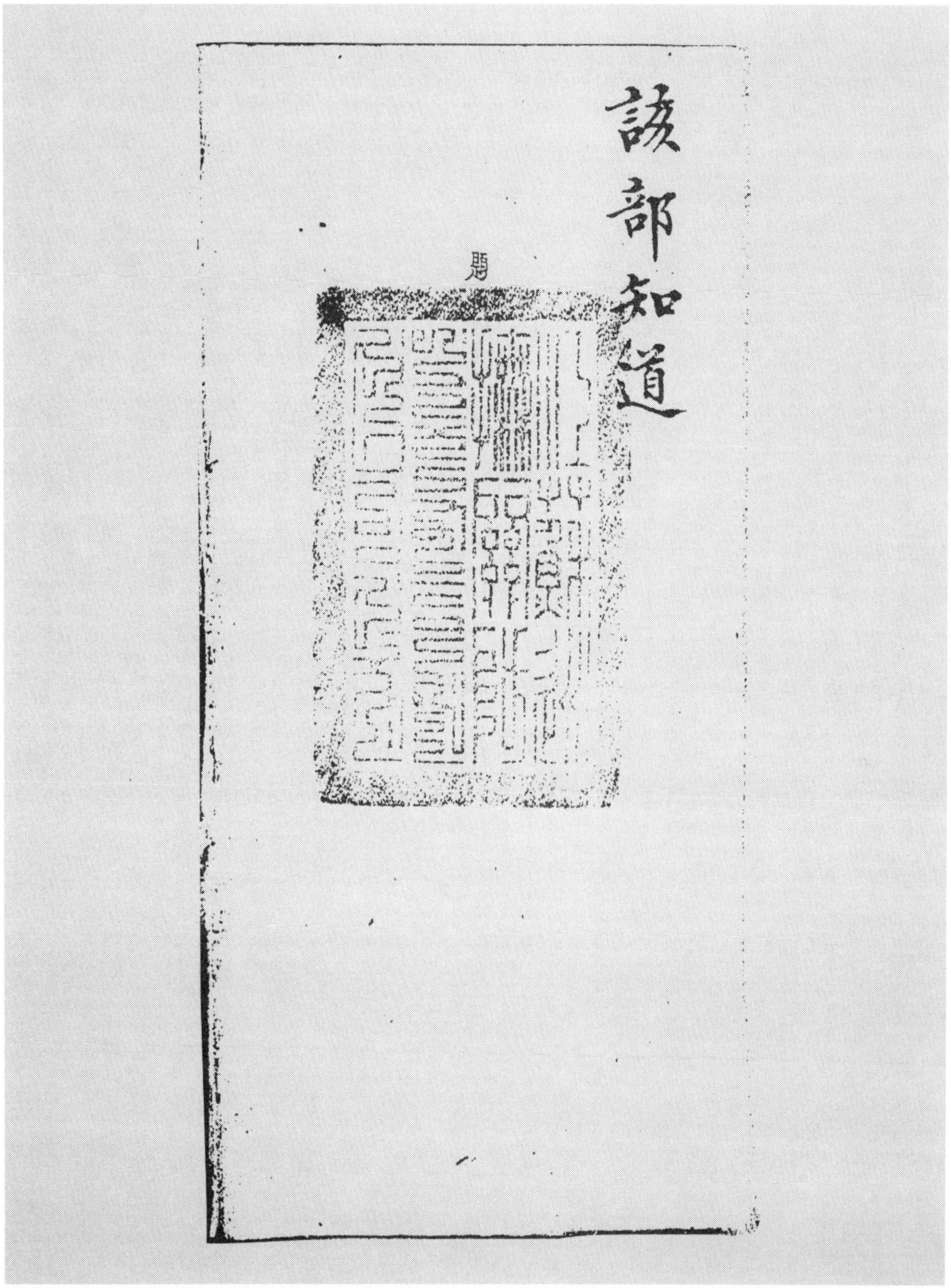
該部知道

題

道光十二年十二月二十日

江蘇巡撫林則徐題本　挖隄要犯未獲奉旨降級留任謝恩
道光十二年十二月二十日

兵部侍郎兼都察院右副都御史巡撫江蘇等處地方提督軍務總理糧儲臣林則徐謹

題為恭謝

天恩事竊本年捌月內接准河臣咨會桃源縣龍窩

汛有奸民盜決河堤壹案維時臣正在江寧辦

理文闈監臨事務立即

奏明將文闈事宜交藩司趙盛奎代辦臣由江寧

起程馳赴淮揚查看水勢並至清江親督該府

縣拏獲要犯趙步堂張開太等正在飭提解審

適

欽差穆彰阿暨臣陶澍先後抵浦臣即遵

旨將全案犯證移交審辦嗣因要犯陳端陳堂陳光

南等未獲部議將臣降肆級調用奉

旨林則徐加恩改爲降伍級留任等因欽此伏念臣

職任封圻於此等盜決河防重案未能將要犯

飭屬立時捕獲又未及先提各犯親審部議降

調洵屬咎所應得迺荷

聖主逾格優容

予以留任聞

命之下感悚難名所有此案逸犯陳堂陳欽陳光南

等業經先後緝獲

奏明在案臣惟當嚴飭各屬務將首犯陳端迅速

拏獲歸案審辦斷不敢稍有疏懈所有臣感愧

下忱理合恭疏具

題叩謝

天恩伏乞

皇上聖鑒謹具題

聞

道光十二年十二月二十日兵部右侍郎兼都察院右副都御史巡撫江蘇等處地方提督軍務總理糧餉臣林則徐

江蘇巡撫林則徐題本　挖隄要犯未獲奉旨降級留任謝恩
道光十二年十二月二十日

兵部侍郎兼都察院右副都御史巡撫江蘇等處地方提督軍務總理糧儲臣林則徐謹
題爲恭謝
天恩事竊桃源縣龍窩汛奸民盜決河堤壹案要犯
陳端陳堂陳光南等未獲部議將臣降肆級調
用奉
旨林則徐加恩改爲降伍級留任等因欽此伏念臣
職任封圻於此等盜決河防重案未能將要犯
立時捕獲又未及先提親審部議降調洵屬咎
所應得遇荷
聖主逾格優容
予以留任聞
命之下感悚難名所有陳堂陳欽陳光南等業經續
獲
奏明在案臣惟當嚴督各屬務將首犯陳端迅速
拏獲歸案審辦斷不敢稍有疏懈所有臣感愧
下忱理合恭疏具
題叩謝
天恩謹具題
聞

江蘇巡撫林則徐題本　**查報續完蘇松等屬道光十一年前舊欠錢糧**

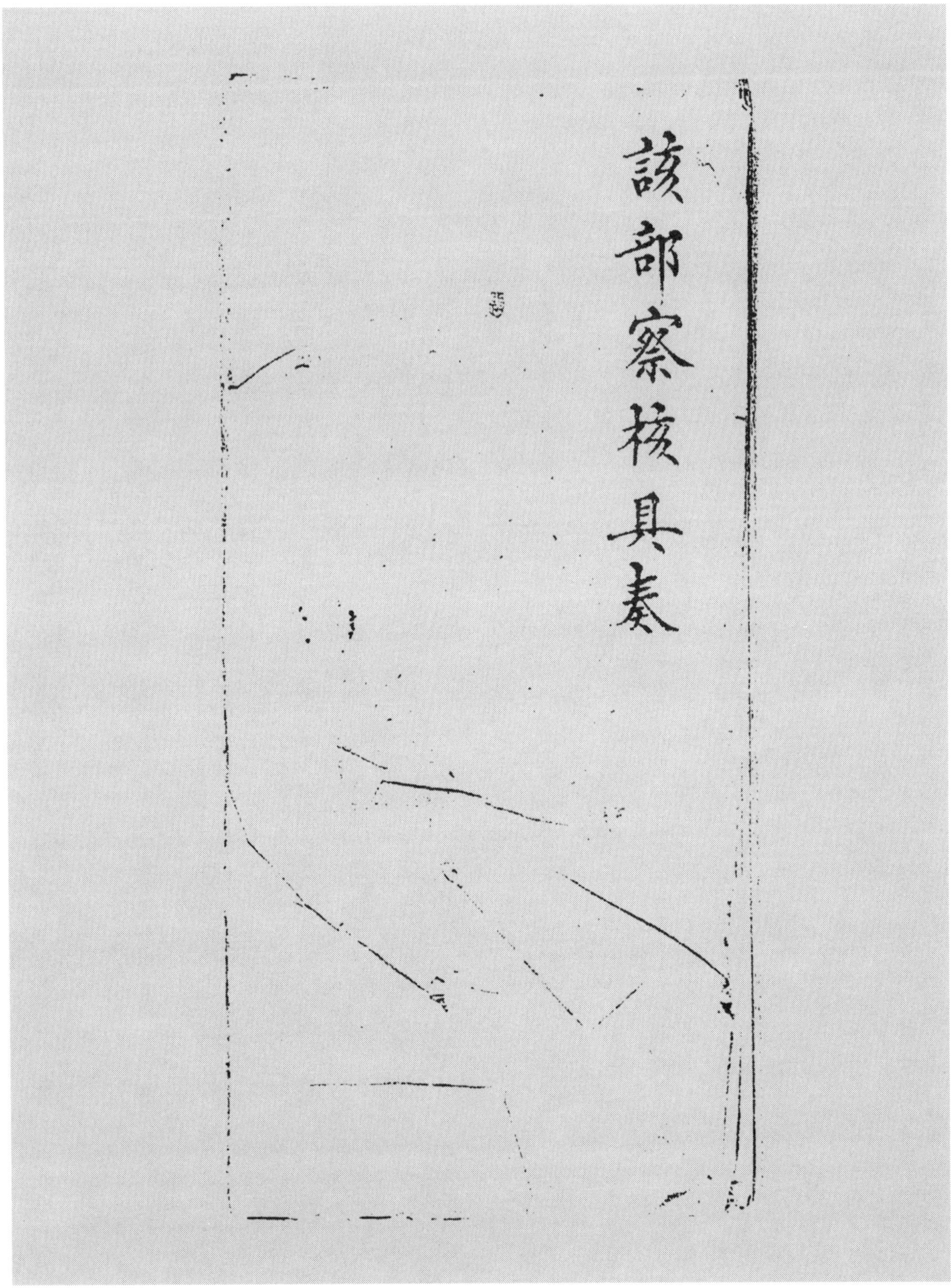
該部察核具奏

江蘇巡撫林則徐題本　查報續完蘇松等屬道光十一年前舊欠錢糧
道光十二年十二月二十日

兵部侍郎兼都察院右副都御史巡撫江蘇等處地方提督軍務總理糧儲臣林則徐謹
題爲查報道光拾壹年以前舊欠錢糧完欠事據
蘇州布政使陳鑾詳稱案照部奏准嗣後奏
銷現年錢糧之時將歷年未完項下續完若干
仍未完若干并動用存貯各數目分別彙造清
冊另繕題本隨本年奏銷一并具
題等因奉經遵照在案今道光拾壹年地丁等項
錢糧業經造冊詳
題所有蘇松等屬道光拾年奏銷案內未完地丁
江寧雜稅乙折等項銀米又道光拾年隨奏案
內未完地丁等項款計共該正銀陸拾肆萬柒
千捌百叁拾陸兩陸錢壹分肆釐耗羨銀肆萬

肆千玖百伍拾壹兩玖錢叁分陸釐自道光拾
壹年正月起至年底止已完正銀貳萬貳千壹
百叁拾貳兩捌錢肆分貳釐耗羨銀叁千伍百
柒拾陸兩柒錢伍分肆釐又各上司分賠前任
丹徒縣王臺虧缺庫項追存外省藩庫蘇省詳
咨登銷原缺道光叁肆伍等年地丁正銀叁千
壹百貳拾兩肆錢叁分伍釐耗羨銀柒拾兩柒
錢陸分陸釐以上共完正銀貳萬伍千貳百伍
拾叁兩貳錢柒分柒釐耗羨銀叁千陸百肆拾
柒兩伍錢貳分乃未完各款正銀陸拾貳萬貳
千伍百捌拾叁兩叁錢叁分柒釐耗羨銀肆萬
壹千叁百肆兩肆錢壹分陸釐所有未完正耗

省下因災蠲緩并災日應徵及前任分徒縣王
臺虧款又咨追得來應追失察暨匠侵虧餘
銀挪款正款奉部行令歸原參人員追賠各
年款項於遵奏總數開內分晰登報查考其未
完道光拾壹年以前應行帶徵各年南米壹萬
柒千壹百玖拾陸石叁斗玖升柒合壹勺本色
豆柒拾叁石伍斗伍升陸合柒勺折價豆叁百
陸拾伍石肆斗陸升壹合叁勺加至道光拾壹
年年底已徵完米叁千捌百貳拾陸石陸斗叁
升肆合叁勺仍未完米壹萬叁千叁百陸拾玖
石柒斗陸升貳合捌勺本色豆柒拾叁石伍斗
伍升陸合柒勺折價豆叁百陸拾伍石肆斗陸

升壹合叁勺相應照例截至道光拾壹年年底
分别已未完款動存各數分析造冊詳候具
題至各屬未完銀兩自道光拾貳年正月初壹日
起至伍月底續據完解道光拾年地丁正銀貳
千伍百叁拾捌兩叁分肆釐耗羨銀壹百貳拾
陸兩玖錢貳釐所有動存各數統於下屆隨
奏案內造報查前項未完銀兩除本年伍月底續
據完解外尚該未完各款正銀陸拾貳萬肆拾
伍兩叁錢叁釐耗羨銀肆萬壹千壹百柒拾柒
兩伍錢壹分肆釐此項未完銀內各年地丁江
蘇學租屯折正耗銀兩係有因災展緩舊欠之
項現於隨

江蘇巡撫林則徐題本　查報續完蘇松等屬道光十一年前舊欠錢糧　道光十二年十二月二十日

奏冊內照案分晰聲明其餘應行催徵款目各款
現仍飭催完解統於下屆冊內造報再嘉慶貳
拾貳年以前銀米俱已全完並註銷清結無需
造報合並聲明等情前來臣復查得奏銷現年
地丁錢糧之時例應將歷年未完項下續完仍
欠各數分晰造冊另繕題本隨本年奏銷一併
具
題今據蘇州布政使陳鑾詳稱道光拾壹年地丁
等項錢糧業經造冊詳
請所有蘇松等屬道光拾年奏銷案內未完地丁
在廟雜稅七折等項銀米又道光拾年隨奏案
內未完地丁等項共該正銀壹拾肆萬柒千捌

百叁拾陸兩零耗羨銀肆萬肆千玖百伍拾壹
兩零自道光拾壹年正月起至年底已完并各
上司分賠前任丹徒縣王臺齡缺庫項追存外
省藩庫蘇省辭咨登銷原缺道光叁肆伍等年
地丁共銀貳萬伍千貳百伍拾叁兩零耗羨銀
叁千陸百肆拾柒兩零仍未完各款正銀陸拾
貳萬貳千伍百捌拾叁兩零耗羨銀肆萬壹千
叁百肆兩零所有未完正耗項下因災遞緩并
熟田應徵及前任丹徒縣王臺齡缺又豁免楊
東忠應賠未奏銀匠侵虧條銀挪款正款奉部
行令取歸原經人員追賠各年款現於隨奏總
款冊內分晰登報查考其未完道光拾壹年以

江蘇巡撫林則徐題本　查報續完蘇松等屬道光十一年前舊欠錢糧
道光十二年十二月二十日

前應行帶徵各年南米壹萬柒千壹百玖拾陸
石零本色豆柒拾叁石零折價豆叁百陸拾伍
石零扣至道光拾壹年年底已徵完米叁千捌
百貳拾陸石零仍未完米壹萬叁千叁百陸拾
玖石零本色豆柒拾叁石零折價豆叁百陸拾
伍石零分別已未完款動存各數分晰造冊詳
題并聲明各屬未完銀兩自道光拾貳年正月初
壹日起至伍月底續經完解道光拾年地丁正
銀貳千伍百叁拾捌兩零耗羨銀壹百貳拾陸
兩零所有動存各數統於下屆造
奏案內造報尚該未完各款正銀陸拾貳萬肆拾
伍兩零耗羨銀肆萬壹千壹百柒拾柒兩零此

項未完銀內各年地丁扛脚學租屯折正耗銀

兩將旨已現是將舊欠之項現於繕

奏冊內照案分晰聲明其餘應行催徵款目各款

現仍飭催完解統於下屆冊內造報再嘉慶貳

拾貳年以前錢米俱已全完並註銷清結無需

造報等情前來臣覆核無異除冊送部查核外

相應具

題伏乞

皇上聖鑒勅部查核施行謹具題

聞

江蘇巡撫林則徐題本　查報續完蘇松等屬道光十一年前舊欠錢糧

道光十二年十二月二十日

道光拾貳年拾貳月貳拾日　兵部侍郎兼都察院右副都御史巡撫江蘇等處地方提督軍務兼理糧儲臣林則徐

兵部侍郎兼都察院右副都御史巡撫江蘇等處地方提督軍務兼理糧儲臣林則徐謹
題爲查報道光拾壹年以前舊欠錢糧完欠事該
臣查得奏銷現年地丁錢糧之時例應將歷年
未完須下續完乃欠各數分晰造冊另繕題本
隨本年奏銷一并具
題今據蘇州布政使梁章鉅將蘇松等屬道光拾
年奏銷又拾年隨奏案內未完地丁等款共款
正銀陸拾肆萬柒千捌百叁拾陸兩零耗羨銀
肆萬肆千玖百伍拾壹兩零自道光拾壹年正
月起至年底已完并各上司分賠前任丹徒縣
王壹龍繳庫項追存外省藩庫撫省詳咨登銷
原欠道光叁肆伍等年地丁共銀貳萬伍千貳
百伍拾叁兩零耗羨銀叁千陸百肆拾柒兩零
仍未完各款正銀陸拾貳萬貳千伍百捌拾叁
兩零耗羨銀肆萬壹千叁百柒兩零其未完道

光拾壹年以前應行帶徵各年南米壹萬柒千
壹百玖拾陸石零本色豆柒拾叁石零折價豆
叁百陸拾伍石零內至道光拾壹年年底已徵
完米叁千捌百貳拾陸石零仍未完米壹萬叁
千叁百陸拾玖石零本色豆柒拾叁石零折價
豆叁百陸拾伍石零造册詳
題并聲明各屬未完銀兩自道光拾貳年正月初
壹日起至伍月底續完銀兩動存各數統於下
屆造
奏案內造報前該未完各款正銀陸拾貳萬肆拾
伍兩零耗羨銀肆萬壹千壹百柒拾柒兩零緣
有因災展緩舊欠之項現於隨
奏冊內照案分晰聲明其餘應行催徵熟田各款
現仍催解造報等情前來臣覆核無異除冊送
部外謹具題
聞

江蘇巡撫林則徐題本

題報前任蘇州布政使桂良任內經手錢糧盤查無虧

該部察核具奏

江蘇巡撫林則徐題本　題報前任蘇州布政使桂良任內經手錢糧盤查無虧

道光十二年十二月二十日

兵部左侍郎兼都察院右副都御史巡撫江蘇等處地方提督軍務總理糧儲臣林則徐謹
題為飭查司庫交代錢糧事。據蘇州布政使陳鑾
詳稱：竊照司庫交代錢糧例限兩月盤查結報
今查前任藩司桂良自道光拾貳年捌月拾玖
日到任起至拾月初壹日卸事前壹日止計舊
管接收前署藩司額騰伊交代存庫銀壹百柒
拾壹萬伍千伍百貳拾叁兩肆分柒釐，錢伍串
叁百伍拾文，新收各項銀玖拾陸萬叁千捌百
陸拾壹兩壹錢叁分，餉錢貳萬柒千壹百捌拾
伍串柒百陸拾伍文，以上管收貳項共銀貳百
陸拾柒萬玖千叁百捌拾肆兩壹錢柒分柒釐，
錢貳萬柒千壹百玖拾壹串壹百壹拾伍文。開

除共放銀柒拾萬陸千捌百捌拾兩柒錢伍分
伍釐餉錢貳萬柒千壹百捌拾伍串柒百陸拾
伍文實在應存庫銀壹百玖拾柒萬貳千伍百
叁兩肆錢貳分貳釐錢伍串叁百伍拾文又實
蘇局庫計舊管接收前署藩司賴鵬伊交代存
貯局庫正項銅鉛錫斤共貳百壹拾肆萬陸千
伍百伍斤玖兩壹錢貳分新收銅肆千斤開除
共放銅鉛肆拾壹萬叁千伍百伍拾捌斤肆兩
實在存貯局庫正項銅鉛錫斤共壹百柒拾叁
萬陸千玖百肆拾柒斤伍兩壹錢貳分又舊管
接收前署藩司賴鵬伊交代存貯局庫部頒乾
隆嘉慶道光制樣母錢各壹文共玖文餉錢叁

萬貳千陸百肆拾陸串陸百肆拾捌文餘平銅
鉛改鑄制錢叁千陸百叁拾伍串伍百柒拾玖
文新收錢叁萬壹千玖百玖拾肆串捌百捌拾
文開除共放錢叁萬壹千玖百肆拾壹串貳百
貳拾壹文實在存貯局庫部頒乾隆嘉慶道光
制樣母錢各壹文共玖文餘錢叁萬貳千柒百
串叁百柒文餘平銅鉛改鑄制錢叁千陸百叁
拾伍串伍百柒拾玖文俱經盤兌清楚並無虧
缺理合轉造交盤四柱冊結詳送加結保
題再此案交代應自道光拾貳年拾月初壹日本
任藩司陳鑾到任之日起扣至道光拾貳年拾
壹月叁拾日兩箇月限滿今於限內查清結報

並未逾違合並聲明等情據此該臣查得前任
蘇州布政使桂良經手錢糧案經檄飭查明交
代去後今據蘇州布政使陳鑾詳稱前任藩司
桂良自道光拾貳年捌月拾玖日到任起至拾
月初壹日卸事前壹日止計舊管接收前署藩
司額騰伊交代存庫銀壹百柒拾壹萬伍千伍
百貳拾叁兩零錢伍串叁百伍拾文新收各項
銀玖拾陸萬叁千捌百陸拾壹兩零餉錢貳萬
柒千壹百捌拾伍串柒百陸拾伍文以上管收
貳項共銀貳百陸拾柒萬玖千叁百捌拾肆兩
零錢貳萬柒千壹百玖拾壹串壹百壹拾伍文
開除共放銀柒拾萬陸千捌百捌拾兩零餉錢

貳萬柒千壹百捌拾伍串柒百陸拾伍文實在
應存庫銀壹百玖拾柒萬貳千伍百叁兩零錢
伍串叁百伍拾文又寶蘇局庫計舊管接收前
署藩司顧鷴伊交代存貯局庫正項銅鉛錫斤
共貳百壹拾肆萬陸千伍百伍斤零新收銅肆
千斤開除共放銅鉛肆拾壹萬叁千伍百伍拾
捌斤零實在存貯局庫正項銅鉛錫斤共壹百
柒拾叁萬陸千玖百肆拾柒斤零又舊管接收
前署藩司顧鷴伊交代存貯局庫部頒乾隆嘉
慶道光制樣母錢各壹文共玖文餉錢叁萬貳
千陸百肆拾陸串陸百肆拾捌文餘平銅鉛改
鑄制錢叁千陸百叁拾伍串伍百柒拾玖文新

江蘇巡撫林則徐題本　題報前任蘇州布政使桂良任內經手錢糧盤查無虧　道光十二年十二月二十日

收錢叁萬壹千玖百玖拾肆串捌百捌拾文開
除共放錢叁萬壹千玖百肆拾壹串貳百貳拾
壹文實在存貯局庫部頒乾隆嘉慶道光制樣
毋錢各壹文共玖文餉錢叁萬貳千柒百串叁
百柒文餘平銅鉛改鑄制錢叁千陸百叁拾伍
串伍百柒拾玖文俱經盤兌清楚轉造交代四
柱冊結詳送保
題并聲明此案交代於限內造報等情前來臣親
往盤查無異除加結同送到交代冊結分送部
科外相應具
題伏乞
皇上聖鑒敕部核覆施行謹題請

江蘇巡撫林則徐題本　題報前任蘇州布政使桂良任内經手錢糧盤查無虧
道光十二年十二月二十日

江蘇巡撫林則徐題本　題報前任蘇州布政使桂良任內經手錢糧盤查無虧　道光十二年十二月二十日

兵部侍郎兼都察院右副都御史巡撫江蘇等處地方提督軍務總理糧儲臣林則徐謹

題為飭查司庫交代錢糧事。該臣查得前任蘇州布政使桂良經手錢糧案，經檄飭查明交代去後，今據蘇州布政使陳鑾詳稱：前任藩司桂良任內實在應存庫銀壹百玖拾柒萬貳千伍百叁兩零，錢伍串叁百伍拾文；又經管寶蘇局庫實在存貯正項銅鉛錫斤共壹百柒拾叁萬陸千玖百肆拾柒斤伍兩零；又實在存貯局庫部頒乾隆、嘉慶、道光制樣母錢各壹文，共玖文；餉錢叁萬貳千柒百串叁百柒文；餘平銅鉛改鑄制錢叁千陸百叁拾伍串伍百柒拾玖文，俱經盤兌清楚，轉造交盤四柱冊結詳送保

題前來。臣親往盤查無異，除加結同送到冊結分送部科外，謹題請

旨

江蘇巡撫林則徐題本　**審明海州州民張泳貴傷斃周成得擬絞監候**

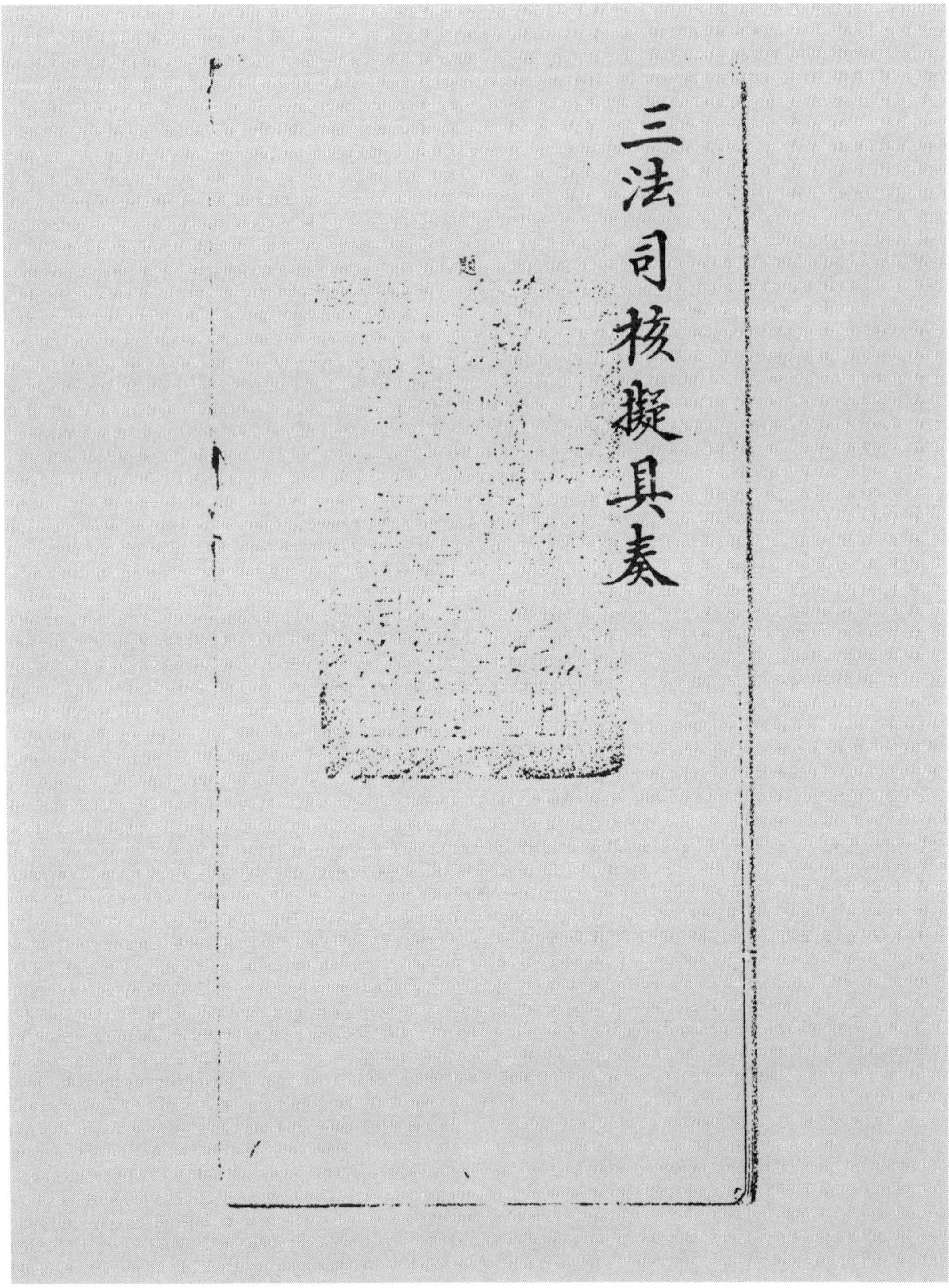
三法司核擬具奏

題

江蘇巡撫林則徐題本　審明海州州民張泳貴傷斃周成得擬絞監候
道光十二年十二月二十日

兵部侍郎兼都察院右副都御史巡撫江蘇等處地方提督軍務總理糧儲臣林則徐謹
題爲報驗事據江蘇按察使祜騰伊詳准淮海道
文轉據署海州知州伍家榕詳稱道光拾貳
年柒月初陸日據地保魯培稟據民人周大興
投稱柒月初伍日張泳貴向伊子周成得索欠
爭毆周成得被張泳貴戳傷身死等語往查屬
實理合報驗等情並據周大興報同前由到州
時值卑職伍家榕因另案赴東南鄉相驗公出
飭委贛榆縣代驗去後旋據贛榆縣徐林春申
稱遵即帶領吏仵前詣屍所如法相驗據海州
仵作周玉贛榆縣仵作王榮喝報已死周成得
問年叁拾貳歲驗得仰面致命胸膛左刃傷壹

處斜長壹寸壹分寬叁分深透內皮縮血污訖
無故委係受傷身死報畢親驗無異飭起兇器
小刀比對屍傷相符填格取結屍飭棺殮訊據
各供張泳貴委因向周成得索欠爭毆將周成
得戳傷身死屬實又驗得張泳貴左臁肕木器
傷貳處填單附卷相應將人卷兇刀申解訊辦
等情到州隨提犯、證訊據地保魯培供與報詞
同據鄰證劉朋生供周成得曾借張泳貴錢貳
百文未還道光拾貳年柒月初伍日傍晚時候
張泳貴向周成得索討前欠周成得無錢懇緩
張泳貴不依周成得村斥薄情彼此爭吵周成
得順拾木棍打傷張泳貴左臁肕張泳貴奪棍

周成得把棍撩棄扭住張泳貴髮辮往下撳按
張泳貴拔出身佩小刀嚇戳致傷周成得胷膛
主倒地小的看見趕上勸散把周成得扶送回
家不料周成得傷重停了一會就死了並沒別
故小的勸阻不及是實據屍父周大與供周成
得是兒子與張泳貴鄰好無嫌兒子曾借張泳
貴錢貳百文未還小的是知道的道光拾貳年
柒月初伍日傍晚時候張泳貴和何向兒子索
討前欠兒子無錢懇緩張泳貴不依兒子斥他
薄情彼此爭吵兒子被張泳貴戳傷小的先不
知道後經劉朋生勸散把兒子扶回纔聽得的
不料兒子傷重停了一會就死了小的投保報

驗的並沒起釁別故尋究詰據兇犯張泳貴供
海州人年貳拾叁歲父親張自岡母親趙氏兩
箇哥子小的娶妻馮氏沒生子女與周成得鄰
好無嫌道光拾貳年伍月初閒周成得向小的
借錢貳百文未還本月初伍日傍晚時候小的
向周成得索討前欠周成得無錢懇緩小的不
依周成得斥說小的薄情彼此爭吵周成得拾
取木棍打了小的左膁肕兩下小的趕攏奪棍
周成得把棍撩棄扭住小的髮辮往下搇按小
的情急順拔身佩小刀往上嚇戳適傷周成得
胷膛左倒地經劉朋生勸散把周成得扶送回
家不料周成得傷重停了一會就死了並非有

心欲殺也沒起釁別故及在場幫毆的人小刀
已經起案是實各等供據此將犯收禁餘俱省
釋兇刀貯庫該供通詳蒙批飭審查驗張泳貴
傷已平復遵提犯證覆鞫除各供均與前審無
異不敘外該署海州知州伍家榕審看得民人
張泳貴戳傷周成得身死壹案緣張泳貴籍隸
海州與周成得鄰好無嫌道光拾貳年伍月周
成得向張泳貴借錢貳百文未償本月初伍日
傍晚張泳貴向周成得索討前欠懇緩不允周
成得斥其薄情彼此爭吵周成得順拾木棍毆
傷張泳貴左臁肕張泳貴起攏奪棍周成得將
棍撩棄扭住張泳貴髮辮往下捺按張泳貴情

急喻按身佩小刀向上嚇戳適傷周成得胸膛
左倒地經劉朋生勸散將周成得扶送回家詎
周成得傷重移時殞命投保報州時值卑職公
出飭委贛榆縣徐林春驗訊填格申州訊供通
詳奉批飭審遵復提犯研鞫據供前情不諱詰
非有心欲殺亦無起釁別故及在場幫毆之人
案無遁飾查律載鬬毆殺人者不問手足他物
金刃並絞監候等語此案張泳貴用刀戳傷周
成得身死應按律問擬張泳貴合依鬬毆殺人
者不問手足他物金刃並絞律擬絞監候秋後
處決劉朋生勸阻不及應無庸議周成得所欠
錢文身死勿徵屍棺飭屬領埋無干省釋兇刀

江蘇巡撫林則徐題本 審明海州州民張泳貴傷斃周成得擬絞監候
道光十二年十二月二十日

解驗等情由道審解到司該江蘇按察使翁騰
伊提犯親審核擬無異解候勘
題等情詳解到臣提犯親審無異該臣看得海州
民張泳貴戳傷周成得身死壹案緣張泳貴籍
隸海州與周成得鄰好無嫌道光拾貳年伍月
周成得向張泳貴借錢貳百文未償是月初伍
日傍晚張泳貴向周成得索討前欠懇緩不允
周成得斥其薄情彼此爭吵周成得順拾木棍
毆傷張泳貴左臁肕張泳貴趕攏奪棍周成得
將棍撩棄扭住張泳貴髮辮往下按捺張泳貴
情急順拔身佩小刀向上嚇戳適傷周成得胸
膛左倒地經劉朋生勸散將周成得扶送回家

江蘇巡撫林則徐題本　審明海州州民張泳貴傷斃周成得擬絞監候

道光十二年十二月二十日

詎周成得傷重移時殞命報驗訊詳審供不諱
詰非有心欲殺亦無起釁别故及在場幇毆之
人案無遁飾查律載鬭毆殺人者不問手足他
物金刃並絞監候等語此案張泳貴用刀戳傷
周成得身死應按律問擬張泳貴合依鬭毆殺
人者不問手足他物金刃並絞律擬絞監候秋
後處決劉朋生勸阻不及應無庸議周成得所
受錢文身死勿徵屍棺飭埋無干省釋兇刀發
回貯庫臣謹具
題伏乞
皇上聖鑒勅下三法司核覆施行再此案審限陸箇
月應以道光拾貳年柒月初陸報官之日起除

自州由道解司程限貳拾壹日又封印壹月連
閏統應扣至拾叁年正月貳拾柒日全限屆滿
合並陳明謹題請
旨

道光拾貳年拾貳月貳拾日 兵部右侍郎兼都察院右副都御史巡撫江蘇等處地方提督軍務總理糧儲臣林則徐

江蘇巡撫林則徐題本　審明海州州民張泳貴傷斃周成得擬絞監候

道光十二年十二月二十日

兵部侍郎兼都察院右副都御史巡撫江蘇等處地方提督軍務總理糧儲臣林則徐謹

題爲報驗事該臣看得海州民張泳貴戳傷周成
得身死一案緣張泳貴與周成得鄰好無嫌道
光拾貳年伍月間周成得向張泳貴借錢貳百文
未償本月初伍日傍晚張泳貴向索前欠周成
得懇緩不允斥其薄情彼此爭吵周成得順拾
木棍毆傷張泳貴左膁肋張泳貴起擨奪棍周
成得棄棍扭住張泳貴髮辮揿按張泳貴情急
順拔身佩小刀嚇戳適傷周成得胷膛左倒地
移時殞命報驗訊詳審供不諱張泳貴依鬭毆
殺人律擬絞監候秋後處決謹題請

旨

上諭 林則徐奏劉河鎮江兩營駐劄歉收地方著循例借支銀米

道光十二年十二月二十六日內閣奉
上諭林則徐奏駐劄歉收地方營兵循例借支銀米一摺江蘇劉河鎮江兩營駐劄歉收地方據該撫查明米糧昂貴兵丁買食維艱請循例借支糧餉銀米著照所請劉河營准其借支一季糧餉銀米鎮江營准其借支一季餉銀劉河鎮江兩營共借兵餉銀五千九百五十一兩零劉河營兵糧米六百一十二石准其從道光十三年春季為始同上屆未扣一半舊欵統計勻分八季扣還歸欵餉銀著在司庫地丁正項銀內動給兵糧米石于各屬南米內動撥該部知道欽此

江蘇巡撫林則徐奏片　遵旨查禁州縣浮收情形

○林則徐片

再，臣承准軍機大臣字寄欽奉

上諭：有人奏江蘇浙江近年浮收之弊日甚一日，即如湖州府

所屬之烏程、歸安兩縣，烏程歲征地丁銀十一萬六千兩有奇，

歸安歲征地丁銀十萬四千兩有奇，該縣僅令鄉民自封投

櫃之事，按條折收錢文，現在市價庫平紋銀一兩約計合

制錢一千二三百文，而赴縣交納者，則庫平紋銀一兩需

制錢二千四五百文之多，官吏侵漁，閭閻被累。其他府所屬，惟

山僻小縣間或聽民自封投櫃，至較大州縣，浮收勒折，

習為固然，牢不可破。浮收既甚，則應完正課轉多不敷，致

多積欠，是地方官便私適以誤公，而累民即以病國等語。

各州縣官征收，本自應遵功令，聽民自封投櫃，俾得

顯違例禁任意浮收以小民有限之脂膏供官吏無窮之
朘削日甚一日伊于何底著林則徐等嚴禁該屬各州縣違例
浮收倘敢仍蹈故轍即行指名嚴參示懲總當極力挽回不可
稍存畏難之見如各州縣中以時有前項情弊再不嚴行懲
必州縣更無所畏矣勉之慎之將此各諭令知之欽此伏查
州縣征收本折錢糧民間因封投櫃歷經札飭各屬照例收納
不許浮多累民計較錙銖如地方官任意浮收亦許
告發臣到蘇以來凡有上控呈詞控係訛收糧銀多者
指告浮收者非之要案等李
諭旨又經通飭欽遵嚴行申禁一面密加訪察尚無前項
情弊惟花戶殷疲不一城鄉風俗各殊殷戶非欲較
多力能以整錠足銀完納自省易換之煩惟小戶畸零

是不能不以米易銀，如或銀色低潮，錢價不按市補足，且鄉
間日用市平，有以七八百文為一串者，里居雖稱一串，其實不足
千文，以之易換足銀，自須核實計算，然亦必至每兩已
串數百文之多。伏思征收米折，乃州縣考成所繫，浮收
既甚，勢必完納不前，州縣中之因虧參處者，常因不
敢圖私議，云錢糧等事，設有不肖官吏，隨年陰遏而
飭下各吏，自當明查暗訪，立予劾參，斷不敢稍存畏
葸之見，務使州縣浮收盡返
功令，閭閻蹋躍輸將，以仰副我
皇上訓誡諄諄之至意。謹將查禁緣由附片具陳，伏祈
聖鑒。謹
奏。

江蘇巡撫林則徐奏片　遵旨查禁州縣浮收情形
道光十二年十二月二十六日

道光十二年十二月二十六日奉
硃批該部知道了欽此

江蘇巡撫林則徐清單

道光十二年江蘇省司道府各員居官考語清單

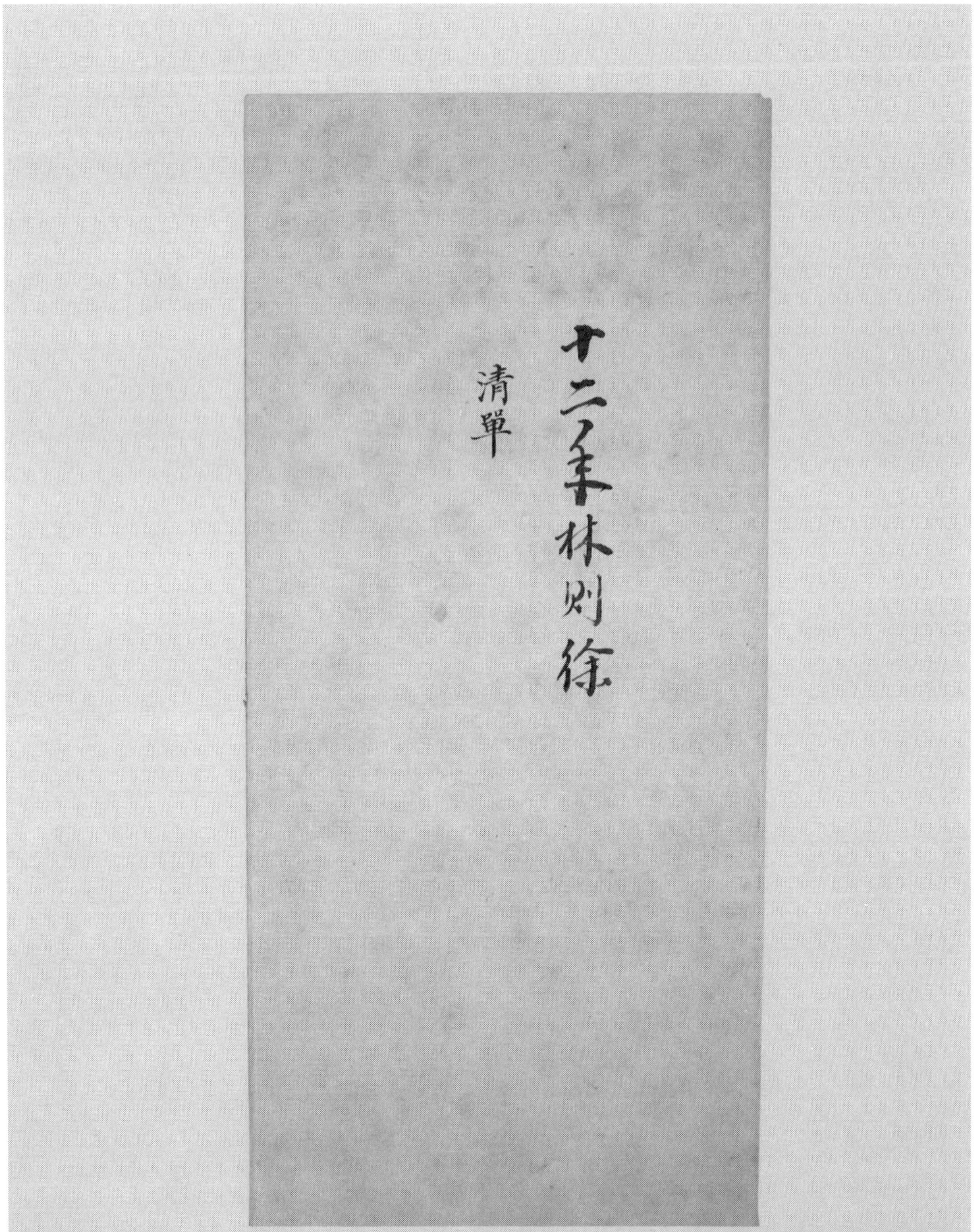

谨将江苏省司道府各员居官考语手缮清单

恭呈

御览

計開

江寧布政使趙盛奎現年五十三歲直隸拔貢

勤練靜細辦事秉公吏治頗資整頓

蘇州布政使陳鑾現年四十七歲湖北進士

才情極其開展奉行一切敏捷周詳允為得力

江蘇按察使額騰伊現年五十九歲正白旗蒙古廕生

持廉不苟守正不阿諸事認真頗為屬員所憚

江安督糧道周繼炘現年六十三歲順天人祖籍浙江舉人

循分安詳年越六旬精神素健仍須隨時察看

蘇松督糧道陶廷杰　現年四十四歲貴州進士
質厚器沉頗能不動聲色於縣幫亦無偏徇
江寧鹽法道祿謙　現年五十三歲正藍旗滿洲舉人
達理平情清明不刻屢署藩臬安貼安詳
蘇松太道吳其泰　現年四十三歲河南進士
公事極肯講求性不詭隨仍宜濟以涵養
常鎮通海道王瑞徵　現年四十七歲直隸進士
精練勤明守嚴才裕結實可靠不僅熟悉刑名
淮海道文麟　現年四十三歲正藍旗滿洲舉人
該道所管河工事多地方事少故未深試而察
其器局當是向上之才
淮揚道王貽象　現年六十一歲山東附生

河工老手地方事務亦能勤慎奉行

徐州道李國瑞　現年五十一歲河南舉人

器局寬偉性直敢言遇事頗有主見

江寧府知府王青蓮　現年五十四歲貴州進士

該員前為知縣才優於德瑜不掩瑕自膺方

面之任愛惜聲名辦理刑錢允為老練

蘇州府知府劉鴻翱　現年四十八歲山東進士

端方清直除莠安良外貌似粗用心實細

松江府知府沈兆澐　現年四十四歲直隸進士

妥慎勤明於海疆漸能熟悉

常州府知府汪河　現年四十八歲江西進士

到任甫逾三月而愛民懇懇已有循聲現因

安徽寧國府迴避之缺經督臣奏請對調
鎮江府知府黃在厚 現年五十九歲山東貢生
質樸安詳久任江蘇情形甚熟
淮安府知府周燾 現年四十七歲貴州貢生
精明强幹前在桃源縣任內官聲較著於淮
郡為宜

上諭　林則徐奏勘江蘇徒陽運河動支興挑著准以租息銀兩抵用並動支庫款

道光十三年正月十三日内閣奉

上諭林則徐奏勘估徒陽運河請動款興挑一摺江蘇徒陽運河為江浙漕船經由要道現屆六年大挑據該撫查明上年存水尺寸較往年有贏無絀請暫緩大挑仍作小挑所有丹徒縣境内自江口起至丹徒橋上止應挑之工計長三千七百六十五丈又江口壩外及各段内均有陽灘挺礙河心共長八百九十丈應行估切又江口壩外淤灘工二十丈應行罱撈共估需銀一萬三十一兩零著照所請准將樂生洲徵存租息銀兩抵用其不敷銀八千一百九十兩零即在司庫存公等款内動支給辦該撫即責成該道府親駐工所嚴督各工委

負認真挑撈迅速蕆事工竣該撫親往覈實驗收
倘有查有寬深丈尺與原估不符即行據實參辦
毋稍姑容該部知道欽此

江蘇巡撫林則徐題本

題明蘇州府總捕同知喬如齡病故日期

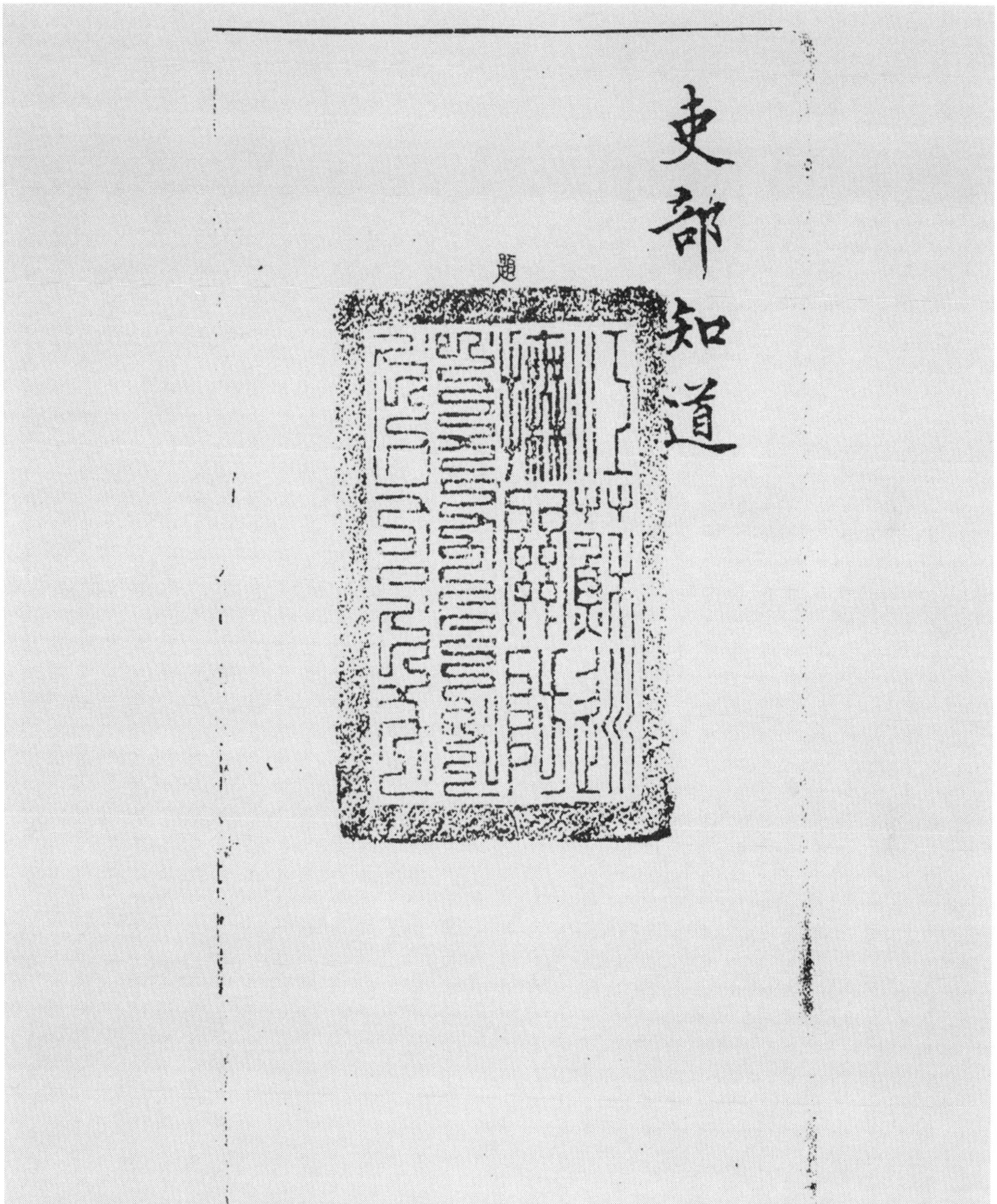

江蘇巡撫林則徐題本　題明蘇州府總捕同知喬如齡病故日期
道光十三年正月二十日

兵部侍郎兼都察院右副都御史巡撫江蘇等處地方提督軍務總理糧儲臣林則徐謹
題為報明病故事道光拾貳年拾貳月叁拾日據
署蘇州府知府陳經申稱據家屬王升稟稱竊
身家長蘇州府總捕同知喬如齡係山西介休
縣增貢生遵籌增武陟例報捐部司務覆分大
理寺行走補授刑部司務俸滿
記名外用選授今職於道光拾貳年閏玖月拾捌日
到任今家長染患寒濕氣虛病證服藥罔效於
道光拾貳年拾貳月貳拾玖日在署病故出繳
總捕同知關防壹顆到府除貯庫外理合具報
等情到臣據此該臣查得蘇州府總捕同知喬
如齡染患寒濕氣虛病證服藥罔效於道光拾

貳年拾貳月貳拾玖日在署病故據署蘇州府
知府陳經查明申報前來臣謹具
題伏乞
皇上聖鑒勅部查照施行至所遺蘇州府總捕同知
員缺雖應歸部選江蘇現有應補人員應請留
外容另遴員請補合並陳明謹具題
聞

江蘇巡撫林則徐題本　題明蘇州府總捕同知喬如齡病故日期

道光十三年正月二十日

道光

地方提督軍務總理糧儲臣林則徐

兵部侍郎兼都察院右副都御史巡撫江蘇等處地方提督軍務總理糧儲臣林則徐謹

題為報明病故事該臣查得蘇州府總捕同知喬

如齡染患寒濕氣虛病證服藥罔效於道光拾

貳年拾貳月貳拾玖日在署病故據署蘇州府

知府陳經查明申報前來謹具題

聞

江蘇巡撫林則徐題本

題明署廣東封川縣知縣陳啓蘭親父在籍病故例應丁憂

江蘇巡撫林則徐題本　題明署廣東封川縣知縣陳啓蘭親父在籍病故例應丁憂

道光十三年正月二十日

兵部侍郎兼都察院右副都御史巡撫江蘇等處地方提督軍務總理糧儲臣林則徐謹

題爲報明丁憂事據丹徒縣知縣景壽春詳稱道

光拾貳年拾貳月拾陸日據家屬張福呈稱竊

家長現署廣東封川縣知縣陳啓蘭係丹徒縣

人由附生中式嘉慶貳拾肆年己卯科江南鄉

試第伍拾名舉人道光陸年丙戌科會試後大

挑壹等引

見奉

旨以知縣即用籤掣廣東當家吏部給照回籍聽候

咨取嗣經奉文咨取赴粵試用於玖年柒月到

省現奉委署封川縣知縣家長有親父陳常於

道光拾貳年拾貳月拾貳日在籍病故家長係

屬親子並無過繼例應丁憂回籍守制理合備
具族鄰甘結呈明轉報等情到縣據將呈到甘
結鈐印具文詳候核
題等情到臣據此該臣查得丹徒縣人現署廣東
封川縣知縣陳啓蘭有親父陳常於道光拾貳
年拾貳月拾貳日在籍病故該員係屬親子並
無過繼例應丁憂回籍守制據丹徒縣知縣景
壽春取結詳報前來除結揭移吏部科暨廣東
撫臣外臣謹具
題伏乞
皇上聖鑒勅部查照施行謹具題
聞

江蘇巡撫林則徐題本　題明署廣東封川縣知縣陳啓蘭親父在籍病故例應丁憂

道光十三年正月二十日

兵部侍郎兼都察院右副都御史巡撫江蘇等處地方提督軍務總理糧儲臣林則徐謹

題為報明丁憂事。該臣查得丹徒縣人現署廣東

封川縣知縣陳啓蘭有親父陳常於道光拾貳

年拾貳月拾貳日在籍病故，該員係屬親子，並

無過繼，例應丁憂回籍守制。據丹徒縣知縣吳

壽春取結詳報前來，除結冊移吏部科暨廣東

撫臣外，謹具題

聞。

道光十三年正月二十日兵部侍郎兼都察院右副都御史巡撫江蘇等處地方提督軍務總理糧儲臣林則徐

江蘇巡撫林則徐題本　**題明金山縣知縣黃元吉病故日期**

吏部知道

題

兵部侍郎兼都察院右副都御史巡撫江蘇等處地方提督軍務總理糧儲臣林則徐謹
題為報明病故事道光拾叁年正月初伍日據松
江府知府沈兆澐詳稱據金山縣朱涇司巡檢
王雲標申稱據金山縣知縣黃元吉家屬彭年
呈稱竊家長黃元吉係湖南寧遠縣舉人辛未
科會試中式進士歸班候銓選授雲南永平縣
知縣聞訃丁父憂回籍服滿請咨赴補選授今
職道光拾貳年柒月初貳日到任茲於拾貳月
貳拾玖日驟患痰證服藥無效即於是日病故
合行稟報並將金山縣印信呈繳前來除將縣
庫外還報到府相應詳報等情到臣據此該臣
查得金山縣知縣黃元吉於道光拾貳年拾貳

月貳拾玖日驟患痰證服藥無效卽於是日病
故據松江府知府沈兆澐查明詳報前來臣謹
具
題伏乞
皇上聖鑒勅部查照施行至所遺金山縣知縣缺係
難中缺雖應歸部選江蘇現有應補人員應請
留外容另遴員請補合併陳明謹具題
請旨

江蘇巡撫林則徐題本　題明金山縣知縣黃元吉病故日期
道光十三年正月二十日

道光

兵部侍郎兼都察院右副都御史巡撫江蘇等處地方提督軍務總理糧儲臣林則徐

兵部侍郎兼都察院右副都御史巡撫江蘇等處地方提督軍務總理糧儲臣林則徐謹

題為報明病故事。該臣查得金山縣知縣黃元吉於道光拾貳年拾貳月貳拾玖日驟患痰證，服藥無效，即於是日病故。據松江府知府沈兆澐查明詳報前來，謹具題

聞

江蘇巡撫林則徐題本　題明分巡常鎮通海道王瑞徵病故日期

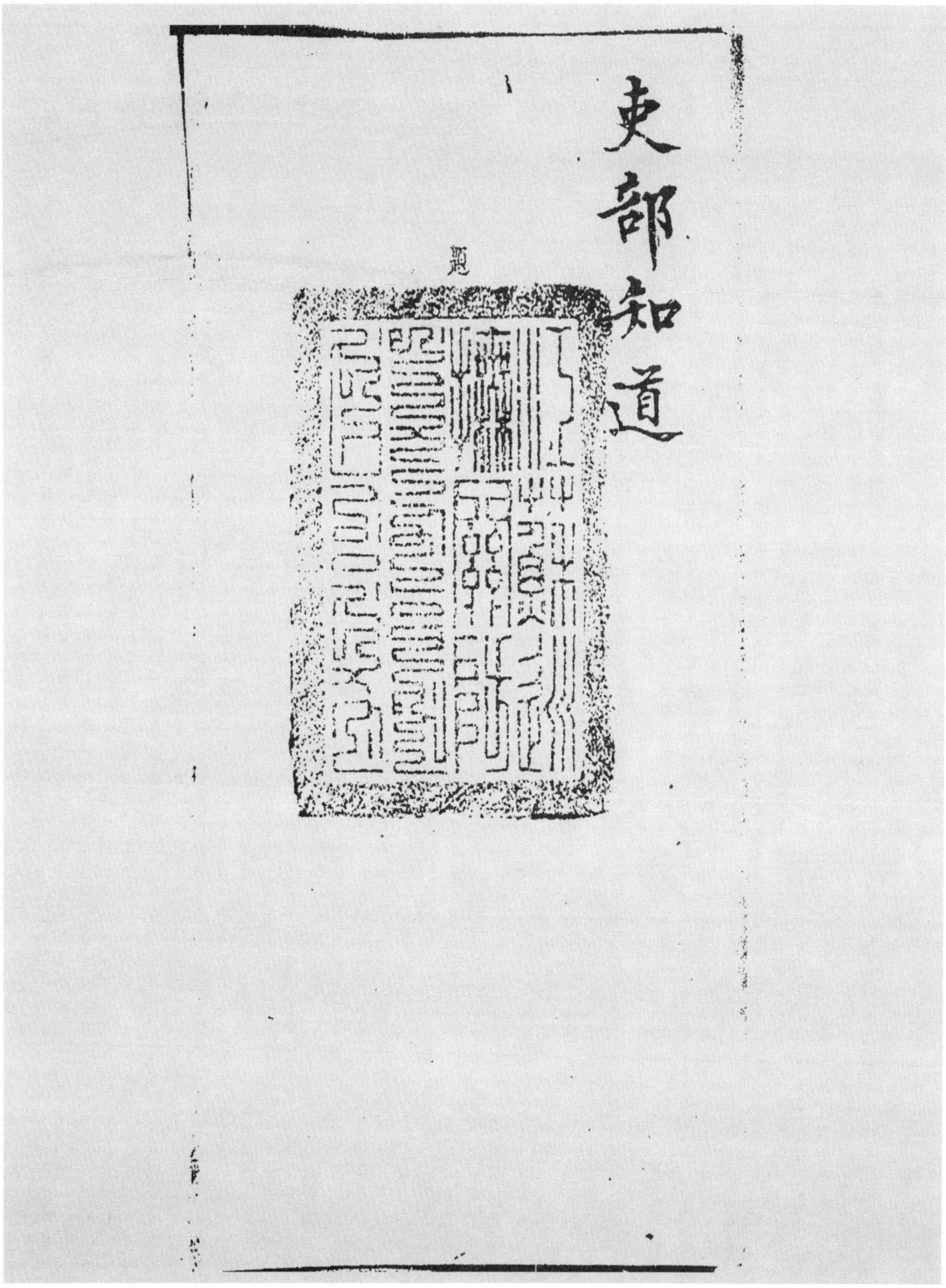

兵部侍郎兼都察院右副都御史巡撫江蘇等處地方提督軍務總理糧儲臣林則徐謹

題爲道員病故循例恭疏

題報事。道光拾叁年正月拾壹日據丹徒縣知縣

景壽春詳稱：據分巡常鎮通海道兼管揚關稅

務王瑞徵家屬梁志稟稱：竊家長王瑞徵係直

隸撫寧縣人，由進士以主事用，籤分刑部，補授

湖廣司主事，洊陞江西司郎中，奉

旨發往江蘇以道府用。嗣奉

諭旨補授常鎮通海道，於道光拾貳年叁月貳拾貳

日到任。茲因染患傷寒病證，服藥罔效，於道光

拾叁年正月初玖日在任病故。合將道關關防

貳顆呈繳，伏乞轉報等情到縣。據此，除將關防

敬謹貯庫外所有現任分巡常鎮通海道兼管
揚關稅務王瑞徵病故日期詳候具
題等情到臣據此該臣查得分巡常鎮通海道兼
管揚關稅務王瑞徵因感患傷寒病證服藥罔
效於道光拾叁年正月初玖日在任病故據丹
徒縣知縣呂壽春詳報前來除常鎮通海道員
缺經督臣陶澍遴員委署恭摺會
奏請
旨簡員補放並揭移部科查照外所有現任常鎮通
海道兼管揚關稅務王瑞徵在任病故日期理
合循例恭疏
題報伏乞

江蘇巡撫林則徐題本　題明分巡常鎮通海道王瑞徵病故日期
道光十三年正月二十日

皇上聖鑒勅部查照施行謹具題

聞

道光十三年正[illegible]方提督軍務總理糧儲臣林則徐

兵部侍郎兼都察院右副都御史巡撫江蘇等處地方提督軍務總理糧儲臣林則徐謹

題爲道員病故循例恭疏

題報事。該臣查得分巡常鎮通海道兼管揚關稅

務王瑞徵因染患傷寒病，誤服藥罔效，於道光

拾叁年正月初玖日在任病故，據丹徒縣知縣

景壽春詳報前來，謹具題

聞

江蘇巡撫林則徐題本　**補參前任句容縣知縣錢兆麟等疏防劫案人犯被奪奪犯限滿無獲**

兵部侍郎兼都察院右副都御史巡撫江蘇等處地方提督軍務總理糧儲臣林則徐謹

題為補參疎防文職事據江蘇按察使額騰伊詳

稱據江寧府知府趙炳言詳據署句容縣知縣

石常泰詳稱查接管卷內道光拾貳年正月初

壹日據上元縣職員陶鴻呈稱在縣境開張達

隆典鋪於道光拾壹年拾貳月叁拾日晚被王

牛猜王恭寅等赴典強當不遂打毀櫃臺屏門

搶去錢洋衣物等情據經前縣錢兆麟飭委

典史沈炳會營勘詳一面飭差緝拏各犯究辦

嗣據差役劉佩稟於正月初叁日拏獲王恭寅

壹名行至義城橋地方被王恭寅之兄王恭才

糾同不識姓名數人奪去等情復經加差嚴緝

具文通詳旋於正月壹拾貳月初四等日先後
緝獲毀搶典鋪之王牛精王守楊王廣有王廣
應王守懷訊係聽從逸犯王亨蒼影同王恭寅
王守榆王八老小一共玖人攜帶破衣赴陶達
隆典鋪強當不遂王牛精喝令打毀櫃臺搶取
錢物將王牛精等分別審擬軍徒解蒙勘轉詳
咨在案，茲查陶達隆典鋪被搶之案業於疏防
限內獲犯過半兼獲首犯例得免參惟奪犯之
王恭才等尚未弋獲例應開參疏防合將文職
印捕職名開報詳參等情由府開、列督緝督捕
職名詳司核准兼護江寧鹽巡道移送兼轄職
名前來除飭勒緝王恭才等務獲究報外該江

蘇按察使額騰伊查得句容縣詳報陶達隆典
鋪被搶獲犯王牛精等尚有糾衆奪犯之王恭
才等未獲臺案疎防例限肆箇月應以道光拾
貳年正月初叁奪犯之日起扣至伍月初叁日
滿所有文職疎防職名印官係前任句容縣知
縣錢兆麟捕官係句容縣典史沈炳督捕係不
同城江寧府北捕通判督緝係不同城江
寧府知府趙炳言兼轄係不同城江寧鹽巡道
葆謙查葆謙於叁月拾柒日未經限滿之先委
署臬司印事應俟回任接扣限滿再行詳參護
道趙炳言係接督緝之員例無處分相應聲明
伏候核咨至奪犯處所相離城汛各貳拾里並

無級鋪防兵再此案係獲犯審明定案後補參
合并聲明等情到臣據此該臣查得句容縣詳
報淘達陞與鋪役會獲犯王牛犢等尚有糾衆
奪犯之王恭才等未獲壹案疏防例限肆箇月
應以道光拾貳年正月初叁奪犯之日起扣至
伍月初叁日滿犯無弋獲開列文職疏防職名
請參前來除飭勒緝逸犯王恭才等務獲究報
外所有文職疏防職名印官係前任句容縣知
縣錢兆麟捕官係句容縣典史沈炳督捕係不
同城江寧府北捕通判晉煐督緝係不同城江
寧府知府趙炳言兼轄係不同城江寧鹽巡道
葆謙等相應列參聽候部議查葆謙於叁月拾

來日未經限滿之先委署臬司卸事應俟回任
接加限滿再行咨參護道趙炳言係接督緝之
員例無處分至奪犯處所相離城汛各貳拾里
並無墩鋪防兵合並陳明臣謹具
題伏乞
皇上聖鑒敕部議覆施行謹題請
旨

江蘇巡撫林則徐題本　補參前任句容縣知縣錢兆麟等疏防劫案人犯被奪奪犯限滿無獲

道光十三年正月二十日

道光拾叁年正月貳拾日兵部侍郎兼都察院右副都御史巡撫江蘇等處地方提督軍務總理糧儲臣林則徐

兵部侍郎兼都察院右副都御史巡撫江蘇等處地方提督軍務總理糧儲臣林則徐謹
題為補參疏防文職事該臣查得句容縣詳報陶
達隆典鋪被搶獲犯王牛精等尚有糾衆奪犯
之王恭才等未獲查案疏防例限肆箇月應以
道光拾貳年正月初叁奪犯之日起扣至伍月
初叁日滿犯無弋獲開列文職疏防職名請參
前來除飭勒緝逸犯王恭才等務獲究報外所
有文職疏防職名印官係前任句容縣知縣錢
兆麟捕官係句容縣典史沈炳督捕係江寧府
北捕通判督係督緝係不同城江寧府知府趙
炳言兼轄係江寧鹽巡道係謙等相應列參謹
題請
旨

江蘇巡撫林則徐題本

補參署沛縣知縣林惠元等疎防竊案限滿未獲全犯

該部議奏

題

江蘇巡撫林則徐題本 補參署沛縣知縣林惠元等疎防竊案限滿未獲全犯

道光十三年正月二十日

兵部侍郎兼都察院右副都御史巡撫江蘇等處地方提督軍務總理糧儲臣林則徐謹

題為補參疎防文職事據江蘇按察使顏鐸伊詳
稱據徐州府知府劉鴻翱詳據署沛縣知縣朱
桑桂詳稱道光拾壹年伍月初伍日據事主監
生閻璟呈稱伍月初叁日夜被匪挖牆進院復
挖開堂樓門上樓撥下皮箱割斷用刀劈破竊
去衣物經僕婦趙李氏聽聞喊捕賊人用言嚇
禁逃逸呈求驗緝等情到縣據經前縣林惠元
會營勘明被竊情形提訊事主人等供與報詞
無異傳牙估贓值銀肆百兩零陸錢米分飭差
勒緝旋據差稟在碭山縣地方協同碭山縣兵
役拏獲賊犯韓二徐二就近解交移解等情並

於拾壹年伍月貳拾貳日准碭山縣將犯移解
到縣林惠元未及通詳卸事署縣趙本敭到任
於玖月貳拾伍日准銅山縣績獲陳林解縣提
訊據韓二徐二陳林俱各供認道光拾壹年伍
月初四日夜聽從在逃之蔣二夥同施和尚李六
王德孫大一共捌人行竊事主閆濼家衣物該
犯徐二陳林與施和尚等攜贓先逸該犯韓二
與蔣二復又進竊被事主僕婦趙李氏驚覺喊
補韓二與蔣二用言嚇禁逃逸等情將韓二徐
二陳林均依竊盜贓壹百貳拾兩以上絞為從
減壹等律擬杖壹百流叁千里解府勘轉續准
銅山縣移拾貳年貳月拾肆日准西路汛會同

江蘇巡撫林則徐題本　補參署沛縣知縣林惠元等疏防竊案限滿未獲全犯
道光十三年正月二十日

湖家口外委協同縣役楊甦拏獲蔣二報蒙本
府札委銅山縣提同先獲之徐二等質審無異
將蔣二依竊盜贓壹百貳拾兩以上絞監候律
擬絞監候韓二徐二陳林均照原擬爲從滿流
聲明陳林業在府監病故等情解蒙勘
題在案茲查此案獲犯雖已及半兼獲首犯但首
夥貳名係鄰境拏獲所有疏防職名仍應照例
補叅合將疏防及貳叅印捕職名開報等情由
府開列督捕督緝職名聲明首犯蔣二係所屬
之銅山縣於貳叅限內拏獲貳叅督捕督緝職
名應懇免開並准徐州道移稱此案疏防例限
應以道光拾壹年伍月初壹失事之日起扣至

玖月初叁日滿前道余霈元先於是年肆月貳
拾肆日飭赴下游各廳驗收土埽工程並赴邳
宿運河催儹重運帶印公出於陸月初貳日公
回先事之日係在公出期內旋於是年拾壹月
初拾日貳叅限內病故兼轄職名應請免開議
結各等情到司據此除飭勒緝逸犯施和尚等
務獲究報外該江蘇按察使額騰伊查得沛縣
事主閆璟家被竊嚇禁獲犯蔣二等壹案疎防
例限肆箇月應以道光拾壹年伍月初叁失事
之日起扣至玖月初叁日滿所有疎防職名印
官係署沛縣知縣林惠元捕官係沛縣典史鄭
炳狼督捕係不同城署銅沛同知陸楷督緝係

不同城徐州府知府劉鴻翱再印官林惠元已
於拾壹年捌月貳拾捌日未經限滿之先卸事
係署事之員不復回任應請議結趙本敭是日
到任接緝例限應以拾壹年捌月貳拾捌到任
之日起扣至拾貳年捌月貳拾捌日壹年限滿
所有疎防限內到任接緝印官職名係沛縣知
縣趙本敭已於接緝限內經鄰境拏獲首犯接
緝職名亦請議結又貳參例限應以拾壹年玖
月初叁疎防限滿之日起扣至拾貳年玖月初
叁日壹年限滿所有貳參承緝不力補官職名
係沛縣典史鄭炳烺查鄭炳烺已於拾貳年貳
月拾伍日未經限滿之先因另案革職卸事不

江蘇巡撫林則徐題本　補參署沛縣知縣林惠元等疎防竊案限滿未獲全犯

道光十三年正月二十日

復回任應請議結理合聲明開報伏候核參等

情到臣據此該臣查得沛縣事主習璟家被竊

贓禁獲犯蔣二等壹案獲犯雖已及半兼獲首

犯但內有首夥賊名係蔣遶拏獲疎防職名仍

應照例補參此案疎防例限肆箇月應以道光

拾壹年伍月初叁失事之日起扣至玖月初叁

日滿所有疎防職名印官係署沛縣知縣林惠

元補官係沛縣典史鄭炳壎督補係不同城署

銅沛同知陸楷督緝係不同城徐州府知府劉

鴻翺再印官林惠元已於拾壹年捌月貳拾捌

日未經限滿之先卸事係署事之員不復回任

應請議結本缺是日到任接緝例限應以拾

壹年捌月貳拾捌到任之日起扣至拾貳年捌
月貳拾捌日壹年限滿所有疏防限內到任接
緝印官職名係沛縣知縣趙本敭已於接緝限
內經鄰境拏獲首犯接緝職名亦請議結至兼
轄徐州通判余霈元先於是年肆月貳拾肆日前
赴下游各廳驗收土埽工程並赴邳宿運河催
攢重運帶印公出於陸月初貳日公回失事之
日係在公出期內旋於是年拾壹月初拾日貳
參限內病故兼轄職名應請免開議結又貳參
例限應以拾壹年玖月初叁疏防限滿之日起
扣至拾貳年玖月初叁日壹年限滿所有貳參
承緝不力補官職名係沛縣典史鄭炳烺查鄭

捕限已於拾貳年貳月拾伍日未經限滿之先
因另案革職卸事不復回任應請議結首犯蔣
二係銅山縣於貳參限內拏獲所有貳參督捕
督緝職名並邀免開除飭緝逸犯施和尚等
務獲究報外相應聲明列參臣謹具
題伏乞
皇上聖鑒勅部議覆施行謹題請
旨

江蘇巡撫林則徐題本　補參署沛縣知縣林惠元等疏防竊案限滿未獲全犯

道光十三年正月二十日

兵部侍郎兼都察院右副都御史巡撫江蘇等處地方提督軍務總理糧儲臣林則徐謹
題為補參疏防文職事。該臣查得沛縣事主閻環
家被竊嚇禁，獲犯蔣二等壹案，獲犯雖已及半
兼獲首犯，但內有首夥貳名係鄰境拏獲，疏防
職名仍應照例補參。疏防例限肆箇月，應以道
光拾壹年伍月初叁失事之日起扣至玖月初
叁日滿。所有疏防職名，印官係署沛縣知縣林
惠元，捕官係沛縣典史鄭炳煥，督捕係不同城
署銅沛同知陸松，督緝係不同城徐州府知府
劉鴻翱。疏防限內到任接緝印官職名係沛縣
知縣趙本敭。又逾參例限應以拾壹年玖月初
叁疏防限滿之日起扣至拾貳年玖月初叁日
壹年限滿，所有前參承緝不力捕官職名係沛
縣典史鄭炳煥，相應列參，謹題請
旨

道光拾叁年正月貳拾日兵部侍郎兼都察院右副都御史巡撫江蘇等處地方提督軍務總理糧儲臣林則徐

江蘇巡撫林則徐題本

知縣陳玉成經徵道光七九兩年地丁錢糧全完題請循例從優議敘

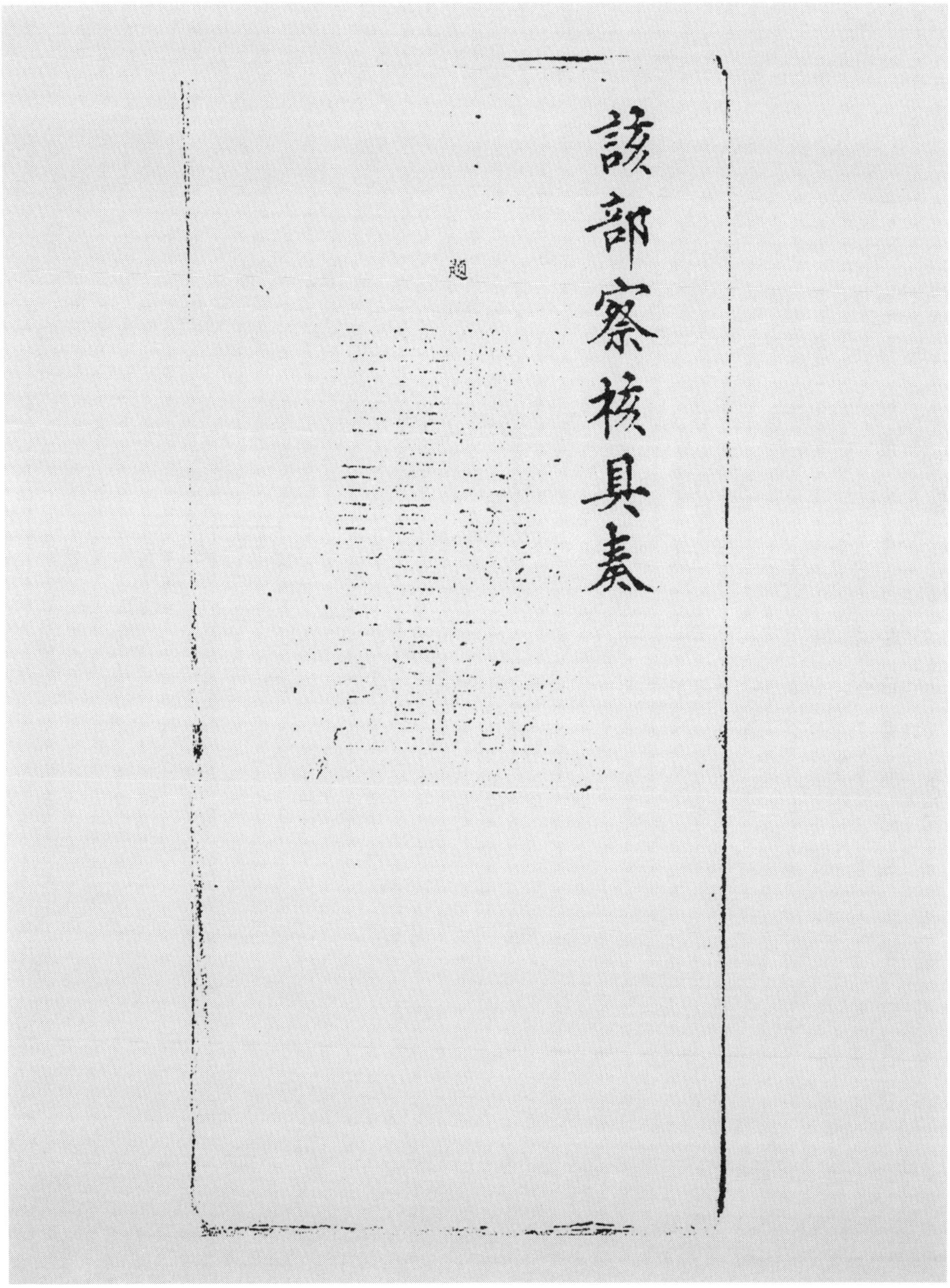
該部察核具奏
題

江蘇巡撫林則徐題本　知縣陳玉成經徵道光七九兩年地丁錢糧全完題請循例從優議叙

道光十三年正月二十日

兵部侍郎兼都察院右副都御史巡撫江蘇等處地方提督軍務總理糧儲臣林則徐謹
題爲經徵事據蘇州布政使陳鑾詳稱案奉行准
户部咨江南司案呈户科抄出陞任江蘇巡撫
程祖洛題寶山縣知縣陳玉成經徵錢糧兩載
全完遵例聲請從優議叙壹案道光拾貳年貳
月貳拾柒日題肆月貳拾叁日奉
旨該部察核具奏欽此欽遵於本日抄出到部該臣
等會查得陞任江蘇巡撫程祖洛疏稱查調任
長洲縣知縣陳玉成前在寶山縣任内經徵道
光柒玖兩年地丁等項錢糧數在伍萬兩以上
兩載全完聲請議叙壹案先經護撫臣梁章鉅
恭疏具題接准部覆道光玖年蘆課並漕項各

奏銷現在尚未題報其完解糧道道光貳叁兩
年米價係何限內徵完及帶徵道光叁年地漕
正耗銀兩入於何年隨奏冊內飭俟各奏銷分
案題覆之日查明題報核辦等因轉行遵照去
後今據蘇州布政使梁章鉅詳稱該縣前在寶
山縣任內經徵道光玖年蘆課及漕項銀兩均
據全數徵完清解業經該司道等分案造具奏
銷款冊詳請題報在案其應徵道光貳叁兩年
米價銀壹萬玖千壹百捌拾捌兩玖錢玖分捌
釐及帶徵道光叁年地漕正耗銀貳萬貳千陸
百捌兩貳錢柒分柒釐業已依限徵完清解造
入各該年隨奏冊內分別報部所有該縣經徵

江蘇巡撫林則徐題本 知縣陳玉成經徵道光七九兩年地丁錢糧全完題請循例從優議叙

道光十三年正月二十日

道光柒年地丁條工杠腳正耗等銀伍萬玖千貳百陸拾陸兩叁錢肆分壹釐玖年銀伍萬玖千玖拾伍兩肆錢玖分柒釐又應徵柒年漕項并陸年米折共銀伍萬玖千玖百捌兩捌錢柒分玖年漕項并捌年米折共銀伍萬捌千叁百拾肆兩伍錢壹分捌釐均係一手徵解全完應照額徵錢糧在伍萬兩以上一官經徵兩年全完不論俸滿即陞之例從優給予議叙造冊詳題等情臣覆核無異除冊送部查核外謹會同兩江總督臣陶澍合詞具題前來查嘉慶貳拾壹年拾月內吏部會同户部議定嗣後江蘇賦繁州縣經徵一應起運本年有分數錢糧數在

伍萬兩以上奏銷前全完者加貳級如一官經
徵貳年奏銷前全完於照常議敘之外准其不
論俸滿即陞貳年以內遇有奉編年分竝差委
離任之員即將是年扣除俟次年補足并計再
請議敘等因奏准通行遵照查前任寶山縣知
縣陳玉成經徵道光柒玖兩年地漕等項錢糧
數在伍萬兩以上均係該縣一手經徵於每年
奏銷前全完竝無奏後續完接算之項又應徵
柒年漕項陸年米折玖年漕項捌年米折等項
銀兩亦係一手徵解全完其帶徵道光貳叁兩
年地漕米折等銀亦據依限徵清完解前據該
撫造具款冊題請議敘經户部查冊開道光柒

年寶山縣應徵地丁俸工扛脚正耗等銀伍萬
玖千貳百陸拾陸兩叁錢肆分壹釐玖年應徵
銀伍萬玖千玖拾伍兩肆錢玖分柒釐又應徵
柒年漕項陸年捌年未折共銀玖萬伍千伍百
玖拾壹兩玖錢叁分核與各該年地漕各奏銷
冊報該縣全完銀數相符惟查蘆課壹項係在
一應起運有分數錢糧之內道光玖年蘆課並
漕項各奏銷尚未據題報曾否全完無憑核對
其完解糧道庫道光貳叁兩年米價銀壹萬玖
千壹百捌拾捌兩玖錢玖分捌釐係何限內徵
完及帶徵道光叁年地漕正耗銀貳萬貳千陸
百捌兩貳錢柒分柒釐造入何年隨奏冊內均

未聲敘行令飭侯道光玖年蘆課漕項各奏銷
分案題覆之日題報核辦在案今據該撫疏稱
該縣陳玉成經徵道光玖年蘆課漕項錢糧均
係全數徵完其應徵道光貳叁兩年米價及帶
徵道光叁年地漕正耗銀兩亦已依限徵解造
入各該年隨奏冊內報部所有該縣經徵道光
柒玖兩年地漕等項錢糧實係一律全完仍請
給予議敘等語户部查冊開道光柒年該縣應
徵地丁俸工社腳正耗等銀伍萬玖千貳百陸
拾陸兩叁錢肆分壹釐蘆課正耗共銀玖百拾
兩柒錢貳分柒年漕項陸年捌年米折共銀玖
萬伍千伍百玖拾壹兩玖錢叁分玖年地丁等

銀伍萬玖千玖拾伍兩肆錢玖分柒釐蘆課正
耗銀玖百伍拾肆兩叁錢肆分玖釐江蘇兩糧
道漕項正耗銀貳萬貳千陸百叁拾壹兩肆錢
伍分捌釐又帶徵叁年分地丁杠脚正耗銀壹
萬伍千陸百貳拾陸兩陸錢伍釐江糧道漕項
正耗銀壹千捌百捌拾伍兩貳錢壹分陸釐蘇
糧道漕項正耗銀貳千捌百柒拾壹兩壹錢壹
分玖釐核與各該年地丁蘆課漕項各奏銷冊
報該縣一手經徵照額全完銀數相符吏部查
比案前任寶山縣調任長洲縣知縣陳玉成經
徵道光柒玖等年分地丁并漕糧等項銀兩兩
載全完聲請議敘等語惟查道光捌年分地丁

是否該員在任經徵抑或差委離任并遇閏展
年分且全完各該年未經議敘疏內均未詳細
聲明所有聲請兩截全完議敘之處本部未便
遽准應令該撫一并查明題覆到日再辦至完
解經徵道光貳叁兩年蘇糧道米折銀壹萬玖
千壹百捌拾捌兩玖錢玖分捌釐據稱造入道
光柒年秋撥並捌年春秋各撥冊內報部又叁
年完解江糧道漕項正銀貳千貳百貳拾伍兩
叁錢叁分貳釐據稱造入道光陸年漕項隨奏
冊內報部臣部核與該年漕項隨奏及各季撥
冊造報總撥數目不符并令該撫轉飭按款查
明聲覆核結等因道光拾貳年玖月拾玖日題

本月貳拾壹日奉
旨依議欽此相應行文江蘇巡撫遵照辦理可也等
因到院行司奉此該蘇州布政使陳鑾查得調
任長洲縣知縣陳玉成前在寶山縣任內經徵
道光柒玖兩年地丁等項錢糧數在伍萬兩以
上兩載全完先經由司造冊詳
題請敘奉准部覆道光玖年蘆課並漕項各奏銷
現在尚未題報其完解糧道道光貳叁兩年米
價係何限內徵完及帶徵叁年地漕正耗銀兩
入於何年隨奏冊內飭侯各奏銷分案題覆之
日查明題報核辦等因卽經前司查明造具登
答細冊詳請

題覆在案復奉行准部咨前因伏查調任長洲縣知縣陳玉成前在寶山縣任內於道光陸年到任除陸年係屬接徵例年曾經差委離任均應扣除外計道光柒玖兩年應徵地丁錢糧數在伍萬兩以上該令一手經徵兩載全完該貳年奏銷案內本應照例議叙因奉吏部行查有無未完節年緩帶錢糧是以尚未定案惟該令在任應徵節年錢糧亦據一律全完並無帶欠前已造冊詳咨委與不論俸滿即陞之例相符至奉查漕項米折銀兩造報數目不符現經移准江蘇藩糧道查覆道光貳年蘇道米折銀捌千陸拾捌兩玖錢玖釐全造入道光柒年秋撥年款

江蘇巡撫林則徐題本　知縣陳玉成經徵道光七九兩年地丁錢糧全完題請循例從優議敘

道光十三年正月二十日

冊內錄部內嘉慶貳拾叁年分新收項下徵還
銀壹千柒百柒拾肆兩陸錢肆分貳釐嘉慶貳
拾伍年分新收項下徵還銀伍千兩道光元年
分新收項下徵還銀壹千柒百玖拾伍兩貳錢
陸分柒釐又道光叁年蘇道本折銀壹萬壹千
壹百柒拾兩捌分玖釐內一造入道光捌年春
撥年款冊內元年分新收項下銀柒百壹拾肆
兩伍錢捌釐二造入道光捌年秋撥年款冊內
元年分新收項下銀壹萬肆百伍拾伍兩捌分
壹釐又道光叁年江道漕項造入道光陸年隨
奏冊內正銀貳千捌拾兩叁錢叁分貳釐卽在
冊報已完解道正銀貳千玖百兩數中又造報

已完耗羨壹百肆拾伍兩共符部查漕項米折
兩款責成該司糊符理合查明詳候
題覆乃請從優給予議敘以示鼓勵等情據此該
員查浮調任長洲縣知縣陳玉成前在寶山縣
任內經徵道光柒玖兩年地丁等項錢糧數在
三萬兩以上所載全完聲請議敘查案先經
題准部查行司詳請題覆准部咨以道光捌年
地丁是否該員在任經徵抑或差委離任并過
歸撥年分且全完各該年未經議敘疏內均未
詳細聲明行令查明題覆再辦呈完解經徵道
光貳叁兩年蘇糧道未折銀兩歸併造入道光
柒年秋撥玖捌年春秋各撥冊內報部又叁年

江蘇巡撫林則徐題本　知縣陳玉成經徵道光七九兩年地丁錢糧全完題請循例從優議叙
道光十三年正月二十日

完解江糧道造冊呈司移藩轉造入道光陸年漕
項造奏冊內照部核與冊造總徵數目不符並
分晰查核結等因又經轉行遵照去後今據蘇
州府詳覆案據長洲縣知縣陳玉成
稟在省山縣任內於道光陸年到任除陸年係
屬接徵劃年曾經差委離任均應扣除外計道
光柒玖兩年應徵地丁錢糧數在伍萬兩以上
該令一手經徵而截全完核與年奏銷案內本
應照例議敘司奏交部行查有無未完節年
帶徵糧尾以尚未定案准該令在任應徵節年
錢糧亦係一律全完並無蒂欠前已造冊詳咨
委與不論停滿部陞之例相符至奉查漕項米

折銀兩造報數目不符現經移准江蘇糧道
查覆道光柒年蘇道未折銀捌千陸拾捌兩零
全造入道光柒年秋撥年款冊內報部內嘉慶
貳拾叁年分新收項下繳還銀壹千貳百柒拾
叁兩零嘉慶貳拾伍年分新收項下繳還銀伍
千兩道光元年分新收項下繳還銀壹千柒百
玖拾伍兩零又道光叁年蘇道未折銀壹萬壹
千壹百貳拾兩零內一道入道光捌年春撥年
款冊內元年分新收項下銀柒百壹拾肆兩零
一造入道光捌年秋撥年款冊內元年分新收
項下銀壹萬肆百伍兩零又道光叁年江道漕
項造入道光陸年道奏冊內正銀貳千捌拾兩

等節在兩款已完解道正銀貳千玖百兩數中
又造報已完耗銀壹百肆拾伍兩共符部查漕
項米折兩款實徵數目相符查明詳候
題覆乃請從優給予議敘以示鼓勵等情前來臣
覆核無異謹會同兩江總督臣陶澍合詞具
題伏乞
皇上聖鑒勅部核覆施行謹題請
旨

江蘇巡撫林則徐題本　知縣陳玉成經徵道光七九兩年地丁錢糧全完題請循例從優議叙

道光十三年正月二十日

道光十三年正月二十日兵部侍郎兼都察院右副都御史巡撫江蘇等處地方提督軍務總理糧儲臣林則徐

兵部侍郎兼都察院右副都御史巡撫江蘇等處地方提督軍務總理糧儲臣林則徐謹

題爲經徵事竣，臣查得調任長洲縣知縣陳玉成

前在寶山縣任内經徵道光柒玖兩年地丁等

項錢糧數在萬兩以上兩載全完聲請議敘

具奏，先經

題准部查行司詳請題覆，准部咨以道光捌年

地丁是否該員在任經徵，抑或差委離任并遇

閏緩年分，且全完各該年未經議敘，行令查明

題覆等語。茲查完解經徵道光柒、捌兩年蘇糧道

地丁銀兩，又柒年完解江糧道漕項銀兩，核與

原詳數目不符，札令查覆核結等因，又經轉行

遵照去後，今據蘇州布政使陳鑾詳稱：調任長

沛縣知縣陳玉成前在寶山縣任內於道光柒
年到任接徵柒年係屬接徵捌年曾經差委離任
均應扣除外計道光柒玖兩年應徵地丁錢糧
數在任萬兩以上該令一手經徵兩載全完該
兩年奏銷案內未經照例議敘而奉吏部行查
有無未完節年緩帶錢糧是以尚未定案准敘
今在任應徵節年緩糧亦據一律全完並無蒂
欠前已造冊詳咨奏與不論停滿部議之例相
符且本年查明本任經徵錢糧數目不符現經
據准江蘇司道查覆會案數目相符詳請
題覆仍請照例給予議敘以示鼓勵等情前來臣
覆核無異謹會題請
旨

江蘇巡撫林則徐題本

遵查蘇松等屬嘉慶九至二十二年未完錢糧數並未完各職名

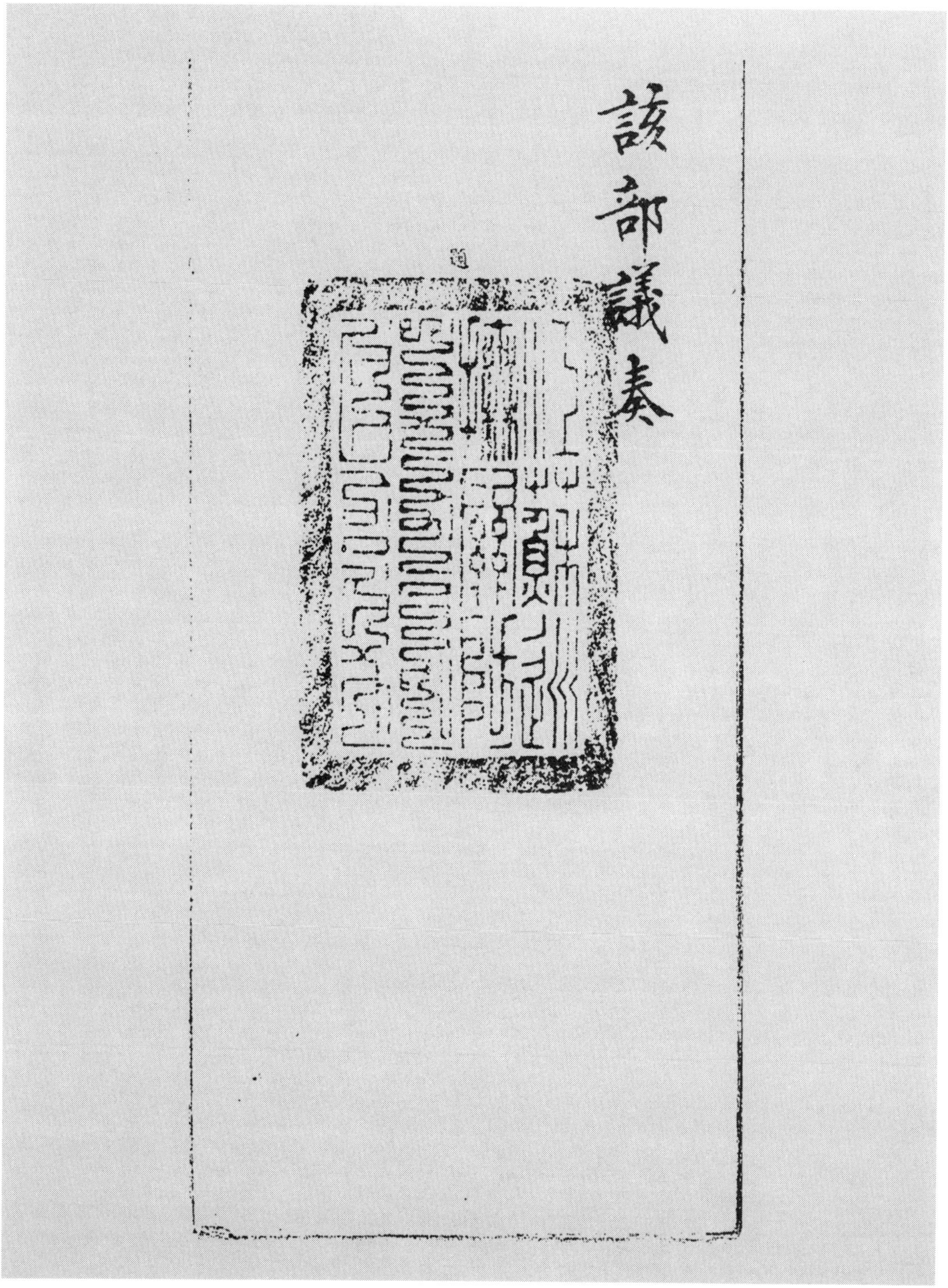
該部議奏

江蘇巡撫林則徐題本 遵查蘇松等屬嘉慶九至二十二年未完錢糧數並未完各職名

道光十三年正月二十日

兵部侍郎兼都察院右副都御史巡撫江蘇等處地方提督軍務總理糧儲臣林則徐謹
題爲遵
旨等事據蘇州布政使陳鑾詳稱案奉行開道光陸
年柒月拾捌日准户部咨江南司案呈户科抄
出江蘇巡撫陶澍題蘇松等屬嘉慶貳拾貳年
以前未完民欠錢糧造册題請豁免壹案道光
伍年拾貳月拾伍日題陸年叁月初玖日奉
旨該部議奏欽此欽遵於本日抄出到部該臣等查
得江蘇巡撫陶澍疏稱蘇松等屬嘉慶玖年起
至貳拾貳年止未完民欠地漕蘆課等項錢糧
欽奉
恩旨豁免當據藩司造册詳咨接准部覆熟田項下未

江蘇巡撫林則徐題本　遵查蘇松等屬嘉慶九至二十二年未完錢糧數並未完各職名
道光十三年正月二十日

完銀兩核對數目不符其未完因災緩徵銀米
歷年隨奏並不分晰其中有無牽混應飭逐細
詳查加具切結造具總撒細冊及未完民欠花
戶細冊題報核辦等因轉行遵照去後今據蘇
州布政使賀長齡詳稱蘇省請豁嘉慶貳拾貳
年以前民欠地丁江脚蘆課並新墾地丁蘆課
正銀壹拾萬壹百伍拾伍兩伍錢壹分玖釐耗
銀陸千叁百陸拾捌兩米錢叁分肆釐核明貳
次清查冊及積欠官墊案內註銷並叁次清查
動缺實在民欠請豁各數造具細冊加結詳候
核題并聲明奉取花戶細冊因花戶繁多續造
匯易應請免造又請豁漕項銀米已由江蘇貳

糧道取結專案造冊詳辦等情臣覆核無異除
冊結送部查核外謹會同兩江總督臣琦善合
詞具題前來查江蘇省嘉慶元年起至貳拾貳
年止未完民欠地漕蘆課銀米先據兩江總督
奏奉
諭旨豁免經臣部行令據實查明分晰細數造冊報部
核辦嗣據該撫將蘇松等屬嘉慶玖年起至貳
拾貳年止未完民欠錢糧造冊咨部復經臣部
查冊開熟田項下未完銀兩核對隨奏冊造數
目不符其未完因災緩徵銀兩歷年隨奏並不
分晰無憑稽核行令該撫轉飭各屬逐細詳查
加具印結造具細冊及未完民欠花戶細冊題

江蘇巡撫林則徐題本　遵查蘇松等屬嘉慶九至二十二年未完錢糧數並未完各職名
道光十三年正月二十日

報核辦在案。今據該撫疏稱嘉慶貳拾貳年以
前民欠地丁蘆課並新漲地丁蘆課等項正耗
銀兩，核明歷次清查及積欠官墊案內註銷竝
歷次清查動缺實在民欠各數造冊題咨等語。
臣部查冊開嘉慶玖年起至貳拾貳年止未完
地丁蘆課等項正銀肆拾捌萬陸千柒拾玖兩
壹錢叁分伍釐，耗銀肆萬伍千捌百柒拾叁兩
伍錢伍分伍釐，內除奏後續完解司竝參案虧
缺已完等項造入貳拾肆伍兩年隨奏冊內，正
銀拾貳萬伍百捌拾壹兩伍錢壹分陸釐，耗銀
壹萬壹千玖百貳拾貳兩伍錢伍分貳釐。臣部
核對該貳年隨奏冊造銀數均屬相符，應無庸

縣至貳次清查虧墊及官墊民欠各報案内註
銷地丁等項正銀貳拾肆萬肆千伍百伍拾壹
兩叁錢捌分捌釐耗銀貳萬伍千貳百玖拾陸
兩柒錢柒分玖釐核與該撫造報動缺年款相
符但冊内未將何縣何員名下虧墊銀數詳細
開報及是否即係臣部奏駁不准豁之項明晰
聲敘其實在未完民欠並新陞地丁蘆課等項
正銀壹拾萬壹百伍拾伍兩伍錢壹分玖釐耗
銀陸千叁百陸拾捌兩柒錢叁分肆釐亦未將
新陞地丁蘆課等項係於何年月日報部陞增
之處逐一聲報臣部均屬無憑稽核應令該撫
轉飭各屬逐款詳確查明題報核辦並開造虧

塋員名銀數及民欠花户細冊一併送部以憑
稽核其造入道光叁年隨奏冊内正銀捌拾柒
兩貳錢耗銀陸兩壹錢肆釐既於道光叁年隨
奏冊内拾行報部是否續報新歴應行補徵之
項未據詳晰登明亦屬無憑稽考並令該撫轉
飭查明附疏聲報查核所有報入叁次清查動
缺正銀壹萬伍千玖百陸拾陸兩肆錢叁分柒
釐耗銀壹千玖百肆拾柒兩柒錢玖分捌釐又
坍江候豁正銀肆千柒百叁拾柒兩柒分伍釐
耗銀叁百叁拾壹兩伍錢捌分捌釐並令轉飭
將報入叁次清查銀兩遵照章程按限著追報
部查核並將坍江候豁銀兩亦令俟題報准豁

之日專案報部查核再查此案積欠錢糧於嘉
慶貳拾伍年伍月內行令造冊題報嗣因日久
未據題報又經節次奏咨行催並飭取題報遲
延職名送部核議在案應仍令該撫遵照戶部
前咨即行飭取題報遲延職名送部核議等因
道光陸年陸月初肆日題本月初陸日奉
旨依議欽此相應行文江蘇巡撫遵照辦理可也等
因到院行司奉經轉飭遵照分別查辦去後茲
據各屬陸續登覆開報前來該蘇州布政使陳
鑾卷查蘇省積欠錢糧案內登報貳次清查等
案註銷地丁等項正耗銀兩即係前奉戶部奏
駁不准豁免之項續經

奏准分別豁免其虧墊員名銀數細冊亦先於道
光叁年間查造詳咨嗣奉部駁飭用又於道光
陸年拾貳月內由司查造貳次清查及官墊民
欠兩案員名註銷動款總細各冊詳請咨送戶
部並將積欠案內奉查緣由一并聲請查照在
案所有奉查新陞地丁蘆課等項係於何年月
日報部陞增之處內請豁新陞嘉慶拾叁肆伍
等年地丁正銀捌兩柒錢玖分玖釐耗銀肆錢
肆分壹釐共正耗銀玖兩貳錢肆分係青浦縣
嘉慶拾陸年
奏銷案內入額之張志仁等補徵銀米完剩之項
其請豁歷徵嘉慶拾陸年起至歷徵嘉慶貳拾

壹年止未入額新陞蘆課正銀壹百玖兩伍分玖釐耗銀柒兩陸錢叁分肆釐共正耗銀壹百壹拾陸兩陸錢玖分叁釐內一係武進縣延陵洲業户陳裕新歆存濟等具報轉則田埂并丈增泥灘陞增課銀叁拾肆兩伍錢肆分壹釐耗銀貳兩肆錢壹分捌釐係於一件查報等事案內嘉慶貳拾叁年叁月內奉部覆准從嘉慶拾陸年入額起科自嘉慶拾陸年起至嘉慶貳拾壹年止每年正銀叁拾肆兩伍錢肆分壹釐耗銀貳兩肆錢壹分捌釐計陸年共該正銀貳百柒兩貳錢肆分陸釐耗銀壹拾肆兩伍錢捌釐兩共正耗銀貳百貳拾壹兩柒錢伍分肆釐內

江蘇巡撫林則徐題本　遵查蘇松等屬嘉慶九至二十二年未完錢糧數並未完各職名　道光十三年正月二十日

除嘉慶貳拾肆年肆月貳拾捌日解司正銀壹
百叁拾貳兩叁錢貳分玖釐耗銀玖兩貳錢陸
分壹釐業已造入嘉慶貳拾肆年秋撥估餉户
屬事案及嘉慶貳拾肆年耗羨報銷各冊內報
部實計未完正銀柒拾肆兩玖錢壹分柒釐原
詳冊內計多開銀貳釐耗銀伍兩貳錢肆分柒
釐原詳冊內計少開銀貳釐又丹陽縣新洲業
户陳錦等袛額洲業户何友等呈報轉則田埂
划共陞增課銀伍兩玖錢柒分捌釐耗銀肆錢
壹分捌釐係於一件查報等事案內嘉慶拾捌
年陸月內奉部覆准從嘉慶拾陸年入額起科
又丹陽縣袛額外洲業户趙東明等呈報轉則

田埂剗洼沼課銀貳拾捌兩壹錢陸分貳釐耗
銀壹兩玖錢柒分壹釐係於一件查報等事案
內嘉慶貳拾貳年柒月內奉部覆准從嘉慶拾
柒年入額起科以上武進丹陽貳縣請豁未入
額新陞蘆課正銀壹百玖兩伍分柒釐耗銀柒
兩陸錢叁分陸釐爲係奉部覆准原應補徵未
完請豁之款又奉部查造入道光叁年題奏冊
內蘆課正銀捌拾柒兩貳錢耗銀陸兩壹錢肆
釐是否係續報新陞應行補徵之項等因查係
丹陽縣新洲洪字號業戶陳會高報坍泥灘應
削課銀貳拾壹兩捌錢耗銀壹兩伍錢貳分陸
釐係於道光貳年肆月內奉部覆准從壓徵嘉

慶拾捌年豁除續經飭據該縣申覆前項請豁
銀兩已將嘉慶拾捌拾玖貳拾貳拾壹等肆年
共該正銀捌拾柒兩貳錢耗銀陸兩壹錢肆釐
列入清查雜款內係追補有銀授由司撥解等
情於遵奏冊內登報今應照案追補清查銀兩
被補之項又奉查各年坍江候豁蘆課正銀肆
千柒百叁拾柒兩柒分伍釐部文計少開銀玖
釐耗銀叁百叁拾壹兩伍錢捌分捌釐內除已
經奉部准豁正銀貳千玖百肆拾柒兩叁錢貳
分耗銀貳百陸兩叁錢玖釐係於一件詳請等
事案內道光柒年叁月又於一件詳請等事案
內嘉慶貳拾肆年玖月并道光肆年閏柒月內

先後奉部覆准豁除前於道光陸年請奏案內
奉部行查業經造具登覆細冊於道光玖年拾
月初壹日詳奉前護撫梁章鉅咨送戶部即在
冊開准豁正銀叁千柒百貳拾兩壹錢捌分伍
釐耗銀貳百陸拾兩肆錢壹分數中計尚未奉
准豁除毋外正銀壹千柒百捌拾玖兩柒錢陸
分耗銀壹百貳拾伍兩貳錢柒分玖釐節
經嚴催詳辦現尚未據登覆統俟覆到詳咨奉
部覆准後再於各冊內登銷並據丹陽縣查明
該縣沈德榮遲延壹月以上前縣許乃大遲延
壹年以上前縣蔡維新遲延叁月以上分別開
具各職名呈司詳請核咨前來相應轉詳伏候

江蘇巡撫林則徐題本 遵查蘇松等屬嘉慶九至二十二年未完錢糧數並未完各職名

道光十三年正月二十日

題咨再奉承民欠花户細冊嗣查乾隆伍拾陸捌
等年豁免積欠因花户繁多備造匪易皆經詳
咨免造且查蘇州省請豁嘉慶貳拾貳年以前
民欠攤徵河工借款未完銀兩亦奉部取花户
細冊業經聲請豁免各在案此案事同一律且
已年分久遠應請一體准予免造以省案牘合
並聲明等情據此該臣查得蘇松等屬嘉慶玖
年起至貳拾貳年止未完民欠地漕蘆課等項
錢糧欽奉
恩旨豁免當據藩司造冊詳咨嗣准部查又經行司查
明造冊詳請
題覆核准部咨以貳次清查虧墊及官墊民欠咨

江蘇巡撫林則徐題本 遵查蘇松等屬嘉慶九至二十二年未完錢糧數並未完各職名 道光十三年正月二十日

報案內註銷地丁等項正耗銀兩冊內未將何
縣何員名下應墊銀數開報及是否即係奏豁
不准豁之項明晰聲敘其實在未完新陞地丁
蘆課等項亦未將何年月日報部陞增之處登
報應令轉飭詳確查明逐報核辦並開造應墊
員名銀數及民欠花戶細冊一并送部稽核其
造入道光叁年隨奏冊內銀兩是否續報新陞
應令補敘之項並飭查明附疏聲敘飭取遲報
遲延職名送議等因轉行遵照去後今據蘇州
布政使陳鑾詳稱請豁積欠錢糧案內登報貳
次清查等案註銷地丁等項正耗銀兩即係奉
部奏駁不准豁免之項續經

奏准豁免其虧墊員名銀數細冊亦先於道光叁
年間查造詳咨關奉部取款冊又於道光陸年
由司查造貳次清查及官墊民欠兩案員名註
銷動款總細各冊詳咨户部並將積欠案內奉
查緣由一并聲請查照在案所有奉查新陞地
丁蘆課等項係於何年月日報部陞增之處內
請豁新陞嘉慶拾叁肆伍等年地丁正銀捌兩
零耗銀肆錢零共銀玖兩零係青浦縣嘉慶拾
陸年奏銷案內入額之張志仁等補徵銀未完
剩之項其請豁歷徵嘉慶拾陸年起至歷徵嘉
慶貳拾壹年止未入額新陞蘆課正銀壹百玖
兩零耗銀柒兩零共銀壹百壹拾陸兩零內係

武進縣延陵洲業戶陳裕新啟存濟等具報轉
詳由凌升文咨泥灘陞增課銀叁拾肆兩零耗
銀貳兩零於一件查報等事案內嘉慶貳拾叁
年叁月奉部覆准從嘉慶拾陸年入額起科自
嘉慶拾陸年起至貳拾壹年止計陸年共該正
銀貳百柒兩零耗銀壹拾肆兩零共銀貳百貳
拾壹兩零內除解司正銀壹百叁拾貳兩零耗
銀玖兩零造入嘉慶貳拾肆年秋撥估餉戶屬
事案及貳拾肆年耗羨報銷各冊報部實計未
完正銀柒拾肆兩零原錯冊內計多開銀貳釐
耗銀伍兩零原錯冊內計少開銀貳釐又丹陽
縣新洲業戶陳錦等坻頫洲業戶何友等呈報

與則田埂剗共陞增課銀伍兩零耗銀肆錢零
於一件查報等事案內嘉慶拾捌年陸月奉部
覆准從嘉慶拾陸年入額起科又丹陽縣衹額
外洲業戶趙東明等呈報轉則田埂陞增課銀
貳拾捌兩零耗銀壹兩零於一件查報等事案
內嘉慶貳拾貳年柒月奉部覆准從嘉慶拾柒
年入額起科以上武進丹陽貳縣請豁未入額
新漲蘆課正銀壹百玖兩零耗銀柒兩零均係
奉部覆准原應補徵未完請豁之款又奉部查
造入道光叁年題奏冊內蘆課正銀捌拾柒兩
零耗銀陸兩零查係丹陽縣新洲洪字號業戶
陳會高報坍泥灘應豁課銀貳拾壹兩零耗銀

壹兩零於道光叁年肆月奉部覆准從嘉慶拾
捌年豁除續據該縣申覆前項請豁銀兩已將
嘉慶拾捌拾玖貳拾貳拾壹等肆年共正銀捌
拾柒兩零耗銀陸兩零列入清查雜款條追補
有銀由司撥解等情於臨
奏冊內登報今應照案追補清查銀兩撥補之項
又奉查各年埒江候豁蘆課正銀肆千柒百叁
拾柒兩零部文計少賜銀玖釐耗銀叁百叁拾
壹兩零內除已奉准豁正銀貳千玖百肆拾柒
兩零耗銀貳百陸兩零係於一件詳請等事案
內道光柒年叁月又於一件詳請等事案內嘉
慶貳拾肆年玖月并道光肆年閏柒月內先後

奉部覆准豁除前於道光陸年隨奏案內奉部
行查業經造具登覆細冊於道光玖年拾月詳
咨戶部即在冊開准豁正銀叁千柒百貳拾兩
零耗銀貳百陸拾兩零數中計尚未奉准豁除
蘇江正銀壹千柒百捌拾玖兩零耗銀壹百貳
拾伍兩零飭催未據登覆統俟覆到詳咨奉部
覆准後再於各冊內登銷並據丹陽縣查明前
縣沈施來遲延壹月以上前縣許乃大遲延壹
年以上前縣蔡維新遲延叁月以上分別開具
各職名送司相應詳候
題咨聲明奉取民欠花戶細冊溯查乾隆伍拾陸
諭等年豁免積欠因花戶繁多價造匪易曾經

許咨免追且查蘇州省請豁嘉慶貳拾貳年以
前民欠灘欵河工借款未完銀兩亦奉部取花
户細册業經聲請邀免此案事同一律且已年
分久遠應請一體准予免追以省案牘等情前
來臣覆核無異除揭移吏戶部外謹會同兩江
總督臣陶澍合詞具
題伏乞
皇上聖鑒勅部核覆施行謹題請
旨

兵部侍郎兼都察院右副都御史巡撫江蘇等處地方提督軍務總理糧儲臣林則徐謹
題為遵
旨等事。該臣查得蘇松等屬嘉慶玖年起至貳拾貳
年止未完民欠地漕蘆課等項錢糧欽奉
恩旨豁免，當將藩司造冊詳咨。嗣准部查，又經行司查
明造冊詳請
題覆。接准部咨：以貳次清查虧墊及官墊民欠咨
報案內註銷地丁等項正耗銀兩冊內未將何
縣何員名下虧墊銀數聲報，及是否即係奏豁、
不准豁之項，明晰聲敘。其實在未完新陞地丁
蘆課等項，亦未將何年月日報部陞增之處登
報。應令轉飭詳確查明，題報核辦，並另造虧墊
員名銀數及民欠花戶細冊，一并送部稽核。其
造入道光叁年隨奏冊內銀兩，是否續報新陞

道光[illegible]兵部侍郎兼都察院右副都御史巡撫江蘇等處地方提督軍務總理糧儲臣林則徐

江蘇巡撫林則徐題本　遵查蘇松等屬嘉慶九至二十二年未完錢糧數並未完各職名
道光十三年正月二十日

江蘇巡撫林則徐題本　遵查蘇松等屬嘉慶九至二十二年未完錢糧數並未完各職名
道光十三年正月二十日

懇行補徵之項亦飭查明附疏聲敘飭取題報
未完職名送議等因轉行遵照去後今據蘇州
布政使陳鑾詳稱積欠案內曾報貳次清查等
案註銷地丁等項銀兩前係奏款不准豁免之
項續經
奏准豁免其屬員名銀數細冊亦先查造詳咨
奉查新陽地丁蘆課內請豁嘉慶拾叁肆伍等
年地丁正耗共銀玖兩零查係青浦縣張志仁
等補徵銀米完剩之項其歷徵嘉慶拾陸年起
至歷徵嘉慶貳拾壹年止未入額蘆課正耗共
銀壹百壹拾陸兩零係武進縣延陵洲業戶陳
給新敘存濟等又丹陽縣新洲業戶陳錦等抵
額洲業戶何友等抵額外洲業戶趙東明等轉
請奉部覆准補徵未完請豁之款又奉部查造
入道光壹年造奏冊內蘆課正銀捌拾柒兩零
耗銀陸兩零查係丹陽縣新洲業戶陳會高報
漲沙灘應徵課銀列入清查於隨
奏冊內曾報應照案追補又奉查各年坍江候豁
蘆課正銀肆千柒百叁拾柒兩零耗銀叁百叁
拾壹兩零內除已奉准豁正銀貳千玖百肆拾
柒兩零耗銀貳百陸兩零計尚未准豁正銀壹
千柒百捌拾玖兩零耗銀壹百貳拾伍兩零統
候覆到咨部覆准後再於各冊登銷並據丹陽
縣查明前縣沈施榮遲延壹月以上前縣許乃
大遲延叁年以上前縣蔡維新遲延叁月以上
開具各職名送司詳
題前來臣覆核無異謹會題請
旨

上諭　著陶澍林則徐查訪滸墅關專委家丁訛詐商船等弊端

軍機大臣　字寄
兩江總督陶　江蘇巡撫林　道光十三年正
月二十一日奉
上諭有人陳奏滸墅關為商船要道近年關監督以
督理織造為名常駐府城並不親臨關口雖有佐
雜委員在關彈壓而每日過税該監督專委家丁
辦理名曰總辦該家丁指使籤手差役訛詐商船
其所得錢文名曰標禮每貨物百擔完正税十二
兩除加飯食火耗及一應使費共銀五兩八錢尚
勒索標禮制錢十三千四百四十餘文與正税相
等致有一關兩税之目標禮之外又有查船謝儀
自數千文至數十千不等稍不遂意將貨物踐踏

上諭　著陶澍林則徐查訪滸墅關專委家丁訛詐商船等弊端
道光十三年正月二十一日

再加重罰甚至將商人拘押關亭鎖住船隻習為
故常該委員惟知聯絡家丁取好上官不敢查問
更有關旁地棍隨同勒索立有投單派帳謝儀上
籤船主等名目自數千文至十餘千不等以致商
民裹足關稅虧短等語國家設立關隘所以譏（稽）察
非常通商裕課該關監督自宜常川到關若如所
奏常駐府城僅委家丁總辦該家丁惟利是圖何
弊不作以致正稅之外尚有標禮並有查船謝儀
其地棍兼有投單等名目尚復成何事體著陶澍
林則徐明查暗訪如有前項弊端立即嚴參永遠
革除以裕課項而恤商旅該關與府城相距二十
餘里該監督並不親臨關口所司何事嗣後並著

隨時稽查倘豫埅仍蹈近来年積習惟知養尊處
優著該督等叅奏毋稍瞻徇將此諭令知之欽此遵
旨寄信前来

兩江總督陶澍江蘇巡撫林則徐奏摺　**委任延齡護理常鎮道印務並請迅賜簡放**

兩江總督陶澍江蘇巡撫林則徐奏摺　委任延齡護理常鎮道印務並請迅賜簡放

道光十三年正月二十二日

兩江總督臣陶澍
江蘇巡撫臣林則徐　跪

奏為道員因病出缺委員護理恭摺具

奏請

旨簡放仰祈

聖鑒事據鎮江府知府黃在厚稟稱常鎮道王瑞徵

因公赴浦積受風寒於上年歲底染患傷寒重

症醫藥罔效於正月初九日因病出缺臣等查

該道管轄常鎮通海四府州廳地方兼有督理

徵收揚州鈔關錢糧當令揚州府暫行代辦惟

該道事務繁多必須專員接印辦理查有安徽

寧國府調補江蘇常州府知府延齡尚未赴常

州調任堪以委令護理除檄飭遵照外所有常

兩江總督陶澍江蘇巡撫林則徐奏摺　委任延齡護理常鎮道印務並請迅賜簡放

道光十三年正月二十二日

鎮通海道既有徵收稅務之責又有兼管河務
事宜員缺攸關緊要相應請
旨迅賜簡放以重職守謹會同南河總督臣張井合
詞恭摺具
奏伏乞
皇上聖鑒訓示謹
奏

另有旨

兩江總督陶澍江蘇巡撫林則徐奏摺　委任延齡護理常鎮道印務並請迅賜簡放

道光十三年正月二十二日

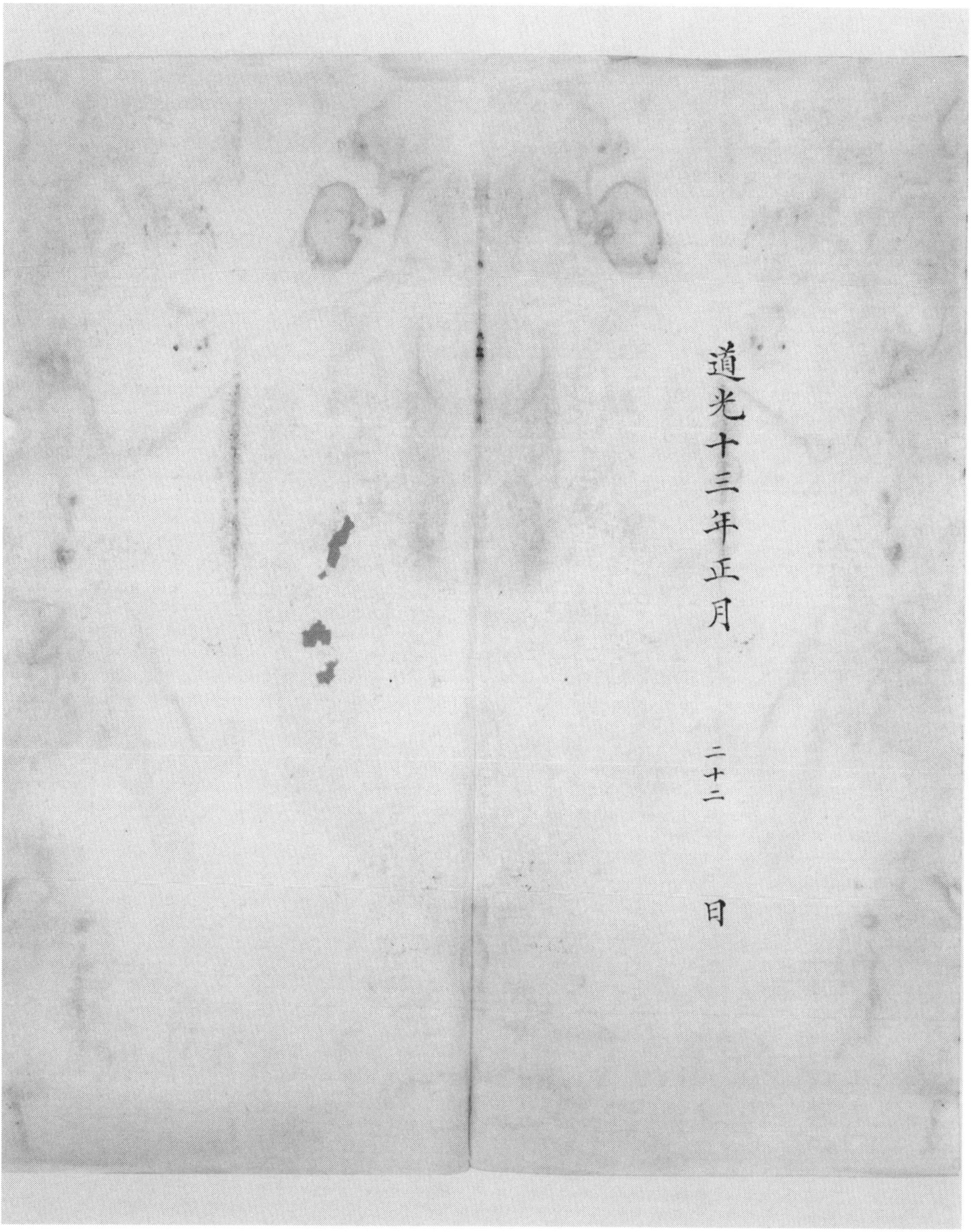

道光十三年正月　二十二　日

兩江總督陶澍江蘇巡撫林則徐奏摺

六合縣屬雙城果合二圩堤埂被水冲決請借項修復

奏

兩江總督陶澍江蘇巡撫林則徐奏摺　六合縣屬雙城果合二圩堤埂被水冲決請借項修復

道光十三年正月二十二日

兩江總督臣陶澍
江蘇巡撫臣林則徐 跪

奏為六合縣屬雙城果盒二圩堤埂被水冲決民
力捐修不足援案懇請借項奏辦分年攤還以
資捍衛仰祈
聖鑒事竊江寧府屬六合縣境雙城果盒二圩堤埂
為附近各圩之保障道光十二年夏間江潮漲
發被水冲決閘口損壞以致居民廬舍田畝悉
皆淹漫當據該縣詳據業户佘志雲楊鳳山等
以該二圩堤埂向係民間按照業食佃力自行
加築今被水冲決二十餘段急需修築按段估
計共需樁木土方銀五千餘兩除勉力籌捐銀
二千餘兩仍不敷銀三千餘兩呈懇援照道光

四年江寧縣境沙洲圩借修之案借湊修築分年攤徵還款等情經該縣親往查勘雙城圩埂共長五千七百餘丈除毋庸幫築二千餘丈外内有駱家橋等三段冲決五十餘丈洗刷成塘毫無根脚應另築新埂一百餘丈又黄練樹等處冲決二十一段應修長二百餘丈其餘三千二百餘丈均已坍卸薄削亦須加築必應速為修整共需工料銀四千五百餘兩除各業户湊捐銀一千七百兩實請借銀二千八百兩又勘得果盒洲圩南首攔江大埂亘長十五里冲決三十餘丈必須另行繞築新埂九十餘丈其餘各埂雖有舊制均已冲坍亦須一律加高幫寬

方保無虞計需銀一千餘兩除各業户湊捐銀六百餘兩實請借銀五百兩詳由府道遞加勘核移司當經藩司飭行府縣勸諭業户自行捐足修辦旋據該府縣查覆該圩民等被水冲決困苦流離生計維艱所捐之項已屬力竭實在力難捐足應請借項湊辦乘時興修且可使口食不周之户藉工謀食由江寧藩司核查屬實懇請援照道光四年江寧縣沙洲圩借修之案借項湊給修辦以保賦命詳請具

奏前來臣等伏查該縣應修圩埂為保衛田疇要工既經地方官勘明被水冲決自宜及時修築期獲有秋惟此項工程本應民間集資修辦災

歎之後民情困苦所有共估需銀五千餘兩除
業民已捐銀二千餘兩其不敷銀三千三百兩
無力湊辦係屬實在情形合無仰懇
皇上天恩俯准在於司庫銀款照數借撥俾得乘此
春初水涸農隙之際上緊修辦以資捍衛所借
銀兩即自道光十四年為始在於糧田項下分
作三年按畝攤徵還款庫項不致久懸民生藉
資樂業感沐
皇仁實靡有既至此項圩埂各業户捐資不足借項
湊辦民借民還自行經理不涉官吏之手民間
不知則例應請亦照沙洲圩之案免其造册報
銷統俟工竣委員驗收取造攤徵細册咨部備

核合併陳明伏乞

皇上聖鑒訓示謹

奏

另有旨

道光十三年正月二十二日

上諭　于家灣合龍壩工疎防著陶澍林則徐務獲挖隄首犯

道光十三年正月二十九日內閣奉
上諭本日朱士彥等由四百里馳奏桃南廳于家灣
合龍壩工蟄鑲穩定關門邊埽堵閉情形並將在工
出力人員懇請鼓勵一摺向來辦理河湖各工遇
有潰缺後處所委係險工蟄出猝不及防人力難
施事竣後在工人員著有勞績自應給予議敘至
上年龍窩汛十三堡奸民聚衆強挖官隄該管各
官漫不經心疎於防護以致奸民陳端等明目張
膽執持器械攔截行人捆縛巡兵將大隄刨挖殊
出情理之外此次壩工穩定邊埽堵閉各該員縱
有微勞亦屬分所應為之事非歷次大工可比若
濫邀議敘尚復成何事體朱士彥等所請懇予鼓

上諭　于家灣合龍壩工疎防著陶澍林則徐務獲挖隄首犯
道光十三年正月二十九日

勵之處著不准行首犯陳端起意糾衆挖隄日久
未獲殊屬延玩著陶澍林則徐嚴飭所屬勒限緝
拏務獲審辦不得以于家灣業經合龍河身已復
故道置之度外如緝捕鬆懈致要犯日久稽誅陶
澍林則徐恐不能當此重咎也張井等若無項帶
不足以資彈壓張井著加恩賞給四品項帶王貽
象張兆蘇朝英著加恩賞給五品項帶均著仍帶
革職留任八年無過方准開復該部知道欽此

江蘇巡撫林則徐題本　題參前署高郵州知州張志遂等疎防竊案限滿贓犯無獲

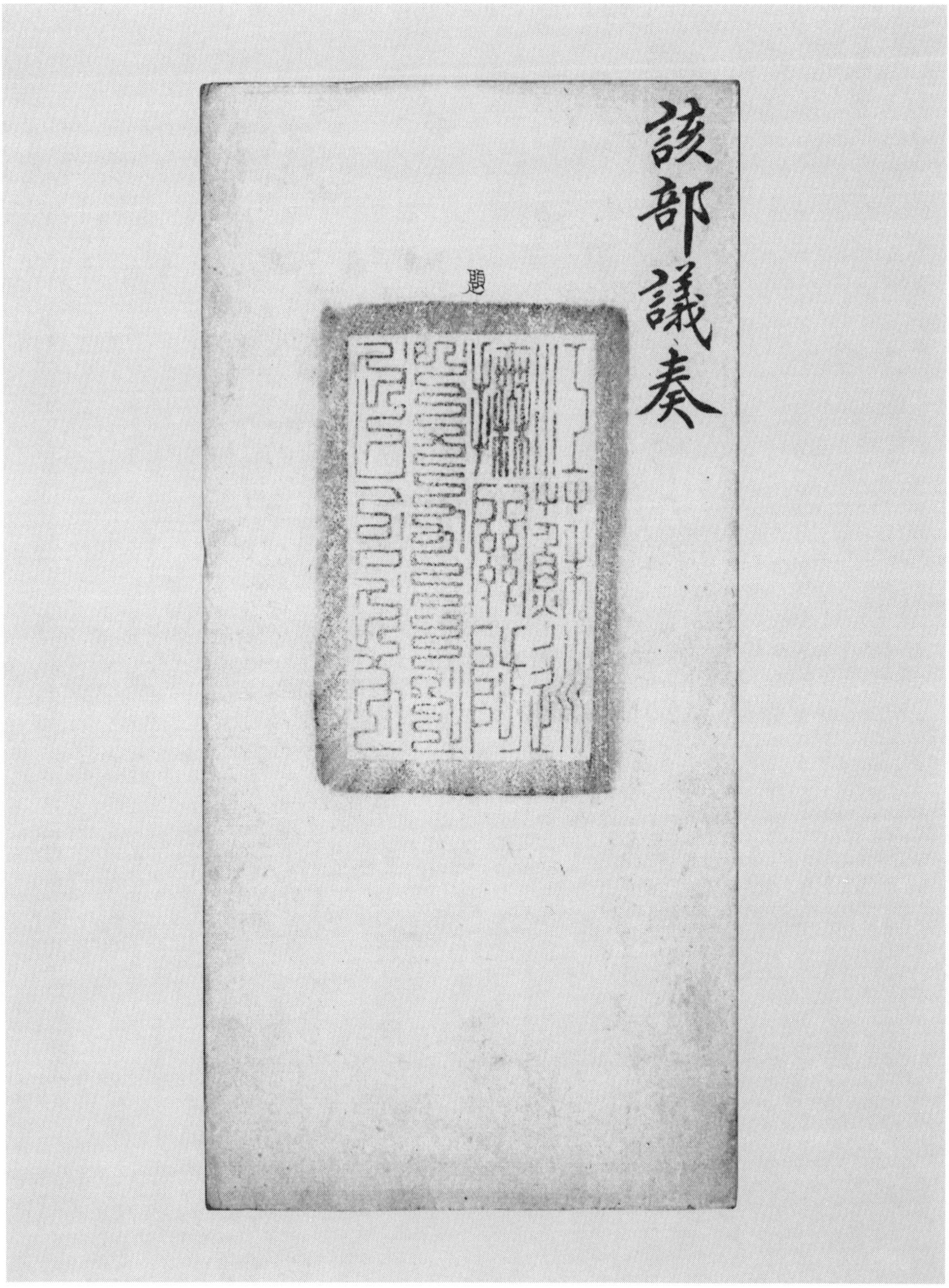

兵部侍郎兼都察院右副都御史巡撫江蘇等處地方提督軍務總理糧儲臣林則徐謹
題為詳參疏防文職事據江蘇按察使額騰伊詳
據揚州府知府王青蓮詳據高郵州知州王濬
詳稱查接管卷內道光拾貳年捌月初拾日據
地保馬長桂報據民人何長山投稱捌月初捌
日夜伊家被賊撬門入室竊去稻穀洋錢衣飾
弟媳何朱氏驚覺喊叫被匪用木棍打傷右腿
而逸等語往查屬實報叩緝究等情到州據經
前署州張志遂會營前詣該處勘明何長山家
大門有撬損形跡提訊事主人等供與報詞無
異督仵驗得何朱氏右腿木器傷壹處微青色
飭醫調治估計失贓值銀肆拾壹兩陸錢伍分

選差勒緝一面造冊録供通詳嵩批緝拏在案
兹查事主傷已平復例限已届犯無弋獲合將
疎防職名開報等情由府開列督捕督緝職名
到司並准巡道開移兼轄職名前來除飭勒緝
贓賊務獲究報外該江蘇按察使額騰伊查得
高郵州事主何長山被竊洋錢衣飾並拒傷佃
朱氏平復壹案疎防例限肆箇月應以道光拾
貳年捌月初捌失事之日起連閏扣至拾壹月
初捌日限滿所有疎防職名印官係前署高郵
州知州張志遂捕官係高郵州吏目林玉成督
捕係不同城前代理總捕同知王青蓮督緝係
不同城揚州府知府王青蓮兼轄係不同城署

江蘇巡撫林則徐題本　題參前署高郵州知州張志遂等疎防竊案限滿賊犯無獲　道光十三年二月初三日

分巡淮揚道王貽象理合開報再查印官張志
遂已於拾壹月初貳日未經限滿之先卸事係
署事人員不復回任應請議結王澐於是日回
任應俟接緝限滿犯仍無獲再行詳參督捕代
理同知王青蓮亦於玖月貳拾壹日限內卸事
不復回任現任總捕同知趙廷熙係接督捕之
員例無處分相應聲明詳候核參再失事處所
離城柒拾里離車邏汛肆拾伍里並無墩鋪防
兵合并聲明等情到臣據此該臣查得高郵州
事主何長山被竊洋錢衣飾並拒傷何朱氏平
復壹案疎防例限肆箇月應以道光拾貳年捌
月初捌失事之日起連閏扣至拾壹月初捌日

滿贓賊無獲開列疏防各職名詳參前來除飭
勒緝贓賊務獲究報外所有疏防職名印官係
前署高郵州知州張志遂捕官係高郵州吏目
林玉成督捕係不同城前代理總捕同知王青
蓮督緝係不同城揚州府知府王青蓮兼轄係
不同城署分巡淮揚道王貽象相應開報再查
印官張志遂已於拾壹月初貳日未經限滿之
先卸事係署事人員不復回任應請議結王澐
是日回任應俟接緝限滿犯仍無獲再行咨參
督捕代理同知王青蓮亦於玖月貳拾壹日限
內卸事不復回任現任總捕同知趙延熙係接
督捕之員例無處分相應聲明列參再失事處

所離城柒拾里離車邏汎肆拾伍里並無墩鋪

防兵合並陳明臣謹具

題伏乞

皇上聖鑒勅部議覆施行謹題請

旨

道光拾叁年貳月初三日兵部侍郎兼都察院右副都御史巡撫江蘇等處地方提督軍務總理糧儲臣林則徐

江蘇巡撫林則徐題本　題參前署高郵州知州張志遂等疏防竊案限滿贓犯無獲

道光十三年二月初三日

兵部侍郎兼都察院右副都御史巡撫江蘇等處地方提督軍務總理糧儲臣林則徐謹

題爲詳參疏防文職事。竊臣查得高郵州事主何長山被竊洋錢衣飾並拒傷何朱氏平復壹案，疏防例限肆箇月，應以道光拾貳年捌月初捌失事之日起，連閏扣至拾壹月初捌日滿，贓賊無獲，開列疏防各職名詳參前來。除飭勒緝贓賊務獲究報外，所有疏防職名，印官係前署高郵州知州張志遂，捕官係高郵州吏目林玉成，督捕係不同城前代理總捕同知王青蓮，督緝係不同城揚州府知府王青蓮，兼轄係不同城署分巡淮揚道王貽象，相應列參，謹題請

旨

江蘇巡撫林則徐題本

核銷長洲等屬道光三年被水災民兵賑過口糧銀兩

題
該部察核具奏

江蘇巡撫林則徐題本 核銷長洲等屬道光三年被水災民兵賑過口糧銀兩 道光十三年二月初三日

兵部侍郎兼都察院右副都御史巡撫江蘇等處地方提督軍務總理糧儲臣林則徐謹
題為報銷撫恤賑濟口糧銀兩事據蘇州布政使
陳鑾詳稱案奉行開江寧蘇州松江太倉各府
州屬上元等拾柒廳州縣被水較重先行動項
撫恤緣由於道光叁年柒月拾叁日會摺具
奏並於捌月拾伍日奉到
硃批另有旨欽此同日奉到道光叁年柒月貳拾玖
日內閣奉
上諭韓文綺奏江蘇各府州屬被水較重各處乏食
貧民請先行撫恤一摺江蘇省本年入夏以來大
雨時行湖河並漲低窪田畝被淹著該撫查明各
處乏食貧民懇請恩施著加恩將上元江寧句容

高淳長洲元和吳縣吳江震澤常熟昭文崑山新
陽太湖青浦太倉鎮洋拾柒廳州縣被水較重之
處先行撫恤壹月口糧照例折銀散放并動碾倉
穀平糶以資接濟所需銀款即由江蘇藩司庫
動項給發查辦事竣核實報銷該部知道欽此等
因又先奉抄摺內開江蘇巡撫臣韓文綺跪
奏爲江蘇各府州屬被水較重各處乏食貧民照
例先行撫恤恭摺奏懇
聖恩事竊查江蘇省本年入夏以來大雨時行湖河
並漲低窪田畝被水情形先經臣會同督臣孫
玉庭恭摺具
奏在案一面飭催兩藩司委員馳往分投確勘並

江蘇巡撫林則徐題本 核銷長洲等屬道光三年被水災民兵賑過口糧銀兩

道光十三年二月初三日

飭各州廳縣督令農佃人等無分晝夜趕緊車戽補種以冀一律普收續據各屬稟報低田積水較深竭力車戽已不能全行涸復迨立秋以後又復霪雨風潮陡增盛漲非但積水難消無從補種即已經補種之處亦被淹浸農民倍費工本頓形拮据臣又飛飭兩藩司確查詳辦去後茲據江寧布政使張志緒詳稱江寧府屬之上元江寧句容高淳等縣沿江沿河低窪田畝因江潮加漲沖缺圩埂田廬猝被水淹小民口食無資當即馳赴查勘被水較重請將乏食貧民先行撫恤壹月口糧以資接濟其被水較輕之處民力尚可支持統俟查明勘實彙詳辦理

並飭上元等縣將應撫戶口委查確數由司動
項給發辦理又據蘇州布政使玉麟詳稱本年
蘇省被水較廣情形頗重所有蘇州府屬之長
洲元和吳縣吳江震澤常熟昭文崑山新陽太
湖廳松江府屬之青浦縣又太倉州並鎮洋縣
等處實在乏食貧民照例先行撫恤壹月口糧
由司動款給發散放并飭動碾常平倉穀減價
平糶以資民食其餘被災各縣民情是否拮据
或無須先行撫恤現在確查辦理仍不許稍事
鋪飾亦不得藉端捏混各等情詳請具
奏前來臣覆查上元江寧句容高淳長洲元和吳
縣吳江震澤常熟昭文崑山新陽太湖青浦太

倉鎮洋沿柒廳州縣被水較重民力拮据之處
委屬實在情形相應仰懇
聖恩先行撫恤壹月口糧照例折銀散放并飭動碾
倉穀平糶以資接濟所需銀款即由江蘇兩藩
司庫動項給發查辦統俟事竣核實造冊報銷
外謹將江寧蘇州松江太倉各府州屬被水較
重先行動項撫恤緣由謹會同協辦大學士兩
江總督臣孫玉庭恭摺具
奏伏乞
皇上聖鑒訓示謹
奏等因又奉行開江蘇省江浦等陸縣續請撫恤
并兩藩司動款及蘇藩司採買動款並飭督查

撫恤戶口各緣由於道光叁年柒月貳拾捌日
會摺具
奏茲於玖月初陸日奉到
硃批另有旨欽此同日接奉道光叁年捌月拾捌日
內閣奉
上諭孫玉庭等奏江浦等陸縣續請撫恤并採買動
支各款一摺江蘇省本年被水災區前經降旨將
上元等拾柒廳州縣撫恤壹月口糧茲據該督等
查明江浦等陸縣續被淹浸民食維艱加恩著照
所請將江浦六合泰興華亭婁縣丹徒陸縣先行
撫恤壹月口糧照例折銀散放所需銀兩准其飭
江寧藩司於庫貯地丁雜稅等款內動給蘇州藩

司在本年秋撥及上屆春歲兩撥存貯銀兩留存
撥用至被災州縣飭往產米地方採買銀兩即在
蘇州藩司封貯款內動放糶價如數歸庫其動碾
倉穀設廠平糶著飭司道府等督查撫恤戶口如
有捏冒遺濫等弊仍恭戢務期實惠及民毋使
一夫失所用副朕軫念災黎至意該部知道欽此
等因又先奉抄摺內開協辦大學士兩江總督
臣孫玉庭江蘇巡撫臣韓文綺跪
奏爲江蘇省江浦等陸縣續請撫恤并採買動支
各款及現在查辦情形奏祈
聖鑒事竊照本年伍月以來雨水過多江寧蘇州等
屬稟報低田被淹臣等委員勘辦於陸月拾玖

日會同具
奏嗣緣立秋後霪雨風潮陡增盛漲非但積水難
消無從補種卽補種之處又被淹浸直俟而落
司詳稱上元江寧句容高淳長洲元和吳縣吳
江震澤常熟昭文崑山新陽太湖廳青浦太倉
鎮洋等共拾柒廳州縣均猝被水淹貧民乏食
請照例先行撫卹壹月口糧其餘被災較輕之
處統俟查明勘辦臣等復以米價漸昂急宜預
籌民食查照例案免稅招商並飭被災州縣赴
司借領銀兩採買運回濟食各緣由分繕兩摺
於柒月拾叁日奏
聞各在案伏思事關災青積弊多端里書地保惟利

江蘇巡撫林則徐題本　核銷長洲等屬道光三年被水災民兵賑過口糧銀兩

道光十三年二月初三日

是閭甚至有費者應繳而報緩無費者應緩而
請繳欲期實惠逮民首在革除蠹弊遂於拾肆
日將查禁災弊告示刊印數百張發貼有災州
縣務使吏役凜遵災黎共曉正在辦理間於拾
玖日承准
廷寄內開道光叁年柒月初捌日奉
上諭御史楊希銓奏江蘇省肆伍月間大雨經旬米
價驟長常熟昭文兩縣低區水濵小民艱食堪虞
請飭查辦等語直省偶有偏災地方官皆應據實
奏聞不可稍有諱飾該御史所奏常熟昭文兩縣
被淹情形是否成災應須撫恤著韓文綺迅即遴
委幹員確查履勘並將毗連州縣有無被災之處

查明辦具奏至該御史奏稱報荒田籍由州縣
漕書匯書承辦其實在荒田報明註冊者每漕糧
壹石需費約制錢肆百餘文豪富之戶與漕書等
勾串多給錢文以熟作荒希冀將來蠲緩漕書等
得受錢文即以荒註冊而實係被災地畝之窮黎
無錢註荒轉至以荒作熟不能邀恩蠲緩及開徵
時此等窮黎無力完納地方官即以實欠在民開
報積弊相沿常昭兩縣為甚至於賑濟之事有以
次貧為極貧以極貧為次貧者而無業貧民更多
遺漏甚或虛報戶口以圖侵蝕請飭查禁等語地
方官查勘災區吏胥等需索牽混百弊叢生甚屬
可惡該御史所奏以熟作荒以荒作熟及遇賑濟

虛報戶口遺漏貧民諸弊如果屬實是辦災賑
重務一任胥吏朦混舞弊不可不加意剔除著韓
文綺嚴飭所屬實力稽查如有前項弊端務即嚴
參懲辦勿稍徇隱將此諭令知之欽此臣文綺跪
讀再三即恭錄寄知臣玉庭一體欽遵共仰我
皇上軫念民依
垂訓周詳之至意查御史楊希銓所奏常熟昭文兩
縣低區水源業經臣等查明與毗連各州縣彙
請先行撫䘏壹月口糧專摺具
奏其所稱以熟作荒以荒作熟並虛報遺漏諸弊
端皆切中災賑要害爲臣等所深慮而預防是
以於拜摺請䘏之次日趕緊刊印禁約告示頒

賑災區首除蠲累茲復凜承
誨諭立即轉行藩司通飭被水州縣痛除積習有犯
必懲臣等面諭印委各員至再至三咸俾感發
天良認眞釐剔惟是本年積潦倍常受淹較廣
於奏請撫恤各案州縣之外連日復據兩藩司
先後詳報江浦六合泰興華亭婁縣丹徒共陸
縣續被淹浸民食維艱應予撫恤壹月口糧此
外各屬統俟查竣分別重輕核實辦理等因臣
等查江浦等陸縣旣經查明應恤未便令其向
隅恭懇
聖恩先行撫恤壹月口糧照例折銀易錢散放所需
撫恤銀兩江藩司請於庫貯地丁雜稅等款內

勅給蘇藩司請照本年秋撥及上屆春歲兩撥
存剩銀兩留存撥用至被災州縣前經臣等奏
明飭令赴司借領銀兩前往各省産米地方採
買運回以濟民食現據蘇藩司玉軺詳請於封
貯款内動放統俟糶竣易銀如數歸庫其動碾
倉穀平糶一節亦據各州縣陸續申報磐穀設
廠現在各處貧民足資餬口臣等已飭司道府
等員分期前往督查撫恤户口如有索費捏冒
遺濫等弊立即參辦勿稍徇隱除俟各屬水退
確查成災分數另行題請
恩施外謹合詞恭摺具
奏伏乞

皇上聖鑒訓示謹
奏等因又奉行開儀徵丹陽奉賢金山肆縣續被
水淹請一體先行撫恤及官紳捐濟災民口食
各緣由於道光叁年捌月拾陸日附片具
奏茲於玖月貳拾叁日奉到
硃批知道了欽此等因又先奉抄片內開臣孫玉庭
臣韓文綺跪
奏再臣等前據兩藩司先後詳報江浦等陸縣續
因被淹請先撫恤壹月口糧業經具
奏在案旋又據江寧藩司張志緒轉據儀徵縣稟
報該縣東西南叁鄉肆都低窪坊鋪及補新等
洲圩田廬舍前於陸柒月初間被潮淹漫經該

縣稍稱安撫民情尚可支持原期水即消退得
以補種安業詎歷今兩月水勢積漲不消復於
柒月杪捌月初連朝滄雨江水較前更漲房屋
接續坍倒者不少窮民倍形拮据即有親戚稍
裕之家被此水患秋收失望亦力難兼顧應請
先行撫恤壹月口糧並據丹陽縣續報境內沙
洲被水較重奉賢金山貳縣亦因境內續被大
水請先撫恤均查係實在情形自應與前
奏續被水災之區一體撫恤壹月口糧即批司酌
撥銀兩委員會查核實散給務期實惠及民毋
稍遺濫臣等復查得鎮江一帶各處沿江沙洲
被水淹浸居民遷避高阜當飭該管道府督屬

盡心撫輯毋致流離失所據常鎮通海道王賡
言鎮江府知府羅琦稟報該道府查得避水民
人口食難艱勸諭紳富業主妥爲賙恤安頓一
面由縣照例稟辦其有扶老攜幼前來金焦山
寺依棲者計有壹千貳百餘人又在丹徒鎮寺
廟避災者不下數百人除現在已請撫恤外但
經費有常積水未退一時遽難復業必須籌備
接濟該道府率縣先行籌項買米伍百石地方
好善紳富亦樂捐資助恤即將米石給發該紳
士等湊放清食此項米價該道府縣自請捐廉
歸款俾流離藉資安輯現屆仲秋氣候漸冷將
來江寧蘇州兩省城無業災黎前來逃荒覓食

者自必不少除各鄉勘定災分照例核實
奏請給賑外所有城廂應行撫恤外來災民臣等
現在率同司道府縣倡捐勸輸其有急公紳民
慕義捐資者統俟事竣核開捐輸姓名銀數分
別等差奏請
恩施獎敘以示鼓勵所有儀徵等肆縣續請撫恤及
官紳捐濟災民口食不至失所情形謹附片奏
聞謹
奏等因又奉行開道光肆年叁月拾陸日准戶部
咨江南司案呈戶科抄出江蘇巡撫韓文綺題
上元等州縣衛道光叁年秋禾被水被旱情形
分別給賑銷遞壹案道光叁年拾壹月初柒日

題拾貳月初伍日奉
旨該部議奏欽此欽遵於本日抄出到部該臣等查
得江蘇巡撫韓文綺疏稱江寧布政使張志緒
蘇州布政使王輅會查得江蘇各府州廳屬本
年被水情形較重之上元江寧句容高淳江浦
六合儀徵泰興長洲元和吳縣吳江震澤常熟
昭文崑山新陽太湖廳華亭奉賢婁縣金山青
浦丹徒丹陽太倉州并所屬之鎮洋等貳拾柒
州廳縣當據各該州廳縣稟請撫恤業經先後
詳請奏奉
恩准先行撫恤壹月口糧並先因糧價增昂奏明動
碾常平倉穀減糶并由司庫借銀買米及淮商

公捐鹽義倉穀轉運出糶以濟民食均經分別
查辦各在案所有江寧府屬之上元江寧句容
溧水高淳江浦六合揚州府屬之江都儀徵通
州屬之泰興等縣並揚州衛坐落江都儀徵貳
縣屯田蘇州府屬之震澤新陽吳江昭文崑山
太倉州并所屬之鎮洋寶山等陸州縣濱臨湖
河之處被淹田禾未能補種除勘不成災外成
災拾分玖分捌分柒分陸分伍分不等情形最
重又蘇州府屬之長洲元和吳縣常熟太湖廳
松江府屬之華亭奉賢婁縣金山上海南匯青
浦川沙廳常州府屬之武進陽湖無錫金匱江
陰宜興荊溪靖江鎮江府屬之丹徒丹陽金壇

溧陽太倉州屬之嘉定崇明等貳拾柒州廳縣
漕田蘆洲及蘇州太倉鎮海金山等肆衛或因
夏秋大雨頻仍水勢泛漲或因堤破江湖低田
蘆洲均被淹損除勘不成災外成災拾分玖分
捌分柒分陸分伍分不等情形次重又徐州府
屬之銅山沛縣並徐州衛坐落銅山縣田地入
夏後天氣亢旱秋禾受傷成災伍分情形亦重
以上成災州廳縣衛內地勢稍高薄有收成之
區均屬勘不成災又淮安府屬之山陽阜寧清
河桃源安東鹽城及淮安大河貳衛揚州府屬
之高郵泰州東臺甘泉興化寶應徐州府屬之
豐縣蕭縣碭山邳州宿遷睢寧海州并所屬之

贛榆通州并所屬之如皋及海門等州廳縣衛
或因入夏後雨澤愆期又因夏秋大雨頻仍湖
河泛漲秋禾被淹均係勘不成災又鎮江府屬
之丹徒縣漕田及省衛屯田雖經被水稼禾田
坐落高區僅止收成歉薄以上貳拾陸州廳縣
衛均係勘不成災據各該州縣廳衛先後稟報
即經委員分別查勘江寧藩司張志緒因總督
前赴清江防汛省會公務較多詳委護理江巡
道余霈元等分赴災重之區覆加查勘又被水
最重之上元江寧貳縣成災田地由江寧藩司
就近親詣覆勘其蘇州松江太倉等府州屬被
水成災最重之震澤等州縣由蘇州藩司周歷

查勘果係被災屬實並無冒濫除於分數案內
詳題外合先彙敍各屬被水被旱情形詳候題
報所有情形較重之上元江寧句容溧水高淳
江浦六合江都儀徵泰興長洲元和吴縣吴江
震澤常熟昭文崑山新陽太湖華亭奉賢婁縣
金山南匯青浦川沙武進陽湖無錫金匱江陰
宜興荆溪靖江丹陽金壇太倉鎮洋嘉定寶山
崇明等肆拾貳州廳縣又蘇州太倉鎮海金山
揚州等伍衛幫坐落各州縣屯田共計肆拾柒
州廳縣衛均係勘明成災應請按照成災分數
照例查明極次貧民户口分别給賑貧生兵屬
飢軍一律查辦至成災各州廳縣内尚有伍分

江蘇巡撫林則徐題本　核銷長洲等屬道光三年被水災民兵賑過口糧銀兩

道光十三年二月初三日

災田及江寧銅山沛縣上海溧陽等縣並徐州
衛坐落銅山縣成災伍分田地并丹徒縣洲地
成災伍分例不給賑以上各州廳縣衛應徵道
光叁年地丁租課等項錢糧照例按分蠲免蠲
剩銀米分年帶徵薄有收成之區同其餘被水
被旱之山陽阜寧清河桃源安東鹽城高郵泰
州東臺甘泉興化寶應豐縣蕭縣碭山邳州宿
遷睢寧海州贛榆通州如皋海門丹徒等貳拾
肆州廳縣並淮安大河貳衛均係收成歉薄勘
不成災應請照例緩徵其各州縣蘆課學租並
抄案入官田畝錯雜民田之內俱照坐落地方
一律分別查辦所有銅山豐縣沛縣並徐州衛

坐落銅山豐縣屯田成災伍分及勘不成災不
等均係連年積欠之區民情拮据應請查明貧
在乏食單民於今冬
賞給壹月口糧俾資接濟所需賑濟口糧銀兩業已
奏明分別撥用又海州例不報災之改種蘆葦
田地應請循照歷届災案准其一律緩徵又海
州一水一麦滅則田地本年麦收肆分是秋又
復被旱民情拮据應徵錢糧應准其一體緩徵
其餘災歉各州廳縣衛無力貧民軍丁應否接
濟請俟來春察看情形分別辦理所有災地漕
糧漕項銀米或分年帶徵或按分蠲免例應題
請今上元等肆拾貳廳州縣又成災伍分之銅

江蘇巡撫林則徐題本　核銷長洲等屬道光三年被水災民兵賑過口糧銀兩　道光十三年二月初三日

山沛縣上海溧陽并丹徒縣洲地成災伍分及
蘇州太倉鎮海金山揚州徐州等衛幫坐落
各州縣屯田年來水旱頻仍今歲秋收又復失
望其係勘不成災之處亦俱係積歉之區民力
不無拮据請將成災拾分玖分捌分柒分陸分
伍分田地應徵道光叁年漕糧漕項銀米按分
蠲免蠲剩銀米分別帶徵其勘不成災田地應
徵道光叁年漕糧漕項銀米並請緩至來年秋
成後分作貳年帶徵又成災及勘不成災項下
應徵甲申年新賦亦請緩至該年秋成後啓徵
其各州縣廳衛被災田地應徵嘉慶貳拾、叁肆
伍及道光元貳年災緩地漕本折錢糧津貼河

湖灘租蘆課學租正耗銀兩以及民折官辦漕
價各款米麥豆石應請照例遞緩江淮等屬熟
田舊欠錢糧現在確核通屬情形另行專案詳
請分別帶徵其蘇松等屬節年舊欠各項錢糧
除常熟武進丹徒丹陽金壇伍縣未完道光元
年以前節次災緩地漕銀米并河工借帑銀兩
先因該縣等係積欠之區新舊並徵民力未逮
業於道光貳年奏明請展遵照分徵奏案各就
最遠年分帶徵壹年外未展限各縣節欠錢糧
應照定例熟田按限帶徵災田分別遞緩又高
淳吳江常熟昭文崑山奉賢上海南匯青浦川
沙宜興荊溪太倉鎮洋寶山蘇州鎮海金山等

江蘇巡撫林則徐題本　核銷長洲等屬道光三年被水災民兵賑過口糧銀兩

道光十三年二月初三日

拾玖廳州縣衛幇本年被災田地除勘不成災
外實在成災田地係在伍分以上應徵熟田新
賦錢糧援例詳請一體緩徵再揚徐各屬例不
報災之減則田地亦被水旱歉收並請援照歷
屆成案准其一體緩帶又查賑委員人役薪水
飯食公費紙張等項遵照部議在於抄案銀內
動撥設有不敷另請支給統俟事竣造冊報銷
再查阜寧清河桃源宿遷海州沭陽贛榆等柒
州縣額徵漕贈米麥向係民折官辦去歲惟沭
陽壹縣全境成熟其餘阜寧等陸州縣均報有
災歉應請查照嘉慶拾伍年秋災情形案內奏
准章程將災田米麥緩俟成熟之年再行採辦

外所有阜寧等陸州縣及沭陽縣本年熟田米
麥仍令按數辦運其各年災緩漕贈等米應請
免其帶辦緩至明秋分限採買以紓民力所有
應緩應徵漕價各數統於奏銷案內照數登報
除飭該司道府督同印委各員覆加確勘查明
實在應蠲應緩確數取造冊結另行依限詳題
外所有道光叁年江蘇省各屬秋禾被水被旱
情形分别辦理緣由先行題報謹會同協辦大
學士兩江總督臣孫玉庭漕運總督臣魏元煜
合詞具題前來查江蘇省各屬上年秋被水旱
成災先據兩江總督孫玉庭等奏請將被災較
重之上元等貳拾柒廳州縣先行撫恤壹月口

穫及災地糧價增昂動碾常平倉穀減價平糶
并由司庫借銀分赴各省買米及動鹽義倉穀
轉運平糶各事宜節次欽奉
恩旨均經臣部恭錄行文該督撫等欽遵辦理並據
查明被災輕重情形奏請賑濟蠲緩於道光叁
年拾月拾陸日奉
上諭孫玉庭等奏查明被水被旱各州廳縣衛請分
別給賑蠲緩並賞給口糧一摺着照所請加恩將
成災之上元江寧句容溧水高淳江浦六合江都
儀徵泰興長洲元和吳縣吳江震澤常熟昭文崑
山新陽太湖廳華亭奉賢婁縣金山南匯青浦撫
民廳武進陽湖無錫金匱江陰宜興荊溪靖江丹

暘金壇太倉州鎮洋嘉定寶山宗明等肆拾貳州
廳縣又蘇州太倉鎮海金山揚州等伍衛坐落各
州縣已田按照災分查明極次貧民戶口分別給
賑業以折色散放貧生兵屬飢軍一律查辦各該
州廳縣衛成災田地及銅山沛縣徐州衛上海溧
陽田地并丹徒縣洲地成災伍分應徵本年地丁
漕糧漕項銀米及壓徵蘆課銀兩按分蠲免蠲剩
銀米分年帶徵其被災較輕之區同山陽阜寧清
河桃源安東鹽城高郵泰州東臺甘泉興化寶應
豐縣蕭縣碭山邳州宿遷睢寧海州贛榆通州如
皋海門廳丹徒等貳拾肆州廳縣并淮安大河貳
衛勘不成災田地應徵本年地漕各項銀米並著

緩至來歲秋成分作兩年帶徵又成災及勘不成
災項下應徵甲申年歲賦亦着緩至該年秋成後
啓徵以上各州廳縣衛應徵嘉慶貳拾叁肆伍並
道光元貳等年災緩地漕本折及各款正耗漕價
並米麥豆石河工借帑緩徵等銀着照例槩予遞
緩又海州所種蘆草並一水一麥減則田地均着
照案一律緩徵其揚徐等屬例不報災之減則田
地亦經被淹着准其援歷屆成案一體緩帶又銅
山沛縣豐縣並徐州衛坐落銅山豐縣屯田上年
被水今秋被旱成災伍分及勘不成災不等該肆
縣衛頻年災歉貧民口食無資者查明乏食軍民
於隆冬時賞給壹月口糧俾資接濟再阜寧清河

江蘇巡撫林則徐題本　核銷長洲等屬道光三年被水災民兵賑過口糧銀兩
道光十三年二月初三日

桃源宿遷海州沭陽贛榆等柒州縣向例民折官
辦漕糧除沭陽全境成熟外其阜寧等陸州縣均
報災歉着照嘉慶拾伍年成案將災田米麥緩徵
成熟之年再行採辦熟田應辦道光叁年分米麥
仍行分別辦運其節年災緩漕贈等米著免其帶
辦緩至明秋分年採買等因欽此臣該督等將成
災伍分以上之熟田應徵地漕錢糧奏請緩徵
經臣部議覆於道光叁年拾壹月拾肆日奉
上
諭户部議覆孫玉庭等奏江蘇省成災伍分以上
之熟田應徵錢漕請旨緩徵一摺著加恩將江寧
蘇州松江常州太倉伍府州屬內成災伍分以上
之高淳吳江常熟昭文崑山奉賢上海南匯青浦

川沙宜興荊溪太倉鎮洋寶山拾伍廳州縣應徵
道光叁年熟田新賦錢糧緩至道光肆年秋成後
啓徵其熟田漕米除寶山縣照例官辦起運外餘
俱一體准其緩至來歲啓徵時再行搭運至蘇州
太倉鎮海金山肆衛幫應徵道光叁年折徵漕價
及屯田津貼銀兩吴江常熟昭文崑山奉賢上海
南匯青浦川沙宜興荊溪太倉鎮洋震澤新陽拾
伍廳州縣應行起運白糧正米叁萬伍千伍百餘
石及隨徵耗米並寶山縣折徵白糧米價著一體
緩至來歲啓徵以紓民力等因欽此亦經臣部恭
錄行文該督撫等欽遵辦理各在案今據該撫
將成災伍陸柒捌玖拾分不等及勘不成災各

州廳縣衛被水被旱輕重情形分別給賑蠲緩
錢漕各事宜詳晰題報臣部核與欽奉
諭旨相符應如所題辦理其餘秋被災歉各州廳縣
衛無力貧民軍丁應否接濟之處並令該督撫
於今春察看情形分別查辦其江淮等屬熟田
舊欠錢糧擬請確核通屬情形另行專案分別
帶徵蘇松等屬節年舊欠地漕銀米并河工借
帑銀兩除奏明展限州縣各就最遠年分帶徵
壹年外未展限州縣節欠錢糧熟田按限帶徵
災田分別遞緩亦應如所題辦理仍令該撫即
飭司道府廳加確勘查明實在應蠲應緩地漕
銀米數目取造冊結分晰題報核辦至勘不成

江蘇巡撫林則徐題本　核銷長洲等屬道光三年被水災民兵賑過口糧銀兩　道光十三年二月初三日

災各州縣境内未經被水被旱成熟村莊應俟
上年地漕新賦並節年災緩各項錢糧仍令該
撫轉飭照常徵輸其各衛屯田並各州縣蘆田
學租及抄產入官田畝錯雜民田之内俱照坐
落地方一律辦理所需賑恤口糧以及撫賑員
役公費等項銀兩應令該撫轉飭在於奏緩留
漕及司庫閒款銀内分別動用俟事竣核實造
冊依限題報核銷所有動碾常平倉穀及由司
庫借銀分赴各省買米平糶各數目並令轉飭
分晰造冊報部查核仍責成該督撫等董飭所
屬認真經理將蠲緩銀米款目年限出示曉諭
俾災黎為沾實惠倘官吏有影射冒報情弊立

部覈奏究辦等因道光肆年貳月拾壹日題本
月拾叁日奉
旨依議欽此等因又奉行開道光叁年拾月初壹日
准兵部火票遞到戶部咨江南司案呈軍機處
交出本部議奏前事一摺相應抄錄原奏行文
江蘇巡撫欽遵辦理再該督等奏稱蘇松等屬
先行撫恤壹月口糧約需銀貳拾萬兩未據聲
明動用何項銀款今據聲稱各屬災地較廣約
需賑銀壹百萬兩查有蘇州藩庫本年春秋各
撥報存共銀叁拾壹萬餘兩堪以動用茲查該
省本年秋撥冊報實存銀伍拾壹萬柒千餘兩
與現奏存庫銀數不符所有前項先行撫恤壹

月口糧銀貳拾萬兩是否在於秋撥報存銀內
動用應咨該撫速飭詳查報部核辦可也計黏
單一紙戶部謹
奏爲遵
旨速議具奏事軍機處交出道光叁年玖月拾陸日
奉
上諭孫玉庭等奏請協撥蘇松等屬災賑銀兩一摺
本年江蘇省蘇州松江等屬被災較重業經該督
等奏請撫恤口糧茲據查明各屬成災分數戶口
分別給賑槩以折色散放約需銀壹百萬兩除該
省蘇藩庫本年秋撥及上屆春撥歲撥存剩銀叁
拾壹萬餘兩並滸墅關蘇糧道江糧道各庫存銀

貳拾叁萬壹千餘兩俱著准其動撥外其不敷銀
肆拾伍萬捌千兩應在別省報存銀內指撥之處
著交戶部速議具奏該督等務須督率該管道府
核實散給俾災黎均沾實惠仍隨時嚴密稽查如
官吏等有侵剋冒濫情弊立即嚴参究辦毋稍姑
容欽此欽遵交出到部臣等伏查江蘇省蘇州松
江等屬本年被災該督等奏請撥賑恤銀壹百
萬兩除該省蘇藩庫冊報及滸墅關蘇糧道江
糧道各庫共存銀伍拾肆萬壹千餘兩欽奉
諭旨准其動撥外其不敷銀肆拾伍萬捌千兩臣部
酌議在於蘇州藩庫封貯銀內動撥銀貳拾伍
萬兩兩淮秋撥現報實存鹽課銀內動撥銀貳

拾萬捌千兩共動撥蘇州藩庫封貯銀兩應令
該督等俟捐監收有成數照例陸續歸還報部
查核並令兩淮鹽政於文到日即委員解交江
蘇藩庫以備支用仍責成該督等董率所屬實
力經理務使災黎均沾實惠仍隨時嚴密稽查
如官吏等有侵剋冒濫情弊立即嚴參究辦並
令於事竣後將用過銀兩核實造報題銷如有
餘剩即行報部酌撥恭候
命下臣部行文該督撫等一體欽遵辦理謹
奏請
旨道光叁年玖月拾玖日發報具奏貳拾壹日報到
奉

旨依議欽此等因又奉行開嘉定寶山兩邑紳耆捐
資助賑請免勳
帝一摺并溧水縣紳民捐賑夾片於道光叁年拾
貳月貳拾柒日會摺附片具
奏茲查嘉寶捐賑正摺於道光肆年正月貳拾捌
日奉到
硃批依議妥辦欽此又溧水捐賑夾片同日奉到
硃批知道了欽此等因并奉抄摺并片內開協辦大
學士兩江總督臣孫玉庭江蘇巡撫臣韓文綺
跪
奏爲嘉定寶山兩邑紳耆捐資助賑援案請免勳
帝恭摺奏祈

聖鑒事竊照江蘇省本年雨水過多田廬被浸屢蒙
恩旨撫賑兼施不惜億萬
帑金爲民籌食實已無微不至飽領
皇仁臣等正在詳查戶口飭屬啓賑間接據嘉定縣
知縣淡春臺稟稱現應給賑之貧民約共拾萬
餘口每月應給賑銀壹萬伍千餘兩該縣捐廉
首先倡率紳士等踴躍樂輸已共捐有陸萬餘
金足敷叁箇月散放之用無庸請領
帑項又據寶山縣知縣王坤稟稱縣民均以種棉
紡織爲生當此木棉失收貧民不少冬熟之期
正遠務須計出萬全該縣倡捐廉銀各紳民等
誼篤維桑同深踴躍約計捐數共得制錢玖萬

餘千買米賑濟不分極次貧民一律每口日給
大米貳合滿月開賑放至本年正月間停止約
共拾萬餘口放滿百日既久且普無須再行請
帑各等情臣等伏思直省偶報歉收無不立沛
恩膏動款鉅億原無藉一隅之捐助但紳庶共敦任
恤未便抑其向善之誠合周官之保富賑貧驗
盛世之型仁講讓溯查嘉慶拾玖年安省六安州
曾有紳士捐賑請免動
帑奏蒙
諭旨允行之案今嘉定寶山兩縣紳耆懇請捐資助賑
出於衆悅踴躍臣等不敢壅於上
聞如荷

天恩俞允恭候
命下之日臣等飭令藩司將嘉定寶山貳縣賑需加
除無庸動項至該紳民所捐銀錢現屆賑期未
便延緩臣等已諄飭該縣等妥爲督率稽查悉
由紳士公擇誠篤可信之董事自行分廠核名
散放毫不使吏役涉手惟事由捐辦應請邀免
造册報銷以歸簡易其捐數内竟有獨捐壹萬
及柒捌千兩不等者具見急公就俟事竣彙查
各屬中加辦義賑出資助賑之姓名捐數奏懇
分別
加恩以示鼓勵所有嘉定寶山兩邑紳耆捐資助賑
援案請免動

奏緣由謹合詞繕摺具
奏伏乞
皇上聖鑒訓示謹
奏再續據溧水縣知縣王士仁稟稱該縣被災地
方僅一隅中之一隅查明極次貧戶大小口共
肆萬貳千有零約需賑銀僅陸千餘兩紳民踴
躍捐輸共銀伍千兩有零尚屬不敷該縣情願
捐廉添補應請無庸動
帑等情臣等核與嘉定寶山貳縣事同一例相應
附片奏
聞謹
奏等因又奉行關道光肆年正月拾叁日准兵部

江蘇巡撫林則徐題本　核銷長洲等屬道光三年被水災民兵賑過口糧銀兩

道光十三年二月初三日

火票遞到戶部咨江南司案呈內閣抄出道光
肆年正月初貳日奉
上諭上年江蘇省上元等廳州縣被水業經降旨蠲
緩賑恤小民自可生計有資惟念今春青黃不接
之時民力不免支絀著加恩將上元江寧句容高
淳六合江浦江都儀徵吳江震澤常熟昭文崑山
新陽青浦太倉鎮洋拾柒州縣原查拾玖捌柒分
戶口又長洲元和吳縣華亭婁縣金山江陰柒縣
除拾分玖分次貧戶口歸入捐賑辦理外所有極
貧戶口及銅山縣原查伍分之肆百玖拾伍莊豐
縣勘不成災之辛村等拾壹里沛縣原查伍分之
坊壹等拾貳里勘不成災之千壹等肆里睢寧縣

江蘇巡撫林則徐題本　核銷長洲等屬道光三年被水災民兵賑過口糧銀兩　道光十三年二月初三日

勘不成災之木瀆等拾捌社並揚州衛坐落江都
儀徵徐州衛坐落銅山豐縣乏食貧民軍佃均加
賞壹月口糧以資接濟用示朕新韶錫柔惠洽黎
元至意該部即遵諭行欽此欽遵於本月初肆日
抄出到部相應行文江蘇巡撫欽遵辦理可也
等因又先奉抄摺內開協辦大學士兩江總督
臣孫玉庭江蘇巡撫臣韓文綺跪
奏爲欽遵
恩旨察看災區實在情形應請來春酌加接濟緣由
恭摺奏祈
聖鑒事竊照道光叁年拾月初叁日奉
上諭江蘇上元等屬州縣被水來春應否接濟之處

查明奏聞等因欽此臣等跪讀
恩綸仰見
聖主軫念災黎有加無已當即恭錄轉行欽遵確查
去後茲據江寧布政使張志緒蘇州布政使王
輅查明各州縣情形詳請核
奏前來臣等伏查本年江蘇省霖潦異常凡上元
等肆拾柒州廳縣衛田廬被浸既廣且多爲近
年所罕覯節經奏荷
鴻慈卹賑兼施錢漕並緩運米則槩行免稅隆冬復
賞給口糧以情形較重之年沐浩蕩非常之
澤不但小民頌戴萬口同聲即臣等勸支百拾萬
帑金亦倍覺交相感悚茲複重荷

垂詢令加體察祇承之下欽佩難名現屆開放正賑
之時戶等自應閭閻安集戶少流移即例不給
賑之貧民已飭將紳富捐輸之項或設廠寬期
貴賑或按戶散給錢文鄉鎮民戶亦各勸捐賙
恤約至來年正貳月間似可無虞失所惟查上
元江寧句容高淳六合江浦江都儀徵吳江震
澤常熟昭文崑山新陽青浦太倉鎮洋共拾柒
州縣成災拾玖擬柒分戶口較繁災分較重來
春青黃不接之時誠如
聖諭恐民力不無拮据自應酌加接濟又長洲元和
吳縣華亭婁縣金山江陰等柒縣被災稍輕除
拾分玖分次貧戶口歸入捐賑辦理外尚有極

貧戶口亦需量予接濟又銅山縣成災伍分之
肆百玖拾伍莊豐縣勘不成災之辛村等拾壹
至沛縣成災伍分之坊壹等拾貳里及勘不成
災之千壹等肆里睢寧縣勘不成災之木備等
拾捌社並揚州衛坐落江都儀徵徐州衛坐落
銅山豐縣之食貧民軍佃該處均係積歉之區
口食維艱體訪輿情亦當接濟合無仰懇
天恩俯准將上元等叁拾州縣衛極次貧戶口
加賞口糧壹月俾各接濟有資民咸能
德此外各屬貧民業經正賑復領捐輸佐賑似可待
至麥秋不致乏食臣等仍當察看情形臨時再
爲酌辦所有查明災屬應需接濟緣由謹合詞

恭摺具

奏伏乞

皇上聖鑒訓示謹

奏等因又奉行開上元等州縣衛今春加賞口糧

接濟籌撥銀款緣由於道光肆年正月貳拾捌

日會摺具

奏於叁月初肆日奉到

硃批另有旨欽此並奉

上諭壹道道光肆年貳月拾伍日内閣奉

上諭孫玉庭等奏籌撥加賞口糧銀款一摺前因江

蘇省上元等處上年被水降旨於今春加賞乏食

貧民軍佃壹月口糧茲據該督等查明上元等縣

賞正賑極次貧戶口核計約需銀貳拾叁萬伍千
餘兩除上年正賑剩銀拾貳萬玖千餘兩抵放外
尚有不敷龍江關堪撥銀陸萬兩淮滸關堪撥銀
貳萬陸千兩揚州關堪撥銀貳萬兩其吳江長洲
等州縣按照正賑極次貧民戶口除分別歸入捐
賑辦理外核計尚須銀拾捌萬兩蘇州司庫現存
春撥銀拾貳萬貳千餘兩堪以動用滸墅關可撥
銀陸萬兩著加恩准其按數動撥以資接濟如有
餘剩解司還款設有不敷即於司庫正項款內撥
給該督等務飭令該管道府州督查戶口核實開
報一俟撥發銀兩親查散放仍隨時嚴密察訪如
有胥役剋扣冒濫情弊即據實嚴參究辦該部知

道欽此合就恭録札行等因又奉抄稿內開協辦
大學士兩江總督臣孫玉庭江蘇巡撫臣韓文
綺跪
奏爲籌撥
加賞口糧銀款仰祈
聖鑒事竊臣等接准部咨道光肆年正月初貳日奉
上諭上元江寧句容高淳六合江浦江都儀徵吳江
震澤常熟昭文崑山新陽青浦太倉鎮洋拾柒州
縣原查拾玖捌柒分戶口又長洲元和吳縣華亭
婁縣金山江淮柒縣除拾分玖分次貧戶口歸入
捐賑辦理外所有極貧戶口及銅山縣原查伍分
之肆百玖拾伍莊豐縣勘不成災之辛村等拾壹

江蘇巡撫林則徐題本　核銷長洲等屬道光三年被水災民兵賑過口糧銀兩
道光十三年二月初三日

里沛縣原查伍分之坊壹等拾貳里勘不成災之
千壹等肆里睢寧縣勘不成災之木窩等拾捌社
並揚州衛坐落江都儀徵徐州衛坐落銅山豐縣
乏食貧民軍佃均加賞壹月口糧以資接濟等因
欽此臣等跪讀之下仰見
聖主惠愛黎元
恩加無已之至意當經恭錄轉行江蘇兩藩司欽遵
頒發謄黃曉諭籌備銀款詳請發放去後茲據
江寧布政使張志緒詳稱按照上元等縣衛正
賑極次貧戶口核計約需銀貳拾叁萬伍千餘
兩除上年正賑剩銀拾貳萬玖千餘兩抵放外
尚有不敷因司庫錢糧連年蠲緩無款動撥移

查龍江關堪撥銀陸萬兩淮宿關堪撥銀貳萬
陸千兩揚州關堪撥銀貳萬兩共堪撥銀拾萬
陸千兩又據署蘇州布政使林則徐詳稱吴江
長洲等州縣按照正賑極次貧戶口除分别歸
入捐賑辦理外核計尚須銀拾捌萬兩司庫現
存查撥拾貳萬貳千餘兩堪以動用移查滸墅
關可撥銀陸萬兩各詳請
奏明撥用前來臣等覆加察核該司等請撥銀兩
均係照例核計在所必需相應
奏懇
天恩俯准按數動撥以資接濟如有餘剩解司還款
設有不敷當於司庫正項款内撥給並飭該管

江蘇巡撫林則徐題本　核銷長洲等屬道光三年被水災民兵賑過口糧銀兩　道光十三年二月初三日

道府州督查户口核實開報一俟撥發銀兩親
查散放務期實惠均沾仍隨時嚴密察訪如有
胥役剋扣冒濫情弊立即據實嚴參究辦所有
籌撥口糧銀款緣由謹合詞恭摺具
奏伏乞
皇上聖鑒訓示謹
奏等因各到司奉經先後移行欽遵去後茲准
蘇松太常鎮糧巡道移據蘇州府詳據長洲元
和吳縣吳江震澤常熟昭文崑山新陽太湖拾
縣廳詳又據松江府詳據華亭奉賢婁縣金山
南匯青浦川沙等縣廳詳又據常州府詳據武
進陽湖無錫金匱江陰宜興荊溪靖江捌縣詳

又據鎮江府詳據丹徒丹陽金壇叁縣詳又據
太倉州詳該州并據鎮洋崇明嘉定縣詳將撫恤
賑濟加賞口糧給過災民兵屬貧生動用銀兩
分造細結由道加結移送到司准此該蘇州布
政使陳鑾查得道光叁年蘇松等伍府州屬自
夏徂秋或因雨水過多湖河並漲或猝被江潮
低田蘆洲均被淹浸禾稼蕩然即高阜之區亦
間被水淹成災較重先奉叁次
奏請將長洲元和吳縣吳江震澤常熟昭文崑山
新陽太湖華亭奉賢婁縣金山青浦丹徒丹陽
太倉鎮洋等拾玖州廳縣先行撫恤壹月口糧
續於情形案內

江蘇巡撫林則徐題本　核銷長洲等屬道光三年被水災民兵賑過口糧銀兩
道光十三年二月初三日

題明被災較重之長洲元和吳縣吳江震澤常熟
昭文崑山新陽太湖華亭奉賢婁縣金山南匯
青浦川沙武進陽湖無錫金匱江陰宜興荊溪
靖江丹陽金壇太倉鎮洋嘉定寶山崇明等屬
拾貳州廳縣均係勘明成災分數照例給賑貧
生兵屬各隨坐落州縣一律查辦槩給折色每
米壹斗折銀壹錢於司庫正項銀內撥給等因
奉部覆准當將各該州廳縣成災分數彙同成
災伍分及勘不成災各處分晰詳
題在案除原
題內例應給賑之嘉定寶山貳縣勘辦義賑足數
散給詳奉

奏准歸入民捐義賑辦理未經動支
裕項外其長洲等叁拾州廳縣賑過災民兵屬貧
生及先行撫恤壹月口糧并道光肆年春欽奉
恩旨加賞壹月口糧給過極次貧大小口動用銀兩
准據該道府州取造册結呈送到司覆加察核
長洲元和吳縣叁縣撫恤口糧於柒月内散放
吳江震澤常熟昭文崑山新陽太湖華亭奉賢
婁縣金山青浦丹徒丹陽太倉鎮洋拾陸州廳
縣撫恤口糧於玖月内散放長洲等叁拾州廳
縣被稻分災極貧正賑肆箇月次貧正賑叁箇
月玖分災極貧正賑叁箇月次貧正賑兩箇月
柒捌分災極貧正賑兩箇月次貧正賑壹箇月

陸分災極貧正賑壹月從拾月分賑起又長洲
縣肆年春加賞壹月口糧於肆月內散放元和
吳縣吳江震澤常熟昭文崑山新陽華亭婁縣
金山青浦江陰太倉鎮洋拾伍州縣肆年春加
賞壹月口糧於叁月內散放以折色散給循
照定例每逢大建每大口給銀壹錢伍分小口
給銀柒分伍釐如遇小建每大口給銀壹錢肆
分伍釐小口給銀柒分貳釐伍毫分別按月放
給計道光叁年柒月分大建撫卹長洲元和吳
縣叁縣乏食災民大口壹拾萬柒千捌百貳拾
陸口小口伍萬叁千肆百陸拾陸口共折給銀
貳萬壹百捌拾叁兩捌錢伍分玖月分大建撫

恤吳江震澤常熟昭文崑山新陽太湖華亭奉
賢婁縣金山青浦丹徒丹陽太倉鎮洋等拾陸
州廳縣乏食災民大口肆拾貳萬貳千壹百玖
拾叁口小口壹拾捌萬玖千肆百叁口共折給
銀柒萬柒千伍百叁拾肆兩壹錢柒分伍釐拾
月分小建初賑長洲元和吳縣吳江震澤常熟
昭文崑山新陽太湖華亭婁縣青浦丹陽太倉
鎮洋等拾陸州廳縣拾分災極貧災民兵屬大
口叁拾叁萬陸千陸百壹拾柒口小口壹拾伍
萬貳千柒百陸拾壹口共該折給銀伍萬玖千
捌百捌拾肆兩陸錢叁分柒釐伍毫拾壹月分
大建貳賑照初賑口數除吳縣吳江崑山新陽

華亭伍縣續故遷移大口貳拾柒口小口伍口
並增拾分災次貧及昭文華亭婁縣青浦江陰
伍縣玖分災極貧大口柒拾伍萬玖千叁百捌
拾柒口小口叁拾伍萬伍千貳百陸拾伍口貧
共賑大口壹百玖萬伍千玖百柒拾柒口小口
伍拾萬捌千貳拾壹口共該折給銀貳拾萬貳
千肆百玖拾捌兩壹錢貳分伍釐拾貳月分大
建叁賑照貳賑口數除去吳縣吳江崑山新陽
華亭婁縣青浦江陰太倉玖州縣續故遷移大
口陸拾陸口小口貳拾貳口並增常熟昭文崑
山華亭奉賢婁縣金山南匯青浦川沙武進陽
湖無錫金匱江陰宜興荊溪靖江丹陽金壇太

倉鎮洋崇明貳拾叁州廳縣玖分災次貧及柒
捌分災極貧大口伍拾玖萬貳千玖百捌拾叁
口小口貳拾貳萬壹千玖百壹拾捌口實共賑
大口壹百陸拾捌萬捌千捌百玖拾肆口小口
柒拾貳萬玖千玖百壹拾柒口共該折給銀叁
拾萬捌千柒拾柒兩捌錢柒分伍釐道光肆年
正月分大建肆賑照叁賑口數除去吳縣吳江
崑山新陽華亭奉賢婁縣青浦江陰太倉拾州
縣續故遷移大口壹百拾捌口小口貳拾捌口
並增柒捌分災次貧陸分災極貧及華亭縣開
賑歸來共大口玖拾萬壹千柒百捌拾口小口
叁拾伍萬玖千陸百捌拾口實共賑大口貳百

伍拾玖萬伍百伍拾陸口小口壹百捌萬玖千
伍百陸拾玖口共該折給銀肆拾柒萬叁百壹
兩柒分伍釐叁月分大建加賞元和吳縣吳江
震澤常熟昭文崑山新陽華亭婁縣金山青浦
江陰太倉鎮洋壹拾伍州縣拾分玖分捌分柒
分災分別極次貧壹月口糧共大口壹百叁萬
叁千捌百柒拾玖口小口肆拾肆萬肆千伍百
壹拾捌口共該折給銀壹拾捌萬捌千肆百貳
拾兩柒錢肆月分大建加賞長洲縣拾分災極
貧壹月口糧共大口貳萬玖千叁百玖拾口小
口壹萬陸千陸百柒拾叁口共該折給銀伍千
陸百伍拾捌兩玖錢柒分伍釐以上撫恤初貳

叁肆賑并肆年春加賞口糧通共賑過災民兵
屬大口柒百叁拾萬伍千叁百叁拾貳口小口
叁百壹拾捌萬肆千叁百貳拾捌口共該折給
銀壹百叁拾叁萬貳千伍百伍拾玖兩肆錢壹
分貳釐伍毫除各屬節省拾月分小建扣尾銀
壹釐又吳縣拾壹月分節省銀壹錢肆分貳釐
伍毫又華亭縣各月分節省銀貳釐外實共給
過銀壹百叁拾叁萬貳千伍百伍拾玖兩貳錢
陸分柒釐又長洲元和吳江震澤常熟昭文崑
山新陽華亭奉賢婁縣南匯青浦川沙陽湖江
陰宜興荊溪靖江太倉鎮洋崇明等貳拾貳州
廳縣查報應賑貧生亦循定例分別按月散給

計道光叁年玖月分大建撫恤吴江震澤崑山
新陽青浦太倉鎮洋柒州縣乏食貧生大口玖
百叁拾捌口小口肆百叁拾叁口共折給銀壹
百柒拾叁兩壹錢柒分伍釐拾月分小建初賑
長洲元和吴江震澤常熟昭文崑山新陽華亭
婁縣青浦等拾壹縣拾分災極貧貧生大口陸
百叁拾叁口小口叁百叁拾伍口共折給銀壹
百壹拾陸兩柒分貳釐拾壹月分大建貳賑照
初賑口數故增吴江震澤常熟崑山新陽華亭
婁縣青浦江陰等玖縣拾分災次貧及玖分災
極貧大口陸百陸拾陸口小口叁百肆口實共
賑大口壹千貳百玖拾玖口小口陸百叁拾玖

口共折給銀貳百肆拾貳兩柒錢柒分伍釐拾
貳月分大建叁賑照貳賑口數並增常熟奉賢
南匯青浦川沙陽湖江陰宜興荆溪靖江太倉
鎮洋崇明等壹拾叁州廳縣玖分災次貧及柒
捌分災極貧大口貳千柒百柒拾柒口小口壹
千玖拾叁口實共賑大口肆千柒拾陸口小口
壹千柒百叁拾貳口共折給銀柒百肆拾壹兩
叁錢道光肆年正月分大建肆賑照叁賑口數
並增常熟奉賢南匯青浦川沙江陰太倉鎮洋
崇明等玖州廳縣柒捌分災次貧及陸分災極
貧大口壹千肆拾貳口小口肆百伍拾壹口實
共賑大口伍千壹百壹拾捌口小口貳千壹百

捌拾叁口共折給銀玖百叁拾壹兩肆錢貳分
伍釐叁月分大建加賞元和吳江震澤常熟昭
文崑山新陽華亭婁縣青浦江陰太倉鎮洋等
拾叁州縣拾分玖分捌分柒分災極次貧生壹
月口糧共大口壹千柒百叁口小口柒百陸拾
壹口共折給銀叁百壹拾貳兩伍錢貳分伍釐
肆月分大建加賞長洲縣拾分災極貧貧生壹
月口糧計大口玖口小口陸口共折給銀壹兩
捌錢以上撫恤初貳叁肆賑并肆年春加賞口
糧通共賑過大口壹萬叁千柒百柒拾陸口小
口陸千捌拾玖口共該折給銀貳千伍百壹拾
玖兩柒分貳釐內除華亭縣節省銀壹釐實共

拾銀貳千伍百壹拾玖兩柒分壹釐合將各屬
賑過災民兵屬貧生用過銀兩分晰彙造簡明
總撫司冊同各屬區圖冊結并另造冊目冊詳
送伏候
題銷至災民撫恤賑濟加賞口糧所需銀兩先後
詳奉
奏准并奉部指撥於司庫動支道光貳年歲撥銀
伍千貳百伍拾捌兩肆錢貳分玖釐道光叁年
春撥銀壹萬伍千貳百玖拾捌兩壹錢壹分捌
釐道光叁年秋撥銀肆拾玖萬陸千伍百捌拾
兩肆錢陸分柒釐道光肆年春撥銀壹拾貳萬
貳千玖百肆拾肆兩陸錢伍釐正項封貯款內

動支銀貳拾萬捌千伍百陸拾捌兩陸錢陸分
捌釐滸墅關兩次協撥銀貳拾壹萬兩蘇糧道
道光叁年春撥銀肆萬貳千貳百伍拾柒兩玖
錢叁釐江糧道道光叁年秋撥銀叁萬玖千陸
百肆拾叁兩柒錢捌分貳釐兩淮運庫鹽課銀
貳拾萬捌千兩統共銀壹百叁拾肆萬捌千伍
百伍拾壹兩玖錢柒分貳釐現據冊報動用開
銷銀壹百叁拾叁萬貳千伍百伍拾玖兩貳錢
陸分柒釐計該餘剩銀壹萬伍千玖百玖拾貳
兩柒錢伍釐內已據各屬先後解還銀肆千柒
拾叁兩叁錢叁分伍釐內造入道光陸年秋撥
案內長洲宜興貳縣解還賑餘銀柒拾叁兩叁

錢叁分伍釐又收還封貯原款道光肆年貳月
初叁日靖江縣解還賑餘銀肆千兩又司庫用
剩道光叁年賑餉一款現存銀壹萬柒百伍拾
兩陸錢貳分壹釐存俟造入道光拾叁年分春
撥冊內報撥外計該各屬未解災民兵賑餘
銀壹千壹百陸拾捌兩柒錢肆分玖釐又貧生
口糧循例於司庫存公項下動支銀貳千伍百
貳拾肆兩叁錢貳分壹釐內道光叁年分存公
報銷冊內動支開除銀壹千叁拾貳兩貳錢捌
分捌釐道光肆年分存公報銷冊內造報開除
銀壹千叁拾肆兩伍錢貳分貳釐道光陸年分
存公報銷冊內造報開除銀捌拾兩叁錢貳分

伍釐又現在動支給還各屬歸墊存俟造入道
光拾貳年存公報銷冊內開除銀叁百柒拾柒
兩壹錢捌分陸釐共符前數現據冊報動用開
銷銀貳千伍百壹拾玖兩柒分壹釐計該餘剩
銀伍兩貳錢伍分內已據川沙廳解還賑餘銀
叁兩肆錢伍分業已造入道光肆年存公報銷
冊內新收項下登報外計該各屬未解貧生賑
餘銀壹兩捌錢現同災民賑餘銀兩一并嚴提
解司另行造報再此項花名細冊已奉
奏明刪免是以祇飭造送區圖戶口簡明清冊所
有此案報銷應於道光肆年肆月通屬加賑賑
竣後起加至閏柒月底止肆箇月限滿緣江陰

縣冊結屢催始據送到以致遲延其該縣歷任
遲延職名現在嚴札飭取一俟開報到日另行
加限詳請補咨核議尚有不敷呈送冊結分別
催取俟送到詳請補咨現於冊目內分晰登
說合並聲明等情據此該臣查得道光叁年蘇
松等伍府州屬自夏徂秋或因雨水過多湖河
並漲或猝被江潮低田蘆洲均被淹沒禾稼蕩
然即高阜之區亦間被水淹成災較重經前任
督撫臣先後會摺
奏請將長洲元和吳縣吳江震澤常熟昭文崑山
新陽太湖華亭奉賢婁縣金山青浦丹徒丹陽
太倉鎮洋等拾玖州廳縣先行撫恤壹月口糧

江蘇巡撫林則徐題本 核銷長洲等屬道光三年被水災民兵賑過口糧銀兩 道光十三年二月初三日

積於情形案內
題明被災較重之長洲元和吳縣吳江震澤常熟
昭文崑山新陽太湖華亭奉賢婁縣金山南匯、
青浦川沙武進陽湖無錫金匱江陰宜興荆溪
靖江丹陽金壇太倉鎮洋嘉定寶山崇明等叁
拾貳州廳縣均係勘明成災分數照例給賑貧
生兵屬各隨坐落州縣一律查辦槩給折色每
米壹斗折銀壹錢於司庫正項銀內撥給等因
奉部覆准當將各該州廳縣成災分數彙同成
災伍分及勘不成災各處分晰具
題在案除原
題內例應給賑之嘉定寶山貳縣勸辦義賑足敷

散給
奏准歸入民捐義賑辦理未經動支
部項外其長洲等叁拾州廳縣賑過災民兵屬貧
生及先行撫恤壹月口糧并道光肆年春欽奉
恩旨加賞壹月口糧給過極次貧大小口動用銀兩
節經飭催造冊報銷據該管道府州廳造冊結
送司據蘇州布政使陳鑾詳稱覆加察核長洲
元和吳縣等叁縣撫恤口糧於柒月內散放吳
江震澤常熟昭文崑山新陽太湖華亭奉賢婁
縣金山青浦丹徒丹陽太倉鎮洋等拾陸州廳
縣撫恤口糧於玖月內散放長洲等叁拾州廳
縣被拾分災極貧正賑肆箇月次貧正賑叁箇

江蘇巡撫林則徐題本　核銷長洲等屬道光三年被水災民兵賑過口糧銀兩
道光十三年二月初三日

月玖分災極貧正賑叁箇月次貧正賑兩箇月
柒捌分災極貧正賑兩箇月次貧正賑壹箇月
陸分災極貧正賑壹月從拾月分起又長洲縣
肆年春加賞壹月口糧於肆月內散放元和吳
縣吳江震澤常熟昭文崑山新陽華亭婁縣金
山青浦江陰太倉鎮洋拾伍州縣肆年春加賞
壹月口糧於叁月內散放槩以折色散給循照
定例每逢大建每大口給銀壹錢伍分小口給
銀柒分伍釐如遇小建每大口給銀壹錢肆分
伍釐小口給銀柒分貳釐伍毫分別按月放給
以上撫恤及初貳叁肆賑并肆年春加賞口糧
通共賑過災民兵屬大口柒百叁拾萬伍千叁

百叁拾貳口小口叁百壹拾捌萬肆千叁百貳
拾捌口除各屬節省小建抛尾外實共給過銀
壹百叁拾叁萬貳千伍百伍拾玖兩零又長洲
元和吳江震澤常熟昭文崑山新陽華亭奉賢
婁縣南匯青浦川沙陽湖江陰宜興荆溪靖江
太倉鎮洋崇明等貳拾貳州廳縣查報應賑貧
生亦循定例分別按月散給撫恤及初貳叁肆
賑并肆年春加賞口糧通共賑過大口壹萬叁
千柒百柒拾陸口小口陸千捌拾玖口除節省
外實共給銀貳千伍百壹拾玖兩零合將各屬
賑過災民兵屬貧生用過銀兩分晰彙造簡明
總散司冊同各屬區圖冊結詳送

江蘇巡撫林則徐題本　核銷長洲等屬道光三年被水災民兵賑過口糧銀兩

道光十三年二月初三日

題銷並聲明撫恤賑濟加賞口糧所需銀兩先後

詳奉

奏准并奉部指撥於司庫動支道光貳年歲撥銀伍千貳百伍拾捌兩零道光叁年春撥銀壹萬伍千貳百玖拾捌兩零道光叁年秋撥銀肆拾玖萬陸千伍百捌拾兩零道光肆年春撥銀壹拾貳萬貳千玖百肆拾肆兩零正項封貯款內動支銀貳拾萬捌千伍百陸拾捌兩零滸墅關兩次諮撥銀貳拾壹萬兩蘇糧道道光叁年春撥銀肆萬貳千貳百伍拾柒兩零江糧道道光叁年秋撥銀叁萬玖千陸百肆拾叁兩零兩淮運庫鹽課銀貳拾萬捌千兩統共銀壹百叁拾

肆萬捌千伍百伍拾壹兩零現據冊報動用開
銷銀壹百叁拾叁萬貳千伍百伍拾玖兩零計
該餘剩銀壹萬伍千玖百玖拾貳兩零內已據
各屬先後解還銀肆千柒拾叁兩零內造入道
光陸年秋撥案內長洲宜興貳縣解還賑餘銀
柒拾叁兩零又收還封貯原款道光肆年貳月
初叁日靖江縣解還賑餘銀肆千兩又司庫用
剩道光叁年賑餉一款現存銀壹萬柒百伍拾
兩零存俟造入道光拾叁年分春撥冊內報撥
外計該各屬未解災民兵屬賑餘銀壹千壹百
陸拾捌兩零又貧生口糧循例於司庫存公項
下動支銀貳千伍百貳拾肆兩零內道光叁年

分存公報銷冊內動支開除銀壹千叁拾貳兩
零道光肆年分存公報銷冊內造報開除銀壹
千叁拾肆兩零道光陸年分存公報銷冊內造
報開除銀捌拾兩零又現在動支給還各屬歸
墊存俟造入道光拾貳年存公報銷冊內開除
銀叁百柒拾柒兩零共符前數現據冊報動用
開銷銀貳千伍百壹拾玖兩零計該餘剩銀伍
兩零內已據川沙廳解還賑餘銀叁兩零業已
造入道光肆年存公報銷冊內新收項下登報
外計該各屬未解貢生賑餘銀壹兩零現同災
民賑餘銀兩一併嚴提解司另行造報再此項
花名細冊已奉

奏明則免是以祇飭造送區圖户口簡明清册并
聲明此案報銷應於道光肆年肆月通屬加賑
來竣後起扣至閏柒月底止肆箇月限滿緣江
陰縣册結屢催始據送到以致遲延其該縣歷
任遲延職名現在嚴札飭取一俟開報到日另
行扣限詳請補咨核議尚有不敷呈送册結分
別催取俟送到詳請補咨等情前來臣覆核無
異除册結送部查核外謹會同兩江總督臣陶
澍合詞具
題伏乞
皇上聖鑒勅部核銷施行謹題請
旨

江蘇巡撫林則徐題本　核銷長洲等屬道光三年被水災民兵賑過口糧銀兩

道光十三年二月初三日

地方提督軍務總理糧儲臣林則徐

兵部侍郎兼都察院右副都御史巡撫江蘇等處地方提督軍務總理糧儲臣林則徐謹
題為報銷撫恤賑濟口糧銀兩事該臣查得道光
叁年蘇松等伍府州屬夏秋雨水過多湖河並
漲或猝被江潮低田蘆洲均被淹沒禾稼蕩然
即高阜之區亦間被水淹成災較重經前任督
撫臣先後會摺
奏請將長洲等拾玖州廳縣先行撫恤壹月口糧
續於情形案內
題明被災較重之長洲等叁拾貳州廳縣勘明成
災分數照例給賑貧生兵屬各附生落州縣一
律查辦業給折色每米壹石折銀壹兩於司庫
正項銀內發給等因奉部覆准當將各該州廳
縣成災分數彙同成災伍分及勘不成災各處

江蘇巡撫林則徐題本 核銷長洲等屬道光三年被水災民兵賑過口糧銀兩 道光十三年二月初三日

分晰具
題在案除原
題內例應給賑之嘉定寶山成縣動解災賑足敷
散給
奏准歸入民捐衣賑辦理未經動支
外其長洲等叁拾州廳縣加賑過災民兵屬
貧生及先行撫恤壹月口糧并道光肆年春欽
奉
恩旨加賞壹月口糧給過極次貧大小口動用銀兩
催據該管道府州取造冊結送司據蘇州布政
使陳鑾詳稱長洲等叁縣撫恤口糧於柒月內
散放吳江等拾柒州廳縣撫恤口糧於玖月內
散放長洲等叁拾州廳縣正賑加賞口糧槩以
折色散給撫恤及初貳叁肆賑并肆年春加賞
口糧通共賑過災民兵屬大口柒百叁拾萬伍
千叁百叁拾貳口小口叁百壹拾捌萬肆千叁
百貳拾捌口貧共給過銀壹百叁拾叁萬貳千
伍百伍拾玖兩零又長洲等貳拾貳州廳縣應
賑貧生亦補定例分別按月散給撫恤及初貳
叁肆賑并肆年春加賞口糧通共賑過大口壹
萬叁千柒百柒拾陸口小口陸千捌拾玖口貧
共給銀貳千伍百壹拾玖兩零合將各屬賑過
災民兵屬貧生用過銀兩分晰彙造簡明總冊
司用同各屬區圖冊結詳送
題銷等情前來臣覆核無異除冊結送部外謹會
題
題請
旨

兩江總督陶澍江蘇巡撫林則徐奏摺　請以趙本敭調署江寧縣知縣

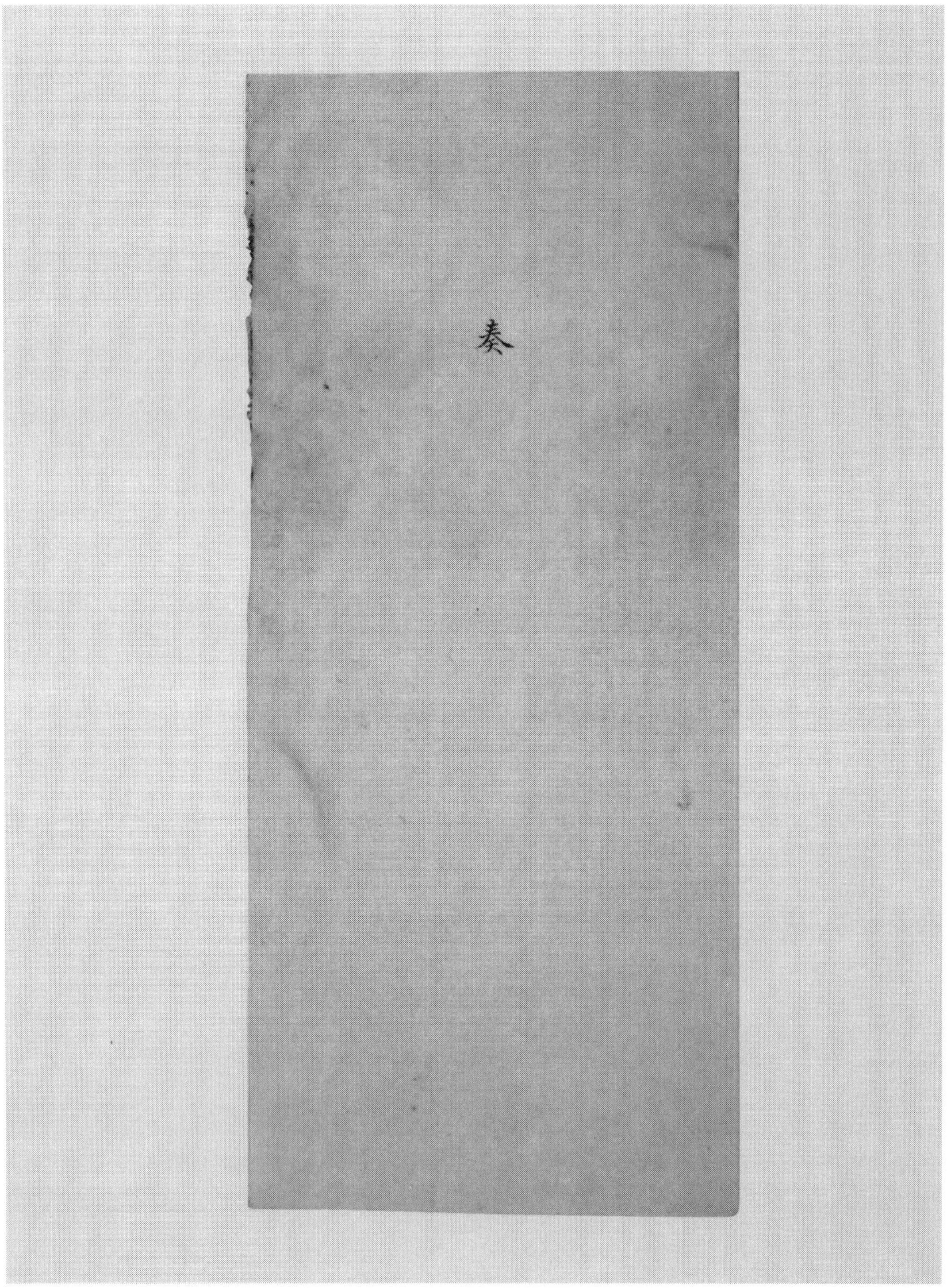
奏

兩江總督陶澍江蘇巡撫林則徐奏摺　請以趙本敭調署江寧縣知縣
道光十三年二月初十日

兩江總督臣陶澍
江蘇巡撫臣林則徐跪
奏為省會要缺知縣需員恭懇
聖恩俯准調署以裨地方事竊照江寧縣知縣王琛
因病出缺業經恭疏
題報在案所遺江寧縣知縣員缺係衝繁難兼三
要缺例應在外揀選調補且該縣係省會首邑
時有發審案件政務殷煩又當十一年大災之
後民氣未舒一切撫字催科在在均關緊要必
得精明強幹之員方足以資治理臣等與藩臬
兩司於通省知縣內逐加遴選非現居要缺即
人地未宜惟查有沛縣知縣趙本敭年四十五
歲貴州舉人大挑一等引

見以知縣用簽掣江蘇嗣因催儹重運漕船出力保
奏奉
旨儘先補用
題署沛縣知縣道光十一年八月二十八日到任
先經委署江寧縣篆務辦理裕如該員年富才
明辦事幹練以之調任江寧縣省會要缺知縣
實堪勝任惟該員歷俸未滿尚未實授與例稍
有未符但人地實在相需例得專摺
奏請據藩臬兩司會詳請
奏前來臣等往返札商意見相同合無仰懇
皇上天恩俯念省會首邑員缺緊要准以沛縣知縣
趙本歇調署江寧縣知縣實於地方有裨如蒙

俞允仍俟扣滿年限另請實授該員係現任知縣請
調知縣銜缺相當毋庸送部引
見其任內一切因公處分遵例毋庸核計除罰俸銀
兩飭令完繳咨銷外所遺沛縣知縣員缺江省
現有坐補人員容臣等另行請補謹合詞恭摺
具
奏伏乞
皇上聖鑒訓示謹
奏

另有旨

兩江總督陶澍江蘇巡撫林則徐奏摺 請以趙本敭調署江寧縣知縣

道光十三年二月初十日

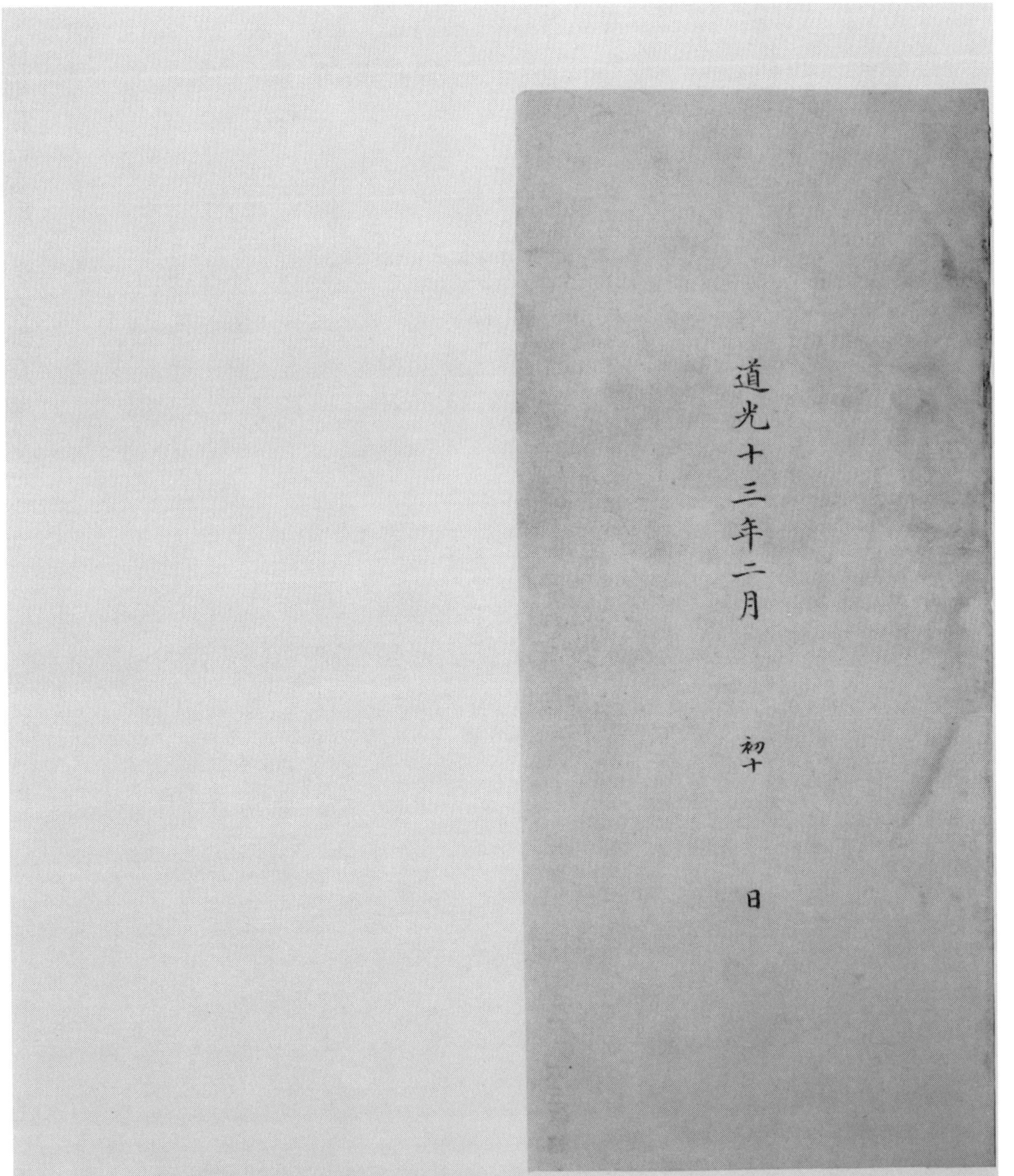
道光十三年二月 初十 日

上諭　林則徐誤書職名著交部察議

道光十三年二月十七日内閣奉

上諭林則徐奏前次奏請鼓勵勸捐義賑出力各員

單内盐知事紀樹芾誤書謝樹芾查明係屬舛錯

據寔檢舉自請交議等語林則徐著交部察議所

有紀樹芾一員誤書之處著吏部查明更正欽此

吏部尚書文孚等題本

陶澍林則徐違例奏請周恭壽留吳江本任應依例罰俸九個月

陶澍林則徐俱著罰俸九個月

題

吏部尚書文孚等題本　陶澍林則徐違例奏請周恭壽留吳江本任
應依例罰俸九個月　道光十三年二月十八日

經筵講官太子太傅協辦大學士吏部尚書正白旗滿洲都統臣文孚等謹
題為查議具題事該臣等議得准文選司付稱內
閣抄出兩江總督陶澍江蘇巡撫林則徐奏稱
吳江縣知縣周恭壽未完道光伍年漕項於未
奉部議之先續報全完業已題請開復照例留
任其肆年陸年未完銀兩於已奉部議之後續
報全完例應留省另補惟查吳江一縣漕務疲
敝最難支持且地濱太湖界連浙省水陸分歧
刁須防察最為難治之區該員精明幹練奮發
有為於地方情形久經熟悉且本係開復留省
補用之員無論繁簡缺出例得請補與其將該
員另補別缺又須揀員請補吳江徒增更調之

吏部尚書文孚等題本 陶澍林則徐違例奏請周恭壽留吳江本任應依例罰俸九個月 道光十三年二月十八日

繁於吏治轉無裨益查嘉慶貳拾年間湖北漢
陽縣知縣裘行恕道光元年間江蘇川沙同知
于會堂均因錢糧未完降革於已奉部文之後
續報全完奏請仍留本任奉
旨允准在案今周恭壽與裘行恕于會堂事同一律
合無仰懇
聖恩准以周恭壽仍留吳江縣本任免其另補等因
道光拾貳年拾貳月拾陸日奉
上諭陶澍等奏照例開復之知縣請免另補一摺江
蘇吳江縣知縣周恭壽未完道光肆年陸年漕項
正耗銀兩於已奉部議之後續報全完例應開復
後留省另補茲據該督等奏稱查吳江縣係衝繁

難要缺該員熟悉情形請即仍留本任著照所請
周恭壽准其仍留吳江縣本任免其另補仍照例
送部引見等因欽此欽遵抄出到部查吳江縣知
縣係衝繁難要缺例應在外揀選調補周恭壽
湖北監生由江蘇金壇縣縣丞奏准陞補吳江
縣知縣未及赴部引
見旋因任內經徵接徵道光伍年分漕項銀兩未完
部議降肆級調用又因道光肆年漕項未完部
議革職又因道光陸年漕項未完部議降伍級
調用註冊嗣據該督以該員道光伍年分漕項
銀兩續報全完將降肆級調用之案題請開復
在案茲據該督等奏稱該員道光肆陸兩年漕

項銀兩均已續報全完例應留省另補與其另
補別缺又須揀員請補吳江徒增更調之繁仰
懇
聖恩准以周恭壽仍留吳江縣本任免其另補奉
旨允准臣等查吳江縣知縣周恭壽於本年叁月內
因錢糧處分降調開缺臣部當於肆月初伍日
扣缺知照該省應於肆月叁拾日接到查該省
有病痊在省坐補吳江縣之時功捐一員業經
到省查周恭壽伍年錢糧未完處分該省於本
年伍月貳拾柒日始行具題開復已在限外其
肆年陸年處分彼時並未開復例應以時功捐
先儘題補乃該督等並不以照例坐補之員先

行補授迨懸缺數月轉以限外開復不合例留
任之員率行請留實與定例不符相應奏明請
旨將周恭壽撤回查該員係由縣丞陞補知縣本應
俟引
見後方准作為知縣實任現應留省另補仍令送部引
見其吳江縣知縣員缺應令該督等遵例先儘坐補
之員題補至原奏內所引湖北漢陽縣知縣裘
行恕江蘇川沙廳同知于會堂二案當時本缺
均無坐補之人未便援照至該督等違例奏請
應交臣部照例議處謹奏道光拾貳年拾貳月
貳拾肆日奉
旨依議欽此相應抄錄原奏移付考功司查辦等因

澍
則徐

前來　查定例違例保題將該督撫照違令
公罪律罰俸玖個月等語此案前任吳江縣知
縣周恭壽係例應留省另補之員乃該督等違
例奏請仍留吳江縣本任並不以照例坐補之
員題補經臣部奏奉
諭旨交部議處應將違例奏留之兩江總督陶澍江
蘇巡撫林則徐均照違令公罪律罰俸玖個月
查陶澍林則徐均無紀録抵銷恭候
命下臣部遵奉施行再此本閣抄於道光拾貳年拾
貳月貳拾伍日到部臣部於道光拾叁年貳月
拾捌日辦理具
題合併聲明臣等未敢擅便謹

吏部尚書文孚等題本 陶澍林則徐違例奏請周恭壽留吳江本任應依例罰俸九個月

道光十三年二月十八日

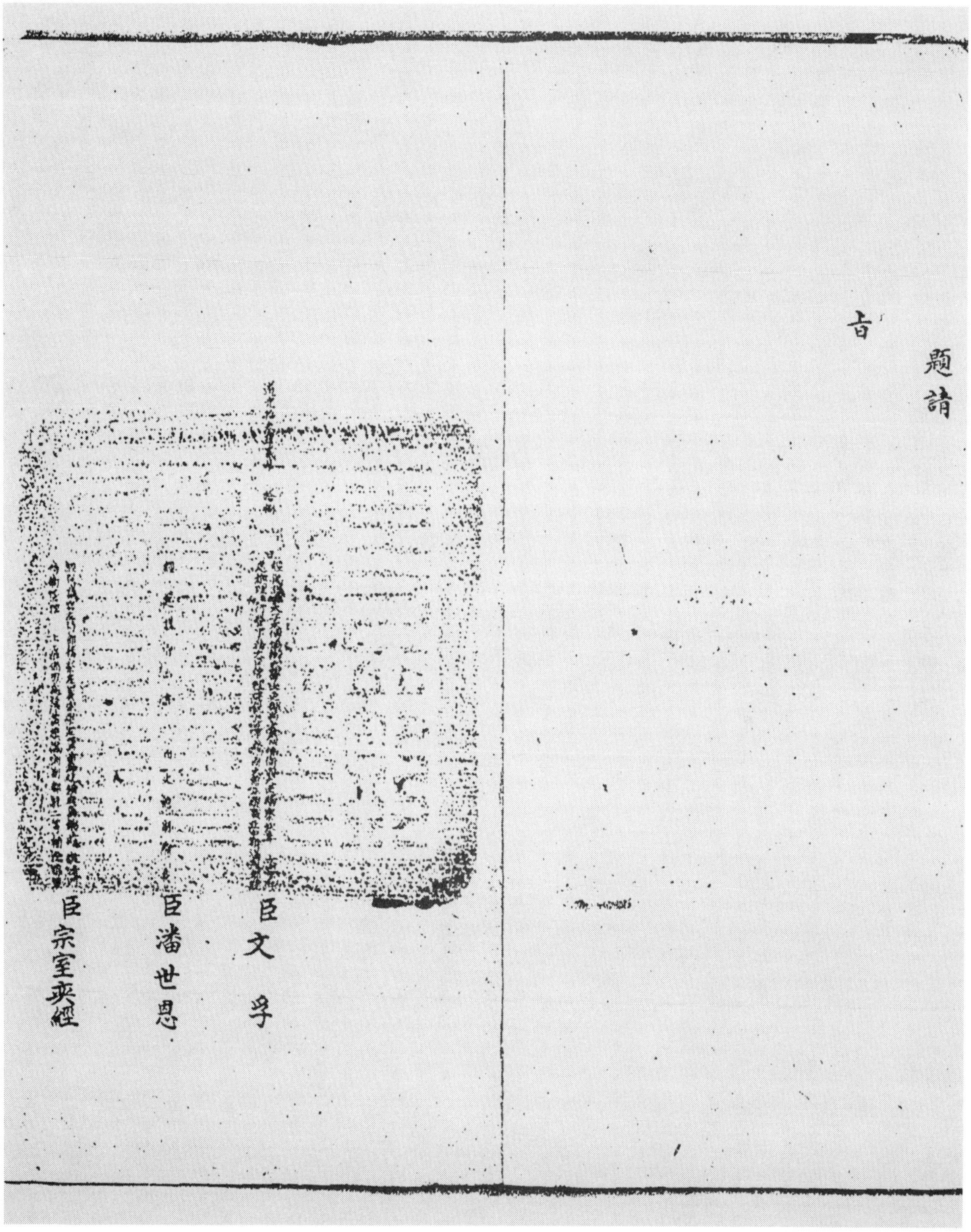

題請

旨

臣文孚

臣潘世恩

臣宗室奕經

左侍郎臣杜堮
右侍郎正藍旗漢軍都統鑲藍旗滿洲副都統臣桂輪
右侍郎兼管順天府府尹事務臣何凌漢未到任
考功清吏司掌印員外郎臣拖克西圖
掌印郎中臣郭恒辰
郎中臣覺羅碩德
郎中臣玉彰
郎中臣陳宗魯
員外郎臣宗室德珩
員外郎臣達林泰
員外郎臣高容聲
主事臣覺羅榮慶

主事臣廖運發

主事臣朱崇慶

候補主事臣王欽霖

候補主事臣陳士枚

候補主事臣何大經

候補主事臣王藩

户部尚書禧恩等題本　**江蘇册報江寧京口八旗支過銀兩數目賞剩銀解還司庫**（首缺）

銀陸千貳百兩開除道光拾壹年正月起至拾
貳月底止江寧八旗兵丁紅白事給過賞卹銀
叁千叁百叁拾伍兩又給辦理賞卹事務紙張
銀叁拾陸兩又給候補筆帖式慶禄等二員支
過銀肆拾捌兩共銀叁千肆百拾玖兩京口八
旗兵丁紅白事給過賞卹銀壹千陸拾叁兩又
給辦理賞卹事務紙張銀壹拾捌兩又給候補
筆帖式連喜等三員支過銀柒拾貳兩又給匠
役景魁一名支過銀壹拾貳兩共銀壹千壹百
陸拾伍兩通共用銀肆千伍百捌拾肆兩實存
江寧賞剩銀壹千捌拾壹兩已准解還江寧司
庫京口賞剩銀伍百叁拾伍兩已准解還蘇州

司庫統於道光拾貳年秋撥冊內報部撥用造
具冊結詳送題銷等情臣覆核無異除冊結送
部查核外謹會同江寧京口將軍臣巴琫阿江
蘇巡撫臣林則徐合詞具題再此案例於陸月
內報銷緣蘇州藩司新舊接收交代未克依限
業經咨准展限在案合併陳明等因前來
查江寧京口八旗兵丁歲需賞䘏紅白事件銀
兩於乾隆肆拾陸年捌月內欽奉
上諭賞䘏兵丁紅白銀兩自乾隆肆拾柒年爲始俱於
正項銀內支給報銷等因欽此欽遵在案今據該督
冊報道光拾壹年分江寧八旗新收江寧司庫
地丁銀肆千伍百兩京口八旗新收蘇州司庫

地丁銀壹千柒百兩通共新收銀陸千貳百兩
開除江寧京口八旗兵丁紅白事給過賞卹及
辦理賞卹事務紙張等項共銀肆千伍百捌拾
肆兩移查兵部覆稱賞過紅白銀兩兵丁名數
核與該督造報數目相符所有支過前項銀兩
臣部按冊核算數目亦屬符合應准開銷至江
寧八旗賞剩銀壹千捌拾壹兩京口八旗賞剩
銀伍百叁拾伍兩據稱均已解還司庫統於道
光拾貳年秋撥冊內報部撥用等語臣部查江
寧賞剩銀壹千捌拾壹兩與該年秋撥冊造相
符應毋庸議其京口賞剩銀伍百叁拾伍兩該
年秋撥並無前項銀款除照數登記外應令該

督即飭查明報部再該督疏稱此案例於道光
拾貳年陸月内報銷緣蘇州藩司新舊接收交
代未克依限題報業經咨准展限等語臣部核
與該督咨請展限原案相符應毋庸議再此案
科抄於道光拾貳年拾壹月貳拾伍日到部隨
移查兵部去後嗣於道光拾貳年拾貳月初拾
日准兵部查覆到部茲於道光拾叁年貳月拾
捌日辦理具
題合併聲明臣等未敢擅便謹
題請
旨

户部尚書禧恩等題本　江蘇册報江寧京口八旗支過銀兩數目賞剩銀解還司庫　道光十三年二月十八日

道光拾叁年貳月拾捌日

經筵講官太子少保[illegible]臣宗室禧恩

經筵講官太子少保[illegible]臣王鼎

[illegible]臣宗室敬徵　差

[illegible]都統臣桂輪

經筵講官左侍郎臣湯金釗

[illegible]臣阿爾邦阿

經筵講官[illegible]管理國子監事務臣李宗昉

江南清吏司郎中臣承慶

郎中臣桂慶

員外郎臣鳳保
員外郎臣雙寶
員外郎臣巴揚阿
員外郎臣瑪克塘阿
員外郎臣朱能作
額外員外郎臣潘賡疇

主事臣興存
主事臣德浩
主事臣蔡子璧
主事臣龔文齡
額外主事臣中和
額外主事臣王楗

額外主事臣閆臨川

額外主事臣王演

額外主事臣趙東昕

額外主事臣張銘謙

額外主事臣顔錫惠

圖書在版編目（CIP）數據

清宫林則徐檔案匯編.5/ 中國第一歷史檔案館　福建省林則徐研究會　編.－福州：海峽文藝出版社，2016.12

ISBN 978－7－5550－0608－4

Ⅰ.①清…　Ⅱ.①中…②福…　Ⅲ.①林則徐（1785~1850）—檔案資料—匯編　Ⅳ.①K827＝52

中國版本圖書館 CIP 數據核字（2015）第 193270 號

清宫林則徐檔案匯編　5

中國第一歷史檔案館　福建省林則徐研究會　編

責任編輯　茅林立　陳　婧
美術編輯　劉小岳
出版發行　海峽出版發行集團
海峽文藝出版社
經　　銷　福建新華發行(集團)有限責任公司
社　　址　福州市東水路 76 號 14 層　　**郵編**　350001
發 行 部　0591-87536797
印　　刷　福建新華印刷有限責任公司　　**郵編**　350011
廠　　址　福州市福新中路 42 號
開　　本　889 毫米 × 1194 毫米　1/16
字　　數　668 千字
印　　張　30.75
版　　次　2016 年 12 月第 1 版
印　　次　2016 年 12 月第 1 次印刷
書　　號　ISBN　978－7－5550－0608－4
定　　價　300.00 元